本书获得中国社会科学院大学中央高校基本科研业务费新文科后期出版资助项目经费支持
谨以致谢！

中国社会科学院大学文库·数字媒体前沿译丛

主　编　李书藏　漆亚林

专家委员会主任　胡正荣

专家委员会委员（按姓氏笔画排序）

　　杜智涛　张树辉　殷　乐　唐绪军　黄楚新

中国社会科学院大学文库·**数字媒体前沿译丛**

社交媒体

传播交流、分享及可见性

SOCIAL MEDIA

Communication, Sharing, and Visibility

〔英〕格雷厄姆·梅克尔（Graham Meikle） 著

李书藏 杨 凌 **译**

社会科学文献出版社

版权信息

Social Media: Communication,Sharing,and Visibility,First Edition

By Graham Meikle/9780415712248

Copyright © 2016 by Routledge

Authorized translation from the English language edition published by Routledge, a member of the Taylor & Francis Group, LLC; All Rights Reserved.

本书原版由 Taylor & Francis 出版集团旗下 Routledge 出版公司出版，并经其授权翻译出版。版权所有，侵权必究。

Social Sciences Academic Press(CHINA) is authorized to publish and distribute exclusively the Chinese (Simplified Characters) language edition. This edition is authorized for sale throughout Mainland of China. No part of the publication may be reproduced or distributed by any means, or stored in a database or retrieval system, without the prior written permission of the publisher.

本书中文简体翻译版授权由社会科学文献出版社独家出版并限在中国大陆地区销售。未经出版者书面许可，不得以任何方式复制或发行本书的任何部分。

Copies of this book sold without a Taylor & Francis sticker on the cover are unauthorized and illegal.

本书贴有 Taylor & Francis 公司防伪标签，无标签者不得销售。

"中国社会科学院大学文库"总序

恩格斯说:"一个民族要想站在科学的最高峰,就一刻也不能没有理论思维。"人类社会每一次重大跃进,人类文明每一次重大发展,都离不开哲学社会科学的知识变革和思想先导。中国特色社会主义进入新时代,党中央提出"加快构建中国特色哲学社会科学学科体系、学术体系、话语体系"的重大论断与战略任务。可以说,新时代对哲学社会科学知识和优秀人才的需要比以往任何时候都更为迫切,建设中国特色社会主义一流文科大学的愿望也比以往任何时候都更为强烈。身处这样一个伟大时代,因应这样一种战略机遇,2017年5月,中国社会科学院大学以中国社会科学院研究生院为基础正式创建。学校依托中国社会科学院建设发展,基础雄厚、实力斐然。中国社会科学院是党中央直接领导、国务院直属的中国哲学社会科学研究的最高学术机构和综合研究中心,新时期党中央对其定位是马克思主义的坚强阵地、党中央国务院重要的思想库和智囊团、中国哲学社会科学研究的最高殿堂。使命召唤担当,方向引领未来。建校以来,中国社会科学院大学聚焦"为党育人、为国育才"这一党之大计、国之大计,坚持党对高校的全面领导,坚持社会主义办学方向,坚持扎根中国大地办大学,依托社科院强大的学科优势和学术队伍优势,以大院制改革为抓手,实施研究所全面支持大学建设发展的融合战略,优进优出、一池活水、优势互补、使命共担,形成中国社会科学院办学优势与特色。学校始终把立德树人作为立身之本,把思想政治工作摆在突出位置,坚持科教融合、强化内涵发展,在人才培养、科学研究、社会服务、文化传承创新、国际交流合作等方面不断开拓创新,为争创"双一流"大学打下坚实基础,积淀了先进的发展经验,呈现出蓬勃的发展态势,成就了今天享誉国内的"社科大"品牌。"中国社会科学院大学文库"就是学校倾力打造的学术品牌,如果将学校之前的学术研究、学术出版比作一道道清澈的溪流,"中国社会科学院大学文库"的推出可谓厚积薄发、百川归海,恰逢其时、意义深远。为其作序,我深感荣幸和骄傲。

高校处于科技第一生产力、人才第一资源、创新第一动力的结合点,是新时代繁荣发展哲学社会科学,建设中国特色哲学社会科学创新体系的重要组成部分。我校建校基础中国社会科学院研究生院是我国第一所人文社会科学研究生院,是我国最高层次的哲学社会科学人才培养基地。周扬、温济泽、胡绳、江流、浦山、方克立、李铁映等一大批曾经在研究生院任职任教的名家大师,坚持运用马克思主义开展哲学社会科学的教学与研究,产出了一大批对文化积累和学科建设具有重大意义、在国内外产生重大影响、能够代表国家水准的重大研究成果,培养了一大批政治可靠、作风过硬、理论深厚、学术精湛的哲学社会科学高端人才,为我国哲学社会科学发展进行了开拓性努力。秉承这一传统,依托中国社会科学院哲学社会科学人才资源丰富、学科门类齐全、基础研究优势明显、国际学术交流活跃的优势,我校把积极推进哲学社会科学基础理论研究和创新,努力建设既体现时代精神又具有鲜明中国特色的哲学社会科学学科体系、学术体系、话语体系作为矢志不渝的追求和义不容辞的责任。以"双一流"和"新文科"建设为抓手,启动实施重大学术创新平台支持计划、创新研究项目支持计划、教育管理科学研究支持计划、科研奖励支持计划等一系列教学科研战略支持计划,全力抓好"大平台、大团队、大项目、大成果"等"四大"建设,坚持正确的政治方向、学术导向和价值取向,把政治要求、意识形态纪律作为首要标准,贯穿选题设计、科研立项、项目研究、成果运用全过程,以高度的文化自觉和坚定的文化自信,围绕重大理论和实践问题展开深入研究,不断推进知识创新、理论创新、方法创新,不断推出有思想含量、理论分量和话语质量的学术、教材和思政研究成果。"中国社会科学院大学文库"正是对这种历史底蕴和学术精神的传承与发展,更是新时代我校"双一流"建设、科学研究、教育教学改革和思政工作创新发展的集中展示与推介,是学校打造学术精品,彰显中国气派的生动实践。

"中国社会科学院大学文库"按照成果性质分为"学术研究系列""教

材系列"和"思政研究系列"三大系列，并在此分类下根据学科建设和人才培养的需求建立相应的引导主题。"学术研究系列"旨在以理论研究创新为基础，在学术命题、学术思想、学术观点、学术话语上聚焦聚力，注重高原上起高峰，推出集大成的引领性、时代性和原创性的高层次成果。"教材系列"旨在服务国家教材建设重大战略，推出适应中国特色社会主义发展要求，立足学术和教学前沿，体现社科院和社科大优势与特色，辐射本硕博各个层次，涵盖纸质和数字化等多种载体的系列课程教材。"思政研究系列"旨在聚焦重大理论问题、工作探索、实践经验等领域，推出一批思想政治教育领域具有影响力的理论和实践研究成果。文库将借助与中国社会科学出版社的战略合作，加大高层次成果的产出与传播。既突出学术研究的理论性、学术性和创新性，推出新时代哲学社会科学研究、教材编写和思政研究的最新理论成果；又注重引导围绕国家重大战略需求开展前瞻性、针对性、储备性政策研究，推出既通"天线"、又接"地气"，能有效发挥思想库、智囊团作用的智库研究成果。文库坚持"方向性、开放式、高水平"的建设理念，以马克思主义为领航，严把学术出版的政治方向关、价值取向关与学术安全关、学术质量关。入选文库的作者，既有德高望重的学部委员、著名学者，又有成果丰硕、担当中坚的学术带头人，更有崭露头角的"青椒"新秀；既以我校专职教师为主体，也包括受聘学校特聘教授、岗位教师的社科院研究人员。我们力争通过文库的分批、分类持续推出，打通全方位、全领域、全要素的高水平哲学社会科学创新成果的转化与输出渠道，集中展示、持续推广、广泛传播学校科学研究、教材建设和思政工作创新发展的最新成果与精品力作，力争高原之上起高峰，以高水平的科研成果支撑高质量人才培养，服务新时代中国特色哲学社会科学"三大体系"建设。

历史表明，社会大变革的时代，一定是哲学社会科学大发展的时代。当代中国正经历着我国历史上最为广泛而深刻的社会变革，也正在进行着人类历史上最为宏大而独特的实践创新。这种前无古人的伟大实践，必将给理论创造、学术繁荣提供强大动力和广阔空间。我们深知，科学研究是永无止境的事业，学科建设与发展、理论探索和创新、人才培养及教育绝非朝夕之事，需要在接续奋斗中担当新作为、创造新辉煌。未来已来，将至已至。我校将以"中国社会科学院大学文库"建设为契机，充分发挥中国特色社会主义教育的育人优势，实施以育人育才为中心的哲学社会科学教学与研究整体发展战略，传承中国社会科学院深厚的哲学社会科学研究底蕴和40多年的研究生高端人才培养经验，秉承"笃学慎思明辨尚行"的校训精神，积极推动社科大教育与社科院科研深度融合，坚持以马克思主义为指导，坚持把论文写在大地上，坚持不忘本来、吸收外来、面向未来，深入研究和回答新时代面临的重大理论问题、重大现实问题和重大实践问题，立志做大学问、做真学问，以清醒的理论自觉、坚定的学术自信、科学的思维方法，积极为党和人民述学立论、育人育才，致力于产出高显示度、集大成的引领性、标志性原创成果，倾心于培养又红又专、德才兼备、全面发展的哲学社会科学高精尖人才，自觉担负起历史赋予的光荣使命，为推进新时代哲学社会科学教学与研究，创新中国特色、中国风骨、中国气派的哲学社会科学学科体系、学术体系、话语体系贡献社科大的一份力量。

（张政文　中国社会科学院大学党委常务副书记、校长，中国社会科学院研究生院副院长、教授、博士生导师）

数字媒体前沿译丛序言

对于我国传播学来说，今年有着特殊的意义。因为就在整整四十年前的 1982 年 11 月，中国社会科学院新闻研究所在北京召开了第一次西方传播学座谈会，这次会议后来被学界称为"第一次全国传播学研讨会"。与会者讨论并确立了中国传播学发展的"十六字方针"，即"系统了解，分析研究，批判吸收，自主创造"，既体现出中国传播学建设亟须的改革开放、兼容并包的胸怀，也表现出中国传播学领域的专家学者对学科本土化的强烈学术自觉和学术自主。1983 年 9 月，由中国社会科学院新闻研究所世界新闻研究室的研究人员执笔并最终收录十三篇介绍性文章的论文集出版，名为《传播学（简介）》，这是第一本在中国大陆出版的比较正式的传播学著作。1984 年，施拉姆与波特合著的《传播学概论》由新华出版社出版。自此之后，我国就不断涌现出传播学译著和本土著作。1999 年，北京广播学院院长刘继南教授牵头，我主要负责组织校内外学者翻译了一系列国外传播学著作，并以"高校经典教材译丛·传播学"为名，由华夏出版社出版。这套丛书成为大陆第一套成系列的传播学译丛。此后，不少高校和出版社也纷纷推出了各种译丛。

如今，传播学在世界主要国家的学科体系中都在不断地蓬勃发展，学者队伍日益壮大。尽管在世纪之交曾经有过传播学学科合法性的争论与讨论，但随着数字技术对人类社会各个领域的影响，数字媒体与传播渗透到人类社会的各个环节和流程。特别这十年来变化更大，传播活动日益交融、传播媒体与平台日益融合、传播主体日益多元化等，使得传播学的研究对象进一步复杂化，研究问题进一步多样化，研究方法进一步融合化，学科更加交叉与融合，因此，学科的边界也日益扩展。

近些年，全球传播学者对全球传播文化变迁、大数据人机交融新生态、全球媒介跨域传播新挑战和媒介资本运作新特点及其影响等全面展开研究，百花齐放，成果斐然。尤其是在国外，在短短二十多年间，有关数字化传播的研究风声水起，出版物汗牛充栋，无论是从传统的传播学理论视角，还是从新技术带来的技术革命视角，抑或哲学、政治学、社会学、历史学、经济学甚至计算机技术、大数据研究等学科的最新介入，都令人叹为观止，深感中国跻身其中的世界之日益复杂，同时五彩纷呈。

鉴于此，当我于 2021 年底调入中国社会科学院新闻与传播研究所担任所长并兼任中国社会科学院大学新闻传播学院院长之后，得知中国社会科学院大学新闻传播学院已经组织本学院现有科研骨干力量，正在开展这样一个国外著作翻译系列出版工作的时候，我认为他们在做一项很有意义的工作。学科建设从来都不是闭门造车可以完成的，学科发展与壮大更不可能是自话自说、自娱自乐可以成就的。在百年未有之大变局的关键时期，如何审视全球新地缘政治和国际传播格局中的中国并建构起我们自己新的本土化传播学自主知识体系至关重要；在争夺国际传播话语权的时候既能够与如今处于话语权顶端的欧美等发达国家顺利沟通，又能够传达出中国的真实故事和声音，更是当务之急，这些都需要我们首先了解和掌握全球数字媒体与传播的更多特点、发展轨迹及其规律。

看到中国社会科学院大学新闻传播学院的同仁在精挑细选的基础上，在数字媒体研究领域努力挖掘、广泛寻找，将国外有关数字媒体研究的最新成果进行专业的翻译并形成系列出版，将前沿新奇和有趣的思想与学术方法一一奉上，以飨新闻传播学术界和业界的同仁，我感到相当欣慰，并认为这是一个很有意义的专业化尝试。在翻译国外专业著作的工作中，新闻传播学院这支新闻传播学团队以其专业性理解和词语使用使译作更为恰当准确，能够为我们未来的相关研究和实践提供更丰富、更广泛、更深入、更实用的思路。

这个系列是个不小的工程，入选著作既包含数字游戏世界里的传播效果和影响研究，也有模因和数字文化关系的研究；既涉及新时代媒介跨国界协同管制的诸多问题，也有对进入 21 世纪以来由社交媒体主宰的新兴文化现象的思考；既有新闻在融媒体大数据时代下新生态的专业索引和诘问，也有对未来一代青少年全球文化和新媒介关系的讨论；既有媒介叙事理论在今天社交媒体、新媒体已经占据主流的时代的适应性问题，也有大数据时代名人粉丝流量和新闻传播的关系聚焦；等等。作者大多是著名大学、研究机构的著名学者，他们多年在其研究领域深耕，其著作具有较高的学术价值。著作内容丰富、形式多样。对于丛书译者而言，他们的遴选和翻译工作表现出了他们高屋建瓴的学术视野和专业素质。

  风物长宜放眼量，越是需要本土化的自主知识体系建设，越需要一种国际化的考量。特别是在全球化时代，世界地缘政治变迁，世界地缘学术也在变化。中国的学术要有自信但不自负，需要进一步放大自己的声音，争取国际传播话语权，同时也需要多吸取来自国外的养分。这是一套高质量、高水准的有关数字媒体的翻译系列，在此隆重推荐，希望能给不同的读者带来不同的收获。

中国社会科学院新闻与传播研究所所长
中国社会科学院大学新闻传播学院院长
胡正荣
2022 年 8 月 16 日

目 录

致　谢 / 001

前　言 / 001

第一章　什么是社交媒体？ / 001

定义社交媒体 / 004

网络化 / 008

平台 + 数据库 / 013

公共媒体 + 人际交流 / 020

结　论 / 025

第二章　分享产业 / 026

分享和分享照搬 / 028

以 Facebook 为例 / 030

你在为 Facebook 工作吗？ / 033

批判性话语分析与象征性权力 / 036

Facebook 的宣言 / 040

使命的蜕变 / 045

结　论 / 050

002 社交媒体：传播交流、分享及可见性

第三章 再创混编文化 / 051

什么是"模因"？ / 054

去你的模因，它们到底怎么起作用的？ / 062

再创混编所有的素材 / 063

复制，粘贴 / 068

别担心，我们来自网络 / 071

结　论 / 075

第四章 公民新闻事业的融合及其有限性 / 077

你所有的数据都属于我们 / 077

以下是明天的头条新闻…… / 082

燃烧的气泡 / 083

接下来看看我们还能观察到什么 / 088

Reddit 网站和寻找波士顿爆炸案嫌疑人的案例 / 091

Reddit 网站和公民新闻的局限性 / 093

走向可见性伦理 / 101

结　论 / 103

第五章 信息过剩 / 104

无图无真相 / 105

不适合上班时间浏览 / 108

"棱镜"计划 / 118

是主观体验，还是"监控"数据？ / 129

第六章　分布式公民 / 130

　　从公民到 DIY 公民身份 / 133

　　分布式公民身份 / 136

　　交互式创意 / 138

　　交互式创意文本——# 占领 / 139

　　交互式创意战术——"科尼 2012" / 143

　　交互式创意战略——比特币 / 147

　　交互式创意网络——diaspora* 平台 / 149

　　结　论 / 153

结　语 / 155

　　社交媒介素养 / 158

参考文献 / 164

索　引 / 183

致　谢

　　写书的一大好处就是能当众对曾经给予过帮助的人们致以谢意。感谢艾瑞克·威特（Erica Wetter）、西蒙·雅克布（Simon Jacobs）和劳特里奇（Routledge）出版社的每一位工作人员。还要感谢斯图尔特·艾伦（Stuart Allan）、克里斯·阿顿（Chris Atton）、史蒂夫·柯林斯（Steve Collins）、维多利亚·艾斯特威斯（Victoria Esteves）、大卫·戈特利特（David Gauntlett）、马修·希伯特（Matthew Hibberd）和玛丽·奥布莱恩（Marie O'Brien）。特别要感谢谢尔曼·杨（Sherman Young），他花时间阅读了整部手稿，并提出了有价值的建议。谢谢他所做的一切。另外，还要感谢芬（Fin）、罗西（Rosie）和洛拉（Lola），我爱你们。

　　第三章的部分内容引自 V. 艾斯特威斯（V. Esteves）和 G. 梅克尔（G. Meikle）撰写的《看看这只神烦狗：互联网模因和融合文化》[1]。

　　第四章的部分内容引自《公民新闻、分享和可见性伦理》[2]。

　　第六章的部分内容引自《分布式公民身份》[3]及《社交媒体、可见性和行动主义："科尼2012"运动》[4]。

---

[1] V. Esteves and G. Meikle, "'LOOK @ THIS FUKKEN DOGE': Internet Memes and Remix Cultures", in C. Atton (ed.) *The Routledge Companion to Alternative and Community Media*, London: Routledge, 2015.

[2] "Citizen Journalism, Sharing, and the Ethics of Visibility", in E. Thorsen and S. Allan (eds) *Citizen Journalism: Global Perspectives*, Volume 2, New York: Peter Lang, 2014.

[3] "Distributed Citizenship", in P. Weibel (ed.) *Global Activism: Art and Conflict in the 21st Century*, Karlsruhe: ZKM | Center for Art and Media and Cambridge, MA: MIT Press, 2015.

[4] "Social Media, Visibility and Activism: The 'Kony 2012' Campaign", in M. Ratto and M. Boler (eds) *DIY Citizenship: Critical Making and Social Media*, Cambridge, MA: MIT Press, 2014.

前　言

2014年，一家著名的冷冻食品公司引进了一款叫"mashtag"的新产品。这种冷冻的土豆泥块的形状模仿了我们每天网络生活中的一些表情符号，比如电子邮件"@"符号，还有"#"以及两种不同的笑脸"：-）"。在我们的日常饮食食谱中我们不仅可以输入这些来自社交媒体的标签符号，还可以吃掉它们，因为这种新型的土豆泥已经取代了字母形状的土豆泥，而字母形状的土豆泥曾经取代更早流行的恐龙形状的土豆泥。"mashtag"的例子很典型地展现了社交媒体如何快速地融入人们的日常生活，社交媒体中互加好友、点赞、标记、评论和分享转发等一系列行为也已在短短几年间就变成了人类的第二"天性"。

一些成立仅几年的社交媒体公司已拥有惊人的规模和覆盖范围，它们融入日常生活的速度也令人震惊。Facebook的早期神话使得它在成立6年时就已被好莱坞拍成电影《社交网络》（*The Social Network*），并斩获了奥斯卡奖，彼时它还未在证券交易所上市。我写这本书时，是Facebook成立的第11个年头，如今世界上每五个人中就有一人是它的用户。YouTube成立了10年，它不无骄傲地表示每分钟就有时长为300小时的视频被传到网上。Twitter[①]的热题标签出现在电视新闻中，并出现在真人秀、时事讨论、体育直播甚至天气预报等节目中，以显示其存在感。

当代社交媒体的轮廓是在21世纪前10年中期的一个短期内描绘出来的。2005年，鲁珀特·默多克（Rupert Murdoch）的新闻集团以5.8亿美元的价格收购了MySpace，社交媒体由此开始登上新闻头条，并在之后逐渐成为主流话题。2006年7月，Twitter横空出世并正式上线；9月，Facebook降低了用户条款中的年龄限制，只需年满13岁便可注册账户；10月，谷歌以16.5亿美元买下YouTube。《时代》周刊（*Times*）更是宣

[①] 2023年7月Twitter改名为X，本书维持原文翻译。——译者注

布 2006 年的年度人物为"你"。2007 年 1 月,苹果公司的第一款 iPhone 手机问世,第二年推出了应用商店。在短短几年内,我们可以看到,老牌媒体公司、软件服务、用户生成内容平台、社交网络和围绕无处不在的连接而构建的新兴传播工具的融合。这些新兴的社交媒体还推动了人们对智能手机的需求,而智能手机又助推网络成功地开发了社交媒体服务。应用软件大受欢迎,这有助于平台巩固和扩大用户数量,并让用户持续使用这些服务。截至 2015 年 7 月撰写本书时,英国的苹果应用商店中排名前五的免费 iPhone 应用分别是 WhatsApp、Messenger、Facebook、YouTube、Instagram,除 YouTube 外,另外 4 款软件都为 Facebook 公司所拥有。

当然,如此疾速的变化也带来了新的焦虑——我们可以在流行文化中看到这种焦虑。社交媒体迅速使得反乌托邦小说、电影和电视节目的情节活跃生动起来,这反映了社交媒体公司自身的使命宣言和新闻稿中的乌托邦式幻想。对此,我们将在第二章继续讨论。比如,对与我们交流的网友的真实性感到焦虑促使了警示性的纪录片《鲶鱼》(*Catfish*)及其衍生电视剧的问世。原版纪录片揭示了主角尼夫(Nev)的人际关系,他的网友梅根(Megan)逐渐被发现是一个完全由他人维护的多个虚假个人资料和账户拼凑出来的。不过,作为一部关于造假的电影,《鲶鱼》也不可避免地引发了部分观众对电影自身真实性的质疑。他们认为这部关于"巨魔"的纪录片本身就是一部巨魔纪录片。另一种关于真实性的焦虑体现在查理·布洛克(Charlie Brooker)参与编剧的电视剧《黑镜》(*Black Mirror*)"马上回来"(Be Right Back)这一集中。在这集故事中,通过软件分析和模仿逝者生前在网上公开的信息和发布的内容,过世的人就可以"重生",使逝者的亲人能够继续与他聊天,仿佛一个人的点赞、转发、贴标签就是他一生的总和。

尽管难以与爱德华·斯诺登(Edward Snowden)揭露的现实版反乌托邦事件(我们将在第五章详细讨论)相提并论,但本书关于社交媒体的虚拟的反乌托邦首先重点探索了这样几个问题:可视性、隐私和监视。在戴夫·艾格斯(Dave Eggers)的小说《圆圈》(*The Circle*)中,一家与谷歌极为相似的虚构的互联网公司通过名为"TruYou"的系统,用统一的支付账户和密码就重塑了网络，终结了所有人匿名上线的可能。小说中写道："在TruYou上你的身份是唯一的，不能改变也不能伪装。你的设备非常清楚你就是那个用它付费、注册账号、回复留言、查看内容、浏览信息也被别人浏览的人。"（Eggers 2014：21）由于TruYou的有效营销助长了一种强制透明的意识形态，这种无法逃避的身份使书中人物变得更加显眼，更加暴露。小说最后，数百万网民的生活"变得公开透明"——他们愿意通过可穿戴式摄像头在互联网上实时分享自己的日常生活，哪怕是私密的事。艾格斯借书中人物之口把社交媒体描述为奥威尔式、集体主义式的结合（Eggers 2014：303），在其中一个人物的重要发言里，他喊出的口号明确表现了这家企业的意识形态：

秘密实为谎言
分享即为关心
隐私就是盗窃

艾格斯小说的讽刺之所以在读者中产生共鸣，主要是因为它与人们在非虚构的新闻故事中看到的对社交媒体的焦虑密切相关。如今，记者们会第一时间关注谷歌、Facebook、苹果等公司产品的新进展，了解是否会对用户隐私造成风险。之所以会产生对互联网发展方向的担忧，有一定历史原因。21世纪初，我在《未来活跃》（*Future Active*）一书中描述了互联网两种不同的发展方向。一种是我所说的1.0版本，它描述了一个由具有开放式架构、分布式控制、大众和政治文化的基层民主化等特质支撑和塑造的互联网，1.0版本会是一个开放式、参与式的媒体空间。另一种是在人们开始谈论"Web 2.0"之前，我称之为互联网的2.0版本，它描述了一个由企业利益价值观塑造的互联网，这个互联网从20世纪90年代开始商业化——封闭的架构、集中控制、企业对流行文化和政治文化的商品化，此时的2.0版本会是一个封闭的专有媒体空间。在那本书中，我提出了疑问，未来世界的互联网会是哪种版本呢？而现在，未来已来！["只是还没有非常均匀地分布"，就像小说家威廉·吉布森（William Gibson）说的那样]。很明显，我们同时拥有了结合在一起的两个版本。

我们称之为"社交媒体"的平台使任何人都能尽情发展和展示自己的创造力，与他人产生共鸣，并建立联系、沟涌和交流。但我们称之为"社交媒体"的平台也是一个监视系统，通过这个系统，用户变成了平台进行商业活动的"帮手"。我们称之为"社交媒体"的平台原则上让任何人都可以使用社交媒体创作内容，分享自己或他人所创作、所说的所有事情，并且可以让他们所创作、所说的事情让其他人可见。但这样做的代价是，用户发布的内容对意想不到的访问者和始料未及的观众，包括为他们提供服务的平台本身来说都是可见的。用户享受创意、分享和可见性的代价就是，他们失去了对个人信息管理的控制，失去了对他人转发内容到新语境的控制，失去了对社交媒体公司可能将信息出售给他人的控制。

但是等等，"社交媒体"——不是所有的媒体都是社交的吗？这是对该词组的常见异议[参考2015年帕帕克瑞斯（Papacharissi）提到的一个重要案例]。所以，是的，所有媒体都是社交的，但是，并非所有媒体都是社交媒体。当然，显而易见的是，所有媒体都是社交的，因为它们都被用于交流、教育、管理、广告宣传、传播信息（包括错误的信息），媒体本身都有社交属性，因为媒体就是我们将自己与他人联系在一起的途径，但"媒体的社交功能"和社交媒体不是一回事。"社交媒体"用来特指21世纪上半叶互联网上的一系列特殊发展的结果，而并不泛指所有当代媒体或者当今互联网上的一切。

谈到社交媒体，就是指一系列特定的技术规范，一系列特定的商业模式和企业实践，一系列特定的组织，以及文化习惯、实践和期望等。本书中的"社交媒体"是指以互联网为基础的网络传播平台，这些平台的商业模式是由用户自己构建数据库，并将公共传播和私人交流融合起来，包括像Facebook、Twitter、Reddit、Tumblr、Pinterest、Instagram、博客、YouTube和其他平台，等等。

社交媒体让新型用户之间建立新的联系成为可能。从"阿拉伯之春"到"#黑人的命也是命"（#blacklivesmatter），从"#把我们的女孩带回来"（#BringBackOurGirls）到"#我是查理"（#jesuischarlie），社交媒体使新型公众之间的网络交流、组织和动员成为可能。①而对于所有个体用户来说,他们希望每天的生活能够得到他人的关注和喜欢,因此,他们会在社交媒体上给别人发布的内容点赞,或分享自己一天中所做的有意义的事。格特鲁德·斯坦(Gertrude Stein)看待大多数事情都比他人更有远见,她似乎预见到了社交媒体发展的维度,以及网络上的点赞和分享必然会带来的乐趣。她在1925年的小说《美国人的建构》(*The Making of Americans*)中写道:

> 有很多事,我了解别人也了解,它们正是我听说而被他们重复叙述的事。我热爱它,我讲述它。我热爱它,我现在要把它写下来——这些即是现在我热爱它的历史。我听说它,热爱它,书写它。他们重复叙述它,他们生活在其中,我看到了也听到了。他们生活着,我听到了也看到了并热爱着它,自现在起我会书写它直到永远。(Stein 1990:264-5)

但除了这些真实的乐趣以外,社交媒体也允许无限制的网络互喷,以及随之而来有关文化界限和言论权利的争议(Phillips 2015)。他们还允许存在阴暗的、具有网络暴力性质的羞辱和迫害,因为个体会发现他们违反了看不见的、意想不到的用户准则,这是他们付出的代价(Ronson 2015)。社交媒体的"点赞"和"分享"环境同时也是非自愿色情的温床,在"#玩家门"(#GamerGate)和"#艳照门"(#Fappening)事件中,年轻女性会发现自己不仅是在分享信息,同时也在被他人分享着自己的私人世界;不仅被选择了展示自己的生活,更在被他人毫不留情地暴露着自己的隐私。

社交媒体之所以使以上所述成为可能,是因为它将公共传播和个人交流结合在一起。在社交媒体兴起之前,我们习惯于认为沟通"要么"是个人的,"或者"是公共的。但现在这两方面逐渐融合在一起了——社交媒

---

① 均为利用社交媒体进行组织动员并因此发生一些著名群体事件。——译者注

体就是将个人交流和公共传播结合在一起的平台。就好像你（You），加上一个上传的渠道（tube），就产生了YouTube这一平台。在网络出现之前，我们所认为的"公共"传播通常是过去"作为"媒体的比如报纸、杂志、广播、电视、唱片、电影、电子游戏，还有书籍等。虽然书籍总是被排除在媒体研究的对象之外，一些历史更为悠久的研究领域却声称图书是它们的地盘（毫无疑问，这导致了媒体研究在一些批评家眼中显得不够高端，认为它在某种程度上不够有智慧）。过去，公共传播是"为公众"而做的事，而不是"由公众"做的事。它是一种单向的媒体环境，就像已故的詹姆斯·凯瑞（James Carey）所说的那样，"有人发言，有人倾听；有人写作，有人阅读；有人拍摄，有人观看"（Carey 1989：87）。

相比之下，"个人"交流是我们为自己在私人领域做的事情，交流的对象或多或少都直接认识，个人交流也不是通过广播或出版，而是打电话、发电子邮件、发短信和信件、在线聊天和寄明信片——我们根本不会把它们当作"媒体"。公共媒体代表着一种社会系统，拥有组织机构和技术部门，带来供公众消费的公共内容。而我们与朋友、爱人、家人和同事交流的方式不是"媒体"，这种方式只限于我们私人之间。

社交媒体将这两种思考传播交流的方式结合在了一起，它是一个将我们过去认为的公共传播与个人交流结合在一起的平台。新闻故事、音乐视频、广告、单人脱口秀、政治演讲、电影预告片等公共信息每天都被Facebook、Twitter、谷歌、YouTube、Instagram和Pinterest的数亿用户复制、传播、重新定位或再次赋予新的语境。公共媒体由此变得个性化，因为几乎每条信息都会被嵌入一个新的个体语境中，成为每位用户网络身份表现的一部分。用户将自己的评论观点和情绪、偏见和信仰、秘密和美德等发布到社交平台上，公之于众，由此个人交流具有了公共性。

这种公共传播和个人交流的融合成为更大的文化模式的一部分，格雷姆·特纳（Graeme Turner, 2010）称之为"大众化转向"。特纳指出，在21世纪的媒体领域，普通人和非专业人士参与媒体传播活动已经非常普遍（英国最受欢迎的电视节目是业余人士在帐篷里做烘焙烤蛋糕），这种变化催生了新的商业策略和商业模式。以唱歌类真人秀节目为例，每年从业余选手中都能诞生一批草根明星，因为歌唱比赛不仅揭示了业余选手被制造成明星的机制，还吸引观众参与这一过程，根据观众每周的投票来决定谁能在本赛季胜出。英国电视频道第四频道的节目"Gogglebox"[①]创造了一种获利颇丰的国际节目形式，它的观众可以在屏幕上实时观看这档真人秀节目中其他观众在自己家中观看前一周电视节目并评头论足的现场画面；在这种替代性的电视观看中，被拍摄者之间的互动和这种形式温馨的特质非常吸引人，使该节目在收视率上超越了其他电视节目，因为一般来说观看其他节目只是为了自己观看，观看"看电视"节目则是为了看别人怎么看电视。另一个节目"Talkback Radio"则通过激发听众的反应，汇总听众的各种反馈材料，为进行日常新闻报道和煽动事件的热度提供素材。新闻节目通过邀请其用户参与评论，可以拓展报道的深度、广度，延长新闻报道的持续时间（Bruns 2011），由此用户以新的方式成为新闻事件的见证人（Allan 2013）。从某种程度上说，网络移动设备使人们能够以旁观者或参与者的身份实时出现在事发现场，从而获得新型的非专业性新闻传播者的权威。正如詹姆斯·乔伊斯（James Joyce）所说，"每个人都来了"（here comes everybody）。

　　社交媒体在很大程度上推动文化朝着大众化、日常化、业余化和个性化方向发展，它们也是推动新型商业模式发展的重要部分。从一个角度来看，这种转变可以被看作公共文化的民主化（Hartley 2009，2012）——分享说话的权利，认识到每个人的注意力各有不同，能够发出多样化的声音，并且这些信息都是实际、真实、有价值的。但从另一个角度来看，这种转变也可以被视为一种无偿的数字劳动（Terranova 2000，Scholz 2013）——或者说一种新型的劳动方式。因为不论 YouTube 或是 Facebook，它们向广告商出售的数据库中所有搭建的内容都是由用户完成的。如果你不需要为使用某种在线服务付费，那么你就是这个平台的产品，而不是它的客户——这种说法的确老套，但并不意味着它是错的。

[①] Gogglebox 是一档在英国大火的电视真人秀节目。该节目拍摄电视观众在家里和家人或者朋友一起看电视并发表评论和吐槽的真实场景，并与观看该节目的观众互动，创下英国电视同类真人秀节目收视率新高。——译者注

此外，免费使用的互联网并非没有其他成本——我们获得的免费服务是用允许服务器访问私人信息换来的，包括我们的通讯录、个人信息、相册、日常活动、品味、偏好、观点、情绪、关系和秘密。希尔特·罗弗克（Geert Lovink）指出，"对于大多数用户来说，互联网并不是免费的；他们要为硬件、电缆、外置驱动器、连接器、软件和升级、设计功能和订阅支付相当多的钱"（Lovink 2008：xxv）。除此之外，还要加上支付给制造设备的人的不同种类的成本。理查德·麦克斯韦尔（Richard Maxwell）和托比·米勒（Toby Miller）在他们的《绿化媒体》（Greening the Media）一书中给出了一份发人深省的成本目录。用于制造这些电子装置的金属和矿物是在可能包括了儿童和成人奴役劳动的情况下开采的；某国是其中一种关键金属的主要产地，据报道，该国90%的采矿业是由雇佣军经营的。原材料的组装设备是外包给某些工厂的。此外，我们每年会淘汰数以千万计的电脑和手机，对这些电脑和手机的处理和销毁也会带来巨大的环境成本（Maxwell & Miller 2012）。可见免费的东西总是有代价的。

本书讲述发达国家——主要是英语国家的人们如何使用社交媒体，而不是一本关于人们如何不使用社交媒体的书，包括那些因为陷入数字鸿沟而不能使用社交媒体的人。国际电信联盟（The International Telecommunication Union，ITU）发表的统计报告称，2015年全球上网人口达32亿人，其中20亿人来自发展中国家；但仍有40亿人未联网，其中绝大多数在发展中国家。在发达国家，80%的家庭可以接入互联网，而发展中国家只有34%（ITU 2015）。即使在发达国家，也难以实现网络的普遍覆盖。英国通信管理局报告称，有15%的成年人无法在家上网，且其中大多数人也无意上网（Ofcom 2015a：352）。此外，通信设备的差异只是数字鸿沟的一种——其他类型的不平等也存在，包括年龄、性别、阶层、身体缺陷和识字率造成的不平等。在写那些能上网的人是如何使用社交媒体时，我并不是说这些数字鸿沟不重要——它们很重要，但不在本书的讨论范围内。

世界上访问量最高的20个网站域名中，有6个位于中国（Fuchs 2015a）。在撰写本书时，世界上最大的社交媒体品牌——QQ和微信都来自中国，这使其母公司腾讯成为世界上社交媒体活跃用户最多的公司之一。新浪微博等中国其他社交媒体平台也拥有数亿活跃用户。Facebook或谷歌的全球规划设计在它们突破语言和其他障碍之前，要应对这些本土互联网巨头（关于当代中国媒体环境及背景，可参见 Hjorth & Arnold 2013，Hjorth & Khoo 2015，Rawnsley & Rawnsley 2015）。但在本书中，我没有讨论中国的这些社交媒体平台。因为作为一个不懂中文的人，要去分析中国社交媒体的使用方式以及它们的重要性是相当有难度的。我使用的研究方法是归纳法，而非演绎法。我试图通过观察社交媒体平台、它们的用途和用户来下定义，并加以分析，而不是从现有的概念来推导我的分析。如果我们想要理解社交媒体是什么，而不是把它们装进现有的框架中，那么我认为这是一个可行的方法。

第一章对社交媒体进行定义。任何传播系统都包含技术、经济、社会和文化层面。因此，为了定义社交媒体，本章将其置于互联网不断发展的背景中。社交媒体是 21 世纪前 10 年网络文化三个关键性发展的集合：一是用户生成内容的 Web 2.0 平台，如 YouTube；二是个人关系数据库，如 LinkedIn 这类社交平台；三是智能手机和其他移动设备的出现，让"时刻在线"成为可能。社交媒体将公共传播与个人交流结合在一起，而理解此类媒体的关键是网络、数据库和社交平台。

第二章探讨了社交媒体的特殊性——分享。以 Facebook 为例，这类社交媒体平台必须不断地鼓励用户向数据库中增加新的信息：更新状态、添加好友、不断点赞、加入新群组、分享新图片、写下新评论。我们每次登录 Facebook 都会收到"你在想什么？"这样的问题，提醒用户添加更多数据。数据库本身就是吸引广告商的依据。Facebook 用"分享"这个暧昧的词来描述其商业模式和用户在平台中的活动，其他社交媒体公司亦如此。本章探讨了 Facebook 如何鼓励不同类型的公众展示和分享自己，以及为什么分享时使用的语言很重要。

第三章探讨社交媒体环境中特有的媒体文本类型——网络模因。通常网络模因是从网络社群内的梗开始的。因此，对于社群以外不了解梗的人来说，网络模因往往会让人感到困惑，甚至觉得愚蠢。通常情况下，这些网络模因不仅被采纳或分享，还会被改编或重新混合到新的语境中。随着网络模因在不同的网络（包括在线和离线）传播，会有更多新用户使用它。因此，网络模因是人们如何在社交媒体上交流思想的一个重要指标。

第四章转向一个完全不同的媒体文本系统——新闻。新闻是一个从事件中创造意义并分享意义的过程。现在的新闻是在一个以云计算、传播和内容融合为特征的媒体环境中制作的。本章探讨了为这种社交媒体环境设计的新闻形式。它专注于云计算（数据新闻、新闻游戏、列表新闻）、传播（实时新闻的重要性）和内容（谁创造了内容，他们用它来做什么）的融合。它讨论了BuzzFeed、Twitter和Reddit等平台，并考虑了公民新闻的局限性。

第五章"信息过剩"（Too Much Information，TMI）探讨了社交媒体和可见性之间的关系。谈论这些问题的方式通常是从隐私角度出发，质疑社交媒体是否对隐私构成威胁。当然，这是一个非常重要的问题（答案很简单——是的），但这过于限制讨论范围。在审视社交媒体时，用隐私作为框架是非常有限的。我们在社交媒体上分享的所有内容，并非一开始就为了保密，这恰恰就是我们分享的原因。因此，这一章重点讨论的不是隐私，而是可见性的问题——我们对谁可见，我们如何知道谁可见？本章还讨论了如今无处不在的文化形式——自拍，这种形式以最简单的图片展示了智能手机、社交网络和用户生成的内容的融合。自拍和网络模因一样，都是用来分享的。每一种都是对自我的表现和对身份的陈述。用"隐私"这个词来形容刻意公开展示的图片并不合适，因为它涉及"私人"与"非私人"的粗略二元关系——用户分享图片的动机以及分享图片后的潜在后果都要更加复杂。所以，这一章还探讨了网络可见性的阴暗面，从非自愿色情内容的残酷曝光到爱德华·斯诺登揭露的政府对互联网用户成系统、普遍和不分青红皂白地进行的监控。

第六章认为有必要从公民身份的角度重新思考我们与社交媒体公司和其他用户的关系。它讨论了一系列运动和政治选择事件，从"占领华尔街"到比特币，并认为这些运动和选择显示了一种新兴的分布式公民身份的轮廓。这个术语描述了在网络中创造性地与他人建立政治关系的情况，并描述了一种公民身份,这种公民身份并不局限于特定地理空间的限制,而是由共享的意义、合作的创造力和通过网络数字媒体内部的创造性政治行动来定义。

这本书的最后一章将上述论述都集中到了一个焦点上,即将社交媒体纳入媒介素养的讨论,以及将媒介素养纳入社交媒体讨论的重要性(相关内容前面部分章节有简短的介绍,更详尽的讨论放在最后一章)。从整体上看,本书阐述了主要的社交媒体平台及其特别的赋权功能和用途,它将社交媒体作为产业和公众理解日常生活中文化政治的核心场所进行探讨。它涉及技术和文本的问题、受众和用户的问题,以及网络数字媒体如何在个人交流和公共传播融合的环境中被采用和适应等问题。

第一章　什么是社交媒体？

有段时间我感觉Facebook在骚扰我。它给我推荐了很多你可能认识的已故哲学家和媒介理论家——米歇尔·福柯（Michel Foucault）、沃尔特·本雅明（Walter Benjamin）、尼尔·波兹曼（Neil Postman）、雅克·拉康（Jacques Lacan）、皮埃尔·布迪厄（Pierre Bourdieu）、马歇尔·麦克卢汉（Marshall McLuhan）等。我询问了Facebook上的朋友，他们大多和我从事同一行业，或许他们也出现过这种情况。但大家都说没有，只有我遇到了，因此我开始把它当作一个小游戏，每当我的Facebook向我推荐好友时，只要出现已故思想家，我就会把它截屏并分享到Facebook动态上，同时配上引用他们作品的标题，还开玩笑地列举出这些作品跟Facebook的联系，比如，沃尔特·本雅明——"他是机械复制时代的友情创意"，马歇尔·麦克卢汉——"扎克伯格的银河"；等等。

在这个过程中最早出现的是让－雅克·卢梭（Jean-Jacques Rousseau），我因此分享了"添加一名好友"的截图，并配上文字说明，将卢梭《社会契约论》（*The Social Contract* 1762）中的名言"人生来自由，却无处不在枷锁中"（Rousseau 1987：141）改成"人生来自由，且无处不在用Facebook"。这条Facebook动态下的回应就和这个梗一样，并不吸引人，只有15个朋友给我点了赞，其中大部分是学者，有几个是我以前教过的学生，另外还有两个分享到了他们自己的动态里。我有个朋友，他是位加拿大教授，我们在Facebook上交流了6年多，但从没见过面，他在这条动态下给我留了言，于是就有了这样一番对话：

安德鲁：格雷，你是不是写了"人生来自由，且无处不在用Facebook"这句话？

我：是的。不过在我写之前，卢梭已经创造出了这句话的大部分内容。

安德鲁：呵呵。那我能在最近写的文章里引用这个有趣的金句吗？

我：当然可以。：-）

安德鲁：太好了！我会把你的动态截图，这样会出现你的名字，可以吧？

…………

我们又这样交流了十几行字，有些内容还得到了其他人的回复和点赞。然后，碰巧的是，我们突然同时觉得无聊了，就换了别的话题。

这意味着什么呢？我在 Facebook 上度过的这短暂（或者，明确地说，完全不重要）的时光到底发生了什么？我将在本章以此为例说明社交媒体到底是什么，以及它与其他类型的媒体有什么不同。通过前面这个例子——网络世界每天数十亿次互动中的一次——我们应该能了解并理解社交媒体传播中的主要组成元素。从这一次我在 Facebook 上和安德鲁的在线互动来看，对于任何使用过 Facebook 的人来说，它既熟悉又常见。按照约翰·费斯克（John Fiske 1990）关于传播的分析，让我们把它拆开来解读，而不是想当然地得出结论。

第一，这是一种基于媒体图像的传播。尽管 Facebook 是一家媒体公司，但这张图片的创作人是我，即用户，而不是媒体公司。实际上众所周知，Facebook 这类媒体公司本身也不会创作出任何媒体产品，但是 BBC、迪斯尼这类 20 世纪传统的媒体娱乐公司是通过制作和传播图像、故事以及思想而发展起来的，注重的是"内容"，相反，Facebook 只是为用户提供了一个平台，让用户自己做这件事——生产内容，而不是 Facebook 去生产内容。

第二，这是一次由 Facebook 的数据库平台创造的传播。这次传播是通过我之前在这个平台上的每一次互动和联系，通过它的算法推测我与已故的让-雅克·卢梭可能有的某种联系而完成的，可见数据库就是 Facebook 作为媒体平台的引擎，它决定了公司的日常运营和发展计划。它在了解用户需求的基础上，记录用户们的反应，据此决定向哪些用户展示哪些特定的广告和互动内容——这都是为了促进用户更多地使用Facebook。同时，这个数据库也是Facebook商业模式的引擎。社交媒体的业务就是将其数据库的分析信息卖给广告商和营销人员（Elmer 2002）。社交媒体平台的商业模式是围绕数据库的特定概念构建的，这种模式在21世纪早期被认为是具有Web 2.0的特征（O'Reilly 2005, 2006, Hinton & Hjorth 2013）。这种商业模式是将用户个人信息数据库的使用权出售给其他企业，并让用户通过使用该服务来建立数据库。每当用户通过发布视频、点赞图片、搜索产品或向朋友发送消息进行互动时，就成为数据库新的数据组成部分，并由此为公司增加更多的价值。

第三，这是一个可以将我与我在Facebook上众多网友会聚在一起进行交流的时刻。和所有其他Facebook用户的个人朋友圈一样，我的云朋友都不是同一类人。他们中的大多数人不知道其他大多数人是谁（他们也不太可能想到这一点）。事实是他们根本也不会是同一个群体，如果他们认为自己是，那就太令人惊讶了。相反，每个人都拥有以自己为中心的独特的Facebook网络社群，且同时与许多不同的社群有交集。用户在Facebook上互动时，有些社群会以不同的个体为中心。每个人都是多种社群的一部分，以不同的形式聚集在一起，在Facebook上进行不同的互动，在他们的现实生活中也一样（Rainie & Wellman 2012）。社交媒体允许用户加入不同的互动社群，建立自己的关系网，按类分成朋友或者同事，等等，再通过网站与之互动。这种交流和传播在多个人的组合之间涉及多个方向，但用"多对多"来形容或许会产生误导，因为在某一特定的交流中涉及的人数可能不多。

第四，这是一种将公众和个人相结合的交流和传播过程。当我在我的Facebook账号上截图并发布新动态时，并不只是和哪个特定的人交流——而是想和我的Facebook上任何一个可能感兴趣或觉得有趣的人畅谈。当然，我和其他人一样，更喜欢和某些人互动。如果这些人没有在我发布的内容下留言回复，我有时还会感到失望。但在大多数情况下，我发布内容时并不会想到什么具体的人。在这里提到这点，是因为我认为这正是社交媒体的特征。以我发的卢梭截图为例，有几百个我的Facebook好友阅读到了它，但我并没有特殊地分享给他们中的任何一个人。这与广播电视的传播模式有某些共同之处，通过这种模式，信息会有意识地发送"给可能关注的人"（Peters 1999：206）。虽然 Facebook 上的这几百人和《权力的游戏》（Game of Thrones）等电视剧的观众相比明显要少得多，但它是将信息传递给特定的人群，以"你可能感兴趣"这样的标签出现（Thompson 1995，Scannell 2000）。从这个意义上说，它属于公共传播。

但这也是一种个人交流，因为这种互动不仅包括与人分享这张照片，还包括这张照片下的一对一交流。在社交媒体出现之前，我和安德鲁能通过其他一对一的媒介，比如电子邮件、短信或电话来交换信息，但这些与促使我们交换信息的媒体形象是完全不同的。而当有了社交媒体，公共传播和个人交流就在同一个空间里进行了。更重要的是，在互联网时代这些信息都是公共可见的。

我将社交媒体的功能总结为：让人们能发表观点、付诸实践、分享内容，并且其他人也能看到这些内容。添加标签、加好友、点赞，或将媒体提供的素材添加到播放列表、频道，或是添加到 Facebook 的"新鲜事"等媒体流中，这些都是日常活动，其意义不仅在于用户能够分享它们，还在于这些分享行为能够被其他人看到。我的其他 Facebook 好友都可能看到了我和安德鲁的这段对话。事实上，Facebook 或许早已给其中一些用户发送了通知，提醒他们这段对话的存在。当然，很有可能几乎没有人真正注意到这段对话，但原则上，安德鲁和我之间的个人互动对其他人来说是可见的，如果在很久以前，估计有些人对此很难想象。这也是社交媒体交流的特点。

定义社交媒体

要理解社交媒体，我们首先需要考虑如何定义它们。和媒体、文化或传播领域任何重要术语一样，社交媒体（social media）的含义也存在争议。克里斯蒂安·福克斯（Christian Fuchs）从学术文献中整理了一系列有用的有争议的定义，这些定义强调了几个反复出现的概念，包括共享、协作，以及用户创建自己的媒体信息并在网络空间发布这些信息的机会（Fuchs 2014b：35-7）。但这些定义相互重叠、相互竞争，有时甚至相互矛盾。造成这种情况的原因之一是，这个词最初是作为市场的营销口号而非概念出现的。这给研究人员提出了一个挑战，即如何回顾性地将口号重新用作一个分析性概念，以解释媒体环境中新兴的、快速发展的传播实践和预期。据《牛津英语词典》(*Oxford English Dictionary*)记载，"社交媒体"一词最早出现在 2004 年 6 月，当时它被用在加州举办的一场名为"社交媒体商业"(The Business of Social Media)的商业和技术会议上。"网页时光机"(Wayback Machine, http:// archive.org)这一互联网档案馆存档了这次会议的公告，公告开篇使用了"社交媒体"一词，将一系列当时新颖的互联网发展与商业机会前瞻联系在一起：

> 博客……社交网络……RSS 阅读器……辛迪加组织……社交媒体工具正在创造强大的新商机。但要利用好这一优势，技术人员、专业人士和投资者就需要了解这种快速崛起的新技术以及它使用的独特语言。

所以，就像同时代的"Web 2.0"（与之前的 Web1.0——译者注）具有相当多的重叠之处一样，"社交媒体"这个词也是作为营销工具被创造出来的，这就告诉了我们应该如何回应那些说社交媒体有潜力赋予用户权力这类激动的声音。我们或许可以追溯至 20 世纪 90 年代，继续举例说明"社交"和"媒体"这两个词放在一起的用法，但这些例子描述的现象与我们今天使用这个词描述的现象是不同的。socialmedia.com 这个网址是在 1999 年注册的（Bercovici 2010），尽管"网页时光机"维护的这个网站的存档副本表明，多年来它只是一个信息存放点。就像 Web 2.0 是一个显而易见的术语一样，因为"2.0"这个标签在计算机领域已经确立起来，并为投资者提供了一个明确的定位，即在互联网泡沫破灭后，出现了新型的网络公司，因此"社交媒体"显然是一个新词，用来描述当今各种新兴的互联网现象，包括博客、RSS 阅读器、聚合器、用户生成内容的新兴平台以及基于个人资料提供网络服务的社交网站，如 LinkedIn 和 Friendster。和 Web 2.0 一样，"社交媒体"一词最初也是试图用来描述新兴网络媒体、技术平台及其商业模式的某些共同特征的，这个词被设计出来用于描述的一些网络实践已不再像以前那样吸引人们的注意（例如 RSS 阅读器），虽然社交媒体现在通常被认为指基于用户上传个人资料的平台，如 Facebook、LinkedIn 和 Instagram 等，但这个词引起了人们对媒体环境中日常交流实践和期望的更广泛变化的关注。

"社交媒体"这个标签如此强大，且无处不在，以至于我们在这里有必要强调，并不是所有的当代互联网现象都能用社交媒体概括。否则我们根本就不需要这个词，直接使用"互联网"替代即可。比如维基百科（Wikipedia）就不是社交媒体，维基百科显然是一个用户生成内容的互联网平台，从某种意义上说，它甚至可能是其中最重要的一个（例如，维基百科不接受广告，这使得它成为非商业的具备公共服务性质的网络平台获得成功最有力的经典案例之一）。但维基百科缺乏人际交流这个维度，而人际交流又是社交媒体的核心。个人可以在维基百科创建一个账户来获得词条的编辑权限，但网站不能将这些账户连接到他们的好友或联系人的网络中，仅可以与其他词条编辑者讨论编辑内容。维基百科账户不应与个人档案相混淆，因为 Facebook 或 Twitter 的用户都能理解这个术语。维基百科并未开放公共媒体与人际交流的融合平台，并且要求其词条贡献者在他们编辑的所有内容中都坚持"中立客观"——不能有意见、断言、原创研究、评判性语言和个人观点。

也并非所有智能手机应用软件都是社交媒体，但是在"糖果传奇"（Candy Crush）游戏中操纵数字糖果对当代网络生活可能很重要。而 Uber 这样的服务也不能算是社交媒体。在撰写本文时，Uber 经常被吹捧为共享经济的旗舰之作（Benkler 2012）。Uber 可以让人们找到或打到附近非专职司机的车。尽管"分享"是社交媒体的关键词，但并不是所有含有这个流行词语的东西都与社交媒体有关，正如我们将会在第二章更为详细地讨论的那样，Uber 依赖于数据库，它当然是互联网的，作为一个手机应用程序，它是最有用的，但它缺乏任何维度的人际或公共交流。

所以，当我们把所有这些整合在一起，就可以形成一个定义，一个试图承认"社交媒体"这个术语所包含的技术、经济、工业、社会和文化发展等整体复杂性的定义——社交媒体是一种"将公共传播与人际交流结合在一起的网络化的数据库平台"。这一定义中的每一个关键词都指出了这些复杂现象的不同方面，突出了日常交际和人们对于拓宽媒体使用边界之期望值的变化。

关注"网络化"（networked）这个词就是关注技术系统，以及它们所体现和表达的社会组织理念。技术并不决定我们如何组织自己和彼此，相反，它提供了一个如何这样做的想法。尽管想法和概念在先，但是这些技术一旦投入使用，其被采用和调整的方式就会带来新的可能性。如威廉·吉布森（Gibson 1986：215）所说，"街道为自己找到了用途"，对政府和公司而言也是如此。

关注"数据库和平台"就是关注一种商业模式，以及关注企业尝试开发网络数字媒体更多利用的可能性的方式。这里的基础发展是内容、云计算和传播三个方面的融合。例如，自拍是一种图像（即内容），由计算机化的设备创建和查看，并通过通信系统发布。由于现在所有形式的媒体都可以是数字化的，因此可以在任何一种计算机驱动的设备上操作。网络传播范围的扩大，使用户不仅可以体验数字媒体本身，而且可以为自己创建和传播媒体信息。在这个过程中，这些媒体信息所组成的数据库成为宝贵的商业资源。社交媒体为我们提供了交流的平台，但我们应当时常注意，它们不仅使用了我们选择传播的信息作为商业用途，还将我们在无意识的情况下交流的信息作为商业用途。

同时，关注"公共传播和人际交流"就是关注社交媒体所呈现的文化。社交媒体之所以能够形成，仰赖于人们在社交网站上一起产生的行为与使用Web 2.0这个标签所描述的用户生成内容平台的方式，以及我们发现的移动设备可实现全天候连接的用途（如智能手机、平板电脑和笔记本电脑）这几个方面的融合。20世纪的媒体环境是围绕在大部分人听少数人讲故事而建立起来的，当然这种环境如今仍然存在——电视或电影这类公共传播体系不会完全消失，新闻等重要的文本体系也不会消失，但是随着这些传统媒体的新用途在网络数字环境中的被发掘和利用，这些情况也在发生变化。其中一个重要的新用途就是，网络化的个人现在可以创造和传播他们自己的意义，传媒行业的公共空间和个人空间如今在一个空间里得到了重合——这一重合的结果即社交媒体。由此，接下来我们将探讨如何把"网络化""数据库""平台""公共传播""人际传播"这些关键词结合起来，以帮助我们理解社交媒体。

网络化

1968年，计算机网络还处于实验阶段。直到第二年，阿帕网（ARPANET）才实现了首次连接，阿帕网就是互联网的前身（Leiner et al. 2000）。这个网络背后的机构——五角大楼的美国国防部高级研究计划局（Defense Advanced Research Projects Agency，DARPA）——的两位领导人物是约瑟夫·利克莱德（J.C.R. Licklider）和鲍勃·泰勒（Bob Taylor）。1968年，利克莱德和泰勒写了一篇论文，预言计算机将不仅用于处理信息，还用于与他人交流。这在21世纪的日常生活中已是理所当然，因此很容易让人忽视在互联网发展之前的日子里，这种想法是多么富有远见。利克莱德和泰勒预测，在线交流将促成新型社区的发展："这种社区不是基于共同的地理位置，而是基于共同兴趣"（Licklider & Taylor 1999：108，原文强调）。他们预测，会有一种软件程序集群出现在网络中，而不是在单独的机器上（这是对云空间的预见），它将作为一种智能代理程序为用户服务。以下是他们预测该系统能为用户做的事情：

> 记录（或取消记录）你做过什么事，读了什么书，买了什么东西，在哪里买的。它会知道哪些人是你亲密无间的朋友，哪些只是泛泛之交。它能了解你的价值结构和人际关系：比如在你眼中有声望的是谁，你会为谁优先做什么事，谁有权访问你的哪些个人信息。（p.109）

约 50 年后的今天，这听起来更像是对 Facebook 算法的描述，但 Facebook 从未抑制记录用户数据的行为，它甚至保存了被废弃的消息草稿和评论草稿，这些草稿是用户写下来却决定不发表的；它还记录了用户们会花多长时间浏览那些他们最终决定不发表评论或不点赞的内容。

从阿帕网到我们现在所言的社交媒体，互联网的发展在一定程度上可谓一个关于连接的故事——关于连接思想与信息的新方法的故事，也是关于将计算机连接到网络的新方法的故事。它同时也是一个关于交流、沟通和传播的故事，关于人们如何通过网络数字媒体进行交流和传播，并形成众多不同类型的网络社区的故事。这在一定程度上还是一种商业模式——在前互联网时代，商品开发者和用户在很大程度上是同一个人，而在商业媒体空间中，开发者将他们的用户转化成了他们的产品。

利克莱德和泰勒对于交流传播的观点不同于其他最重要的塑造互联网的概念，比如范内瓦·布什（Vannevar Bush）的扩展存储器（memex）、泰德·尼尔森（Ted Nelson）的超文本、蒂姆·伯纳斯－李（Tim Berners-Lee）的万维网，这些重要概念说明了信息和思想如何以新的方式联系起来，但利克莱德和泰勒看到了这一新的方式如何将人与人连接在一起：

> 对于一个上网的人来说，生活会更快乐。因为与他互动最热烈的人更多是因为有共同的兴趣和目标而做出的选择，而不是因为偶然的接近……交流因此将更加有效和有创造性，也更加愉快。（Licklider & Taylor 1999：110）

正如理查德·布劳提根（Brautigan 1967）写于 1967 年一首诗中的那句"一切都被慈爱的机器守护着"——事实上，布劳提根如此独特的反主流文化的声音将继续在互联网的发展中找到重要的表达方式和传承路线（Castells 2001）。因此，个人交流的观念和网络社群的形成从一开始就存在于网络文化中。社群将继续成为理解早期互联网的中心概念之一（Rheingold 1993）。但是，因为拥有共同兴趣而构成社群只是人们使用社交媒体的一个方面，所以最好还是把网络社群理解为网络而不是社区。

对"网络"这一概念的核心分析来自曼纽尔·卡斯特尔（Manuel Castells）在 20 世纪 90 年代末出版的《信息时代》（Information Age）三部曲。卡斯特尔描述了这样一个世界：信息技术得到快速普遍的发展，资本主义和国家主义制度形成联盟，新的社会运动兴起，这些都在以网络为关键术语的社会中相互作用。他认为，网络是"生产、权力和体验"（Castells 1998：350）。卡斯特尔强调网络既是隐喻，又是具体的描述，而拉图尔（Latour 2005）等学者以不同的方式分享了这一观点。拉图尔主张以网络关联模式的变化为特征来理解社会生活的变化；李·雷尼（Lee Rainie）和巴里·威尔曼（Barry Wellman）描述了相互联系的个人组成的网络，即每个人都处于自己网络的中心，同时也是其他许多人网络的一部分：

> 人们逐渐意识到，每个人都处在自己个人网络的中心：就像是一个由一两千人甚至更多的人围绕着自己运行的太阳系，每个人都成为连接个人、网络和团体的通信交换器。与此同时，每个人也是通往世界其他地方的入口，为自己的朋友和其他社交圈建立起沟通的桥梁。由于这些网络各具规模，内部又具有各自复杂的体系，每个网络化的个体都必须以独特的方式来平衡集体和个人之间关系的相互信赖度。Facebook 就是一个很好的例子：它由数百万个相互关联的个人网络组成，每个"主页"都与"好友"和兴趣联系在一起。
>
> （Rainie & Wellman 2012：55）

这种"网络化个人主义"是社交网站的一个特征。2008 年，博伊德（Boyd）和埃里森（Ellison）对此进行了探讨，他们指出了社交网站的先驱——六度（Six Degrees）网站的重要性。该网站成立于 1997 年，"网页时光机"上保留了该平台的图片。其中之一是 1999 年 4 月的自我描述，在使用"交流"（communicate）、"分享"（share）和"连接"（connected）等词语，并将个人与数百万其他成员并列在一起时，它听起来仍然非常现代：

受到六度分隔理论（Six Degree of Separation Theory）①的启发，六度是你的个人在线社群，在这里你可以和来自世界各地的数百万用户互动、交流、分享信息和经历，所有人都与你连接在一起。

但 20 世纪 90 年代末的网络环境还没有一个这样的网络可以跨越人口的界限，所以不同于 Facebook 如今已达到每五个人中就有一个是其长期用户的规模，六度网站在创建几年后就关闭了。在 20 世纪 90 年代末，并不是每个人都能有足够多的朋友同时在线，从而产生网络效应。而除了铁杆用户外，其他用户还没有足够的能力来制作、分享和评论内容（尤其是在线视频），就像柯克帕特里克（Kirkpatrick 2010：69）指出的，对许多用户来说，即使上传个人照片也是不切实际的，因为当时数码相机还未普及使用，这使得人们更难与身边认识的人产生密切联系（比如你怎么从无名氏中分辨出谁才是你的那个校友？）。照片的缺乏也使得整个网站不如以人脸为中心的社交网络更有吸引力。但六度的诞生是极具意义的，因为它把现有的许多网络文化元素整合在一起，包括聊天和即时通讯服务中的个人资料和好友列表，所以它成为公认的当代社交媒体先驱。这是一个早期的例子，它说明了网络媒体不仅可以用来创建社群，还可以成为具有协作性能和身份展示功能的平台。

马歇尔（Marshall 2014）提出了一个区分被他称为具象媒体（representational media）和表象媒体（presentational media）的方法。通过具象媒体，他将经营大规模流行文化产品（电影、广播、录音音乐、报纸和杂志、游戏）的既有媒体产业形容为："这些媒体通过故事、叙述、图像等形式试图表现平民大众，从这个角度上看，它们是具象的。然后这些故事、叙述等以各种形式表现出来，象征了一种文化。"（Marshall 2014：160）

---

① 六度分隔理论是一种社会关系研究理论，指任意两个陌生的社会个体之间，只要通过不超过六个中间节点或人物的"六度空间"，或者说通过最多五个人的间隔，就能直接或间接联系起来，形成一个简单的社交网络。这一理论已经被社交媒体广泛应用。——译者注

他把表象媒体形容为"由个人进行表演、生产和展示"的一种形式——通过在媒体创建内容、制作链接或评论，用户建立了一种自我呈现的方式。这在当代传播中更多地突出了他们的个人主体身份，而非观众的身份。个人既在现实中展示和表演自己，也在网络中展示和表演自己。

在某些平台上，这是明确允许的。例如，在 LinkedIn 上，人们可以精心制作自己的简历以供公开展示，并建立专业人脉网络，分享自己对特定工作技能的认可，甚至可以撰写一封公开推荐信。LinkedIn 成立于 2003 年，并于 2012 年成功上市。截至 2015 年 7 月，该公司宣称在 200 多个国家和地区拥有超过 3.6 亿名会员（https:// lpress.linkedin.com/about-linkedin），在社交媒体领域占据着重要地位。雇主和招聘人员使用 LinkedIn 来寻找合适的应聘者，而用户则努力展示自己最具市场价值的一面。LinkedIn 不会出现其他社交媒体常见的过度分享的情况，那会导致用户面临谈判崩溃的情况，以及如何将他们不同的线下和线上网络区分开来的问题（Meyrowitz 1985，Wesch 2009，Marwick & Boyd 2010）。LinkedIn 使用了一种被称为"门禁控制"的访问机制来与其他用户建立联系（Papacharissi 2009），如无法证明与另一用户存在某种联系（同事、同学等），那么就不鼓励添加对方。另外还有一个功能，如果双方有关系，就可以请求介绍原本不属于其网络的用户。在 LinkedIn 上展示自己是一种严肃的商业行为。

与此相反，约会网站和应用程序则需要一种完全不同的自我展示方式。用户试图以他们认为最具吸引力的方式展示自己，同时努力引起非常具体的、想象中的理想受众的注意（Smaill 2004，Arvidsson 2006）。像 Tinder 或 Grindr 这样的配对约会应用将地理位置和聊天功能结合起来，将搜索范围缩小到特定环境。事实上，Facebook 在某些方面也像一个约会网站。在创建个人资料时，用户仍然会被要求表明喜欢男性还是女性，或者都"感兴趣"。近年来 Facebook 取消的功能有：在特定地点根据性别和感情状态（包括"单身"、"已婚"和"一言难尽"）寻找新人；用"正在寻觅对象"（looking for）来涵盖曾经的"随性交友"（random play）和"渴求各种关系"（whatever I can get）。曾经 Facebook 会在你添加新朋友时，询问你们认识彼此的由来，并给出"我们约上了，这感觉＿＿＿"的填空选项。而"戳一戳"这个不太可爱的功能则被 Facebook 保留至今。

在约会网站、个人主页（Papacharissi 2002, Cheung 2007）和围绕特定话题形成的在线社区（Rheingold 1993）中都能找到个人资料。但社交媒体用户的个人资料并不总是自我呈现的，也是他人通过使用该服务协助开发的（Ellison & Boyd 2013）。用户在 Facebook 这样的平台上的存在，是用户的朋友们共同合作开发的自我展示方式，也就是用户的个人资料——每一条评论、每一个"赞"、在其他用户的时间轴上发布的每一个帖子，都有助于其他用户在 Facebook 上被他人展示。

由智能手机推动的移动互联网的普及，使得互联网不再只是连接电脑前的人，而更多的是连接智能手机前的人。个人的交流不一定是一对一的，它可以在网络中扩大规模，从而具有公共性。在社交媒体上，每个人都处于自己的移动网络中心——在 Facebook 上与之互动的人，可能与他在 Twitter 上喜欢关注的人不同，与他在 LinkedIn 上向其推荐自己职场身份的专业人士不同，或是与在 Tinder 上滑动手指时希望找到的人都大不相同。这些人并非某一个观众或某一个群体，相反，在每种情况下，与不同的人建立的连接都只是其个人网络中心的一部分。

平台 + 数据库

YouTube 创建于 2005 年。10 年之后，人们很难想起没有它的网络世界是什么模样。没有《键盘猫》（*Keyboard Cat*）[①] 的网络还存在吗？那时候是"史诗级失败"吗？很快，YouTube 成为流行文化的中心，从"还布兰妮自由"（Leave Britney alone）到"会更好的"（It gets better），这些著名的瞬间都成为网络流行语，其影响范围之大，以前只有大型广播电视节目才能做到。如今，政坛领袖在 YouTube 发起竞选活动，YouTube 与广播公司争夺竞选辩论的转播权，对于这些我们都已司空见惯。围观

[①] 《键盘猫》是 YouTube 上一个著名的视频节目。——译者注

014 社交媒体：传播交流、分享及可见性

群众用智能手机拍摄并上传到 YouTube 的现场视频，经常会成为突发新闻，或者让新闻事件持续发酵，或是反转（Allan 2013，Thorsen & Allan 2014）。它为广告（例如：我骑在马上，I'm on a horse）、行动主义和推进一种主张提供了新的途径（Kony 2012）。它催生了全新的视频类型（非票房的和移动视频），并为之前仅限于特定类型的专业社区（超级剪辑、视频游戏"快跑"）带来了全新的受众。当然，YouTube 还造就了一种全新的自我品牌企业家（Marwick 2013a）。据报道，博主"PewDiePie"每年仅在 YouTube 的广告收入就达到 470 万美元（Kang 2015）；博主"Zoella"的频道有 800 多万个订阅者，她在视频中分享美容美发心得，展示购买的商品，这让她的代笔处女作成为 2014 年英国的最畅销图书。

但是，就当时的背景而言，回顾 YouTube 成立前的 10 年，就会发现人们认为它不可能出现是显而易见的观点。想象一下，你在 1995 年试图向鲁珀特·默多克这样的广播媒体大亨推销 YouTube 的概念。默多克当时是现在也仍然是世界上最强大、最有影响力、真正全球化媒体公司之一的掌门人，他建立了一个帝国，先是通过报纸，然后是电视，再然后是电影和图书出版（Shawcross 1992，Wolff 2010）。他的公司经营着家喻户晓的品牌，如《辛普森》媒体系（The Simpsons）、《太阳报》（The Sun）、二十世纪福克斯（Twentieth Century Fox）和天空电视台（Sky）。世界上几乎没有人比他更善于从公共媒体的传播中赚钱，所以当你把有关YouTube 的创意告诉他：

> 我们要建一个非常大的网站，免费提供有史以来所有的音乐视频。不仅如此，它还收录有史以来每部电影的预告片，每次重大新闻的故事，过去 40 年的每个影视广告，每场足球比赛的精彩片段，每部电影和每集电视剧的精彩镜头，以及所有"猫片"。我们让韩国说唱歌手成为全球超级明星，只需通过一条视频展示他做新奇的骑马舞动作[①]——这样的视频点击率可以超过 20 亿次。啊，它还有每个人生日

[①] 即 2012 年风靡全球的《江南 Style》。——译者注

派对的视频!

默多克很可能会叫保安把你送出大楼！但话说回来，1995 年能真正接触到网络的人并不多——就连比尔·盖茨（Bill Gates）也花了一段时间才看到它的潜力。当时一些尖锐的评论人士指出夸大其词的炒作从一开始就是网络的母语（Barbrook & Cameron 1995，Dery 1996，Wark 1997）。因此，像默多克这样通过大规模分销和垄断的商业模式建立起自己帝国的人物，自然会持反对意见。他可能会问：“谁能拥有所有这些权力？谁会想看所有人的生日派对视频？电费要多少钱？还有这些猫是怎么回事？”这些问题都很合理，其中一些到今天仍然是合理的。在 1995 年，对于这套幻想式的推销说辞，另一种反对意见很可能是，创作数亿小时的视频——收集、编辑、转换、上传、贴标签、写标题、加字幕——需要大量的人力、物力和时间。"谁来做这些工作，我们要付给他们多少钱？"在 20 世纪 90 年代，没有人能真正预见到答案——做这些事不花钱，不仅如此，我们还会自己制作视频，并传到 YouTube 上。

YouTube 仍然是所谓 Web 2.0 时代的最佳案例。Web 2.0 既是一种营销炒作，也是一种商业模式（Lovink 2011，Marwick 2013），它还抓住了 21 世纪头 10 年的这个特殊时期。在这一时期，新一波流行网站迅速崛起，并改变了网络的叙事。YouTube、博客、Flickr 等网站开始被称为"用户生成内容"（user-generated content，UGC）类的网站。这个标签的使用有时模棱两可，经合组织（OECD，2007：18）将其定义为媒体素材：第一，它需以某种方式发布（所以如果你拍了条视频，然后只是把它扔在你的床底下那就不算）；第二，内容有一定程度的创新性（所以仅仅点击约翰·奥利佛[1]的视频不算）；第三，它并非由专业作者制作（所以你的《哈利·波特》粉丝或许能算，但 J.K. 罗琳的就不算）。YouTube 的迅速成功使得它在 2006 年 11 月被谷歌以 16.5 亿美元的价格收购，这一事件和这一笔巨资无疑为《时代》杂志将"你"在年末选为当年的年度人物埋下

---

[1] 约翰·奥利弗（John Oliver）是美国著名主持人。——译者注

伏笔：

  因为你掌握了全球媒体的控制权，因为你创立并构建了"新的数字民主"，因为你无偿工作并在专业人士的领域里击败了他们，所以《时代》杂志2006年的年度人物，就是身为网民的"你"。（Grossman 2006）

  但 YouTube 的迅速主流化和商业化使得该网站发生了一些变化，这种变化与 YouTube 最初吸引人的元素并不总是一致。随着 YouTube 不断扩大覆盖范围，老牌商业媒体很快认识到其潜力并加入其中，这意味着——正如范·迪克（van Dijck 2013：117）所说，"普通用户从未真正竞争得过主流专业人士"。从那以后，"观看次数最多"的视频不再是家庭自制的新奇短片，而是像凯蒂·佩里（Katy Perry）和蕾哈娜（Rihanna）[①]这样的专业人士花高昂经费制作的音乐视频片段。诚然，YouTube 的"合作伙伴计划"让情况变得更复杂，该计划让平台与专业及业余博主分摊广告收入，他们的频道往往拥有大量的订阅者（Burgess 2013）。但与此同时，我们也应该谨慎地认识到，YouTube 不是广播电视，它的用户从中获得的价值远远不是 20 世纪对于位列十大榜单上媒体的那种迷恋可比拟的。在有关网络化的数字媒体的讨论中，这是一个常见的错误——认为只有能吸引到大量读者的东西才重要［例如，在 2009 年辛德曼（Hindman）关于博客的书中，或是卡斯特尔令人不快的术语"电子孤独症"］（Castells 2009：66）。你的视频只有 6 次播放量，但是如果这 6 个人正是你希望的那 6 个，或者这 6 个人能从中学到什么，那么你的视频仍然值得传到 YouTube 上。

  大卫·冈特利特（David Gauntlett）认为，Web 2.0 的最大特点在于，其最知名的网站使以前相互独立的个体能够"聚在一起，在一个共享的空间中相互协作"（Gauntlett 2011a：5）。他把早期的网络和个人主页比作

[①] 凯蒂·佩里和蕾哈娜均为美国著名音乐人。——译者注

许多由个人打理的独立花园，而 Web 2.0 更像是一个社区的花园，参与其中的人越多，花园就会变得越好，它会更具多样性和更有深度，范围和效用也会更大。因此，从这个角度来看，Web 2.0 的意义在于实现大规模的在线协作，并为任何想为某个规划（project）贡献资源的人提供平台，而这个规划的资源将超过各个部分的总和。对于许多评论者（Delwiche & Henderson 2013）来说，Web 2.0 是关于亨利·詹金斯（Henry Jenkins 2008，2009）所说的"参与式文化"（participatory culture）。需要注意的是，詹金斯并不认为是 YouTube 这样的 Web 2.0 网站创造了参与式文化。相反，他认为："过去几十年，各种参与式文化的出现为此类平台的早期接受、快速采用和多样化使用铺平了道路。"（Jenkins 2009：109）他非常正确地指出，早在 YouTube 之前，人们就已经找到创建、交流和传播自己的媒体了（Duncombe 1997，McKay 1998，Downing 2001，Atton 2002，Meikle 2002）。

但我们应该清楚，"Web 2.0"这个术语最初是用来给一种新兴的商业模式贴标签的，而不是一种文化。吉尔特·洛文克（Geert Lovink 2011：4）曾提醒我们"应该先弄清 Web 2.0 到底是什么，它是硅谷的复兴"。"Web 2.0"这个标签通常被认为是由蒂姆·奥莱利（Tim O'Reilly）创造的，他将其应用于 2000 年互联网泡沫破灭后取得一定成功的互联网项目。奥莱利最初对 Web 2.0 的讨论（O'Reilly 2005）涉及一系列工具和服务，它们的共同点可能和不同点一样多（例如谷歌、BitTorrent、维基百科和 Flickr）。共同点包括提供软件服务，而非销售软件产品；包含一种"参与式架构"（architecture of participation），这使得该服务的实际使用次数越多，服务便越好（例如，搜索引擎拥有的数据越多，搜索结果就越精确，以前的搜索对此也有帮助）；其中还包括开发可在多种终端设备使用的服务，随着智能手机的兴起，这一点变得至关重要。他们还提到了数据库作为成功的 Web 2.0 商业模式引擎的重要性：YouTube 不仅是一个视频数据库，它还包含用户的浏览历史、喜好、搜索记录以及他们在网站内与其他人互动的内容。所有这些都成为 YouTube 广告业务的驱动力（我们将在第二章详细讨论这个方法）。

在"Web 2.0"这个术语出现之前,没有"Web 1.0"这一概念。没有人谈论 Web 1.0——只有"Web"。但是在 Web 2.0 的概念出现之后,有必要为 Web 1.0 构建一个回溯模型:这是一种还原性的描述,其中涉及避免各种不便的混乱的复杂性。Web 2.0 出现后,不可避免地,人们会开始谈论、寻找或者设计相互竞争的 Web 3.0 甚至更高的版本(在谷歌上搜索 Web 4.0,能得到 143000 个结果,不管它们到底是什么内容。当读到这篇文章的时候,无疑你会发现更多)。在蒂姆·奥莱利和约翰·巴特利提出"立体互联网"(Web Squared)(O'Reilly & Battelle 2009)概念时搜索结果甚至超过了上面的数字。

马修·艾伦(Matthew Allen)认为,我们应该将 Web 2.0 视为"修辞技术","通过它,计算行业正在努力改变我们对互联网的看法"(Allen 2013:264)。这是将网络视为平台,有关"2.0"的话语则意味着将转型(这是一种升级)与连续性(这仍然是网络,只是和以前不同而已)结合在一起。对于 Web 2.0 的其他争议性解释也"在这个版本的话语中"进行。艾伦将其描述为"一场定义未来的辩论,它控制了过去的意义和赖以参考的现在"(Allen 2013:270)。把网络的历史说成是 Web 1.0、Web 2.0、Web 3.0 等技术论叙事,就是试图通过引导其发展,使之符合自己的理想或商业计划,进而使其叙事内涵更加丰富。"社交媒体"一词也有类似的作用,它以类似方式将转型和连续性结合在一起,将其中的"媒体"定位于熟悉的环境中,而其"社交"则通过声称变革对传统叙事结构进行了修改。

南希·贝姆(Nancy Baym 2011)同样指出,不仅用户生成内容(UGC)一开始就是网络的中心,万维网出现之前的互联网通讯就有用户生成的内容,比如新闻组论坛(Usenet)。没有专业的商业内容可以与用户生成内容的理念进行对比(Lobato et al. 2013)。"Web 1.0"时代一些最重要的项目都是围绕用户生成内容来构建的,GeoCities、Indymedia 都是很好的例子。典型的 Web 2.0 网站——博客创建于 1999 年,当时互联网泡沫还未发生。而亚马逊在这之前的很多年就开始征求其用户对书籍和产品的评论,后来这些评论被重新定义为用户生成内容。

YouTube 和 Web 2.0 时代做了两件事。首先，它们让这种合作式的、去专业化的、业余日常的创作、发布和分享成为主流，并得到普及。GeoCities 和 Indymedia 都偏小众，但 YouTube 却能无处不在；其次，YouTube 和其他 Web 2.0 时代社交媒体平台的运营说明这一新的商业模式正在持续成为社交媒体普遍的运营模式。就像我之前对 YouTube 的观察一样，它找到了一条赚钱的途径，那就是成为一家本身不用制作任何媒体内容的媒体公司，它提供了一个制作媒体内容的平台，通过这种方式，其用户创建了内容和个人信息数据库，而公司从中谋利。

在某些情况下，提供平台只是最基本的功能，比如基于照片的社交媒体工具允许用户上传照片，但其他像 Facebook 这样的平台拥有更多、更复杂的功能，它们能提供应用程序接口（Application Programming Interface，API），允许第三方软件开发人员在社交媒体平台上运行附加服务，比如游戏。当然，Facebook 也为用户提供了上传工具或各种媒体材料的链接，让他们能够用文字或图片表达自己。社交媒体的这个维度是关于发布的——平台为用户提供了一个渠道，无论是否有评论，都可以重新发布之前保存的内容，或者发布由用户新生成的内容。

塔尔顿·吉莱斯皮（Tarleton Gillespie）梳理了社交媒体平台在这类 Web 2.0 平台话语中的多重含义：它有时是技术系统（比如对于苹果或安卓系统的开发人员来说）；有时是一个充满商机的世界（对于广告商来说）；有时是一个赋权系统——可以使用户找到能发声的地方（一个发言的平台）。吉莱斯皮认为，YouTube（及其母公司谷歌）平台的使用和模糊性，不仅为了展示，也是为了掩饰其运营业务的实质。

> 这种话语定位依据众多术语和理念，它们足够具体，有一定的意义，又足够模糊，可适用于多个场合，面向多个受众。将在线服务称为平台，并不是毫无意义的说法，也不是一种简单的说法。就像其他的结构隐喻（比如"网络"、"广播"或"渠道"）一样，这个术语依赖于语义的丰富内涵，尽管漫不经心的听者甚至说话的人本身可能不会注意到，但它是能带来话语共鸣的。（Gillespie 2010：349）

如此分析下来，我们可以看到，平台的内涵——"发言的高台、政党的宣言和计算机操作系统"——夸大了YouTube与传统媒体运营的不同之处，而低估了它们的相似之处。这些相似之处包括对广告的依赖，以及由此导致的对商业和监管压力的敏感性。吉莱斯皮认为，社交媒体公司对"平台"的使用掩盖了这两种压力，而不是大方地公开阐明它们。关于社交媒体公司使用"分享"这个词，我们也可以提出类似的观点，并将在第二章进行探讨。

公共媒体+人际交流

让我们回到本章开头的那个小例子，Facebook推荐我添加某个和18世纪思想家让－雅克·卢梭同名的人成为新朋友后，我和Facebook网友安德鲁在这张照片下面进行了交流。回顾一下：

安德鲁：格雷，你是不是写了"人生来自由，且无处不在用Facebook"这句话？

我：是的。不过在我写之前，卢梭已经创造出了这句话的大部分内容。

安德鲁：呵呵。那我能在最近写的文章里引用吗？

我：当然可以。:-)

安德鲁：太好了！我会把你的动态截图，这样就能显示你的名字了。可以吧？

············

在这个语境中，这种稀松平常的对话展现了人们在社交媒体上的交流实质，以及是什么让这种交流与众不同。这种交流将公共传播的元素与人际交流的元素结合在了一个不确定的可见环境中。

最初发布的内容就是这种交流模式的一个例子，它针对的范围非常小——汤普森（Thompson 1995）称之为"中介式传导互动"。它不是针对某个人的。除了那些能在 Facebook 上看到我所发帖子的网友之外，我并没有想象中的特定受众，不像打电话或发短信那样有特定的接收人。与此同时，平台也会识别出那些在 Facebook 上看我的帖子的人，他们有可能知道这句名言，或者明白我写的笑话（虽然也有可能只明白其中一个，而无法把两个都搞清楚）。在这一点上，正如斯坎内尔（Scannell 2000）所指出的，它将其目标受众中的"任何人"作为"某个人"来对待，却不知道这个人是谁——由此可见个人的私密交流和公共传播的关系已经在社交媒体上趋于一致。

Facebook 上卢梭图片下方我和安德鲁的后续对话就是汤普森所说的"中介式传导互动"的一个例子。这次交流使用了某种技术性媒介，我们通过无线网络或宽带电缆作为媒介，在各自的设备上使用 Facebook。这也是一种双向的交流，甚至不止双向，很多人可以加入我们的对话。Facebook 的页面结构设计就是为了促成这种互动——每一个动态都有"点赞"或"回复"选项，我们的头像已经连接在我们查看的每个帖子的文本框旁边，而那上面写着"写评论"。

这种交流的重点是，它能打破限制，将不同时间和空间的人联系起来。这与如何解读每个评论紧密相关，这种评论不像面对面的交流，我们在社交媒体中无法感受对方的声音语调，也无法观察面部表情或肢体语言，只能看到文本。正如在 Usenet 和 Listserv 文化时代所观察到的那样（Connery 1997），所有在线帖子都存在一定的张力。一方面，帖子是书面文本，作为阅读者，我们倾向于认为所有文字都代表发出者的完整想法；另一方面，社交媒体上的评论可能只是对方一句随口而出的话，好比交谈中刚说出来就想改口的话。如果是面对面交流，你可以说"等一下，我不是这个意思"，但在打字时就没那么容易了（尽管 Facebook 现在允许用户编辑动态和评论）。在社交媒体环境中看不到写作和演讲的脉络，这就是网络中误解如此普遍的原因。就像安德鲁和我都会在我们的交流中用一些小技巧来表明对彼此的态度一样。安德鲁用他的"呵呵"（heheh），我用我的"：-）"。因为不在同一个空间里，我说的"这里""那里"，"这个""那个",可能和对方理解的完全不一样。因为当谈到"这个"的时候,我们不能同时看到对方指的到底是什么。所以请注意,安德鲁在交流开始时重新输入了我给卢梭图片配的完整文字,而不是只写出来"这个"(this)。

社交媒体传播的另一个核心元素是,这些内容对公众和所有个人都是可见的,但是他们未必参与互动。有时,他们可能会通过点赞,甚至分享来表明自己的存在,原则上而言这种可见性是使社交媒体不同于其他传播形式的基础,它对日常生活中的道德规范提出了新要求,因为我们在社交媒体上展示自我时,会协商彼此的沟通和彼此的公共身份。安德鲁请求使用这张照片并标注我的名字,这是对可见性这种日常道德规范的认可。我们将在第四章和第五章更详细地讨论社交媒体可见性的问题。

这种公众和个人在不可预知的可见性背景下的融合,为人际关系带来了新的困境和各种可能以及风险。丹尼尔·米勒(Daniel Miller)的人类学研究著作《Facebook 的故事》(Tales from Facebook)提供了一些有趣的故事,讲述了人们目睹自己的人际关系因在 Facebook 上的行为而破裂。公共和私人的融合一再成为问题——尤其是在分辨哪些是公共的,哪些是私人的方面。"你不能说别人在 Facebook 上的照片是专门为你而发布的,但也无法说不是。一旦那些照片贴在那里,它们就成为你社交生活的一部分。"(Miller 2011:171)

社交网站的崛起及其所带来 Web 2.0 商业模式和文化实践,是社交媒体发展的三大支柱中的两个支柱,第三个支柱是智能手机的兴起,它让公众和个人以新的方式连接在一起。智能手机是通信、云计算和内容相互融合的典范,它们将移动设备牢牢地嵌入传播研究和学术研究的议程中(Goggin 2012, Goggin & Hjorth 2014)。英国通信管理局(Ofcom)在 2015 年 8 月的报告中称,66% 的英国成年人拥有智能手机,这代表着这种使用还不到 10 年的设备已迅速普及(Ofcom 2015a:3),移动电话有很长的历史,但可识别的移动电话是在 20 世纪 70~80 年代才首次投入商用(Goggin 2006, Green & Haddon 2009, Ling & Donner 2009)。虽然它也有自己的前身(Goggin 2011),但直到 2007 年 1 月苹果公司推出第一款 iPhone 手机，才开启了智能手机时代：

> 无论是在移动媒体的短暂历史中，还是在更长的文化科技历史中，苹果手机都代表着一个独特的时代。就像 30 年前的随身听（Walkman）一样，它标志了一个历史转折点：在苹果手机出现以后，身份、个性、生活方式、社会性，以及它们与技术和媒体实践的关系，都需要重新表述。（Hjorth *et al.* 2012a：1）

手机问世的第二年，苹果公司又上线了应用商店（App Store）。它赋予了设计、销售和使用软件新路径，使每一部苹果手机都可以无限定制，每部量产的手机都是人们日常生活的个性化延伸。但是，正如一些评论人士指出的那样，苹果手机是一个受到严格控制的系统，用户无法像使用其他计算设备那样，通过黑客攻击或修改代码来进行个性化操作；你可以安装任何你想要的软件，只要它能通过苹果应用商店的把关系统（Zittrain 2008，Goggin 2011，Hjorth 2012）。对于许多甚至可能是大多数用户来说，摆弄手机软件并不是他们想要做的事情，他们需要的是有用的东西。本·戈德史密斯（Ben Goldsmith，2014）曾指出一个矛盾，即这个封闭且严格控制的操作系统成为开发人员可以在其中创造 100 多万款不同应用软件的平台。不过，这个封闭的"黑箱"操作系统仍然是当代网络数字媒体环境如何显示出封闭专有系统与开放源代码系统（包括安卓这样的开放专有系统）之间具有某种紧张关系的例子。

智能手机是公共媒体与个人交流融合的核心。正如文森特（Vincent）和福图纳蒂（Fortunati）指出，手机成为用户情感和人际关系的存储库和载体。他们观察到，"（人们总把手机）靠近或贴着自己"，"（手机）在用户的情感认同中扮演着至关重要的角色，在日常生活的情绪起伏中协助情感管理"（Vincent and Fortunati 2014：317）。当然，手机也有多个入口，用户可以通过这些入口与他人联系，包括社交媒体上的陌生人。使用手机拍摄的照片可以通过内置的地址簿及其与 SMS、MMS 和电子邮件的集成与用户的联系人共享，无论他安装的是哪个社交媒体工具，或发布给

Tumblr、Instagram、Pinterest、Flickr、Facebook、Twitter 这些应用里任何一个用户或所有用户。无论多么微不足道，个人的生活动态都可以与特定或想象中的受众分享。就像每当有平台离线时，互联网上就会出现的表情包一样，一个潮人抓着手机痛苦地说："Instagram 已经下线了——跟我描述一下你的午餐即可。"自拍这种新兴的形式与社交媒体完美契合，它不仅可以用来分享个人隐私，也可以用来分享亲密关系，关于这种分享，我们将在第五章进一步讨论。手机可以让用户在公共空间中的体验个性化——只需戴上耳机就可以播放属于自己的定制音乐；也可以从公共空间中提取声音和图像，方便以后使用。例如使用音乐识别器 Shazam 来识别咖啡店中听到的有趣歌曲（Crawford 2012）。克劳福德认为，倾听是我们考虑社交媒体习惯的一种有用的方法，当我们在 Twitter 或 Facebook 上进进出出，以了解人们在说什么，或者随着我们的注意力而调整进出时。

但智能手机在其他方面也与我们关系密切。我们安装的应用程序收集了越来越多我们个人的交流和行为信息。例如，一旦你安装了 Facebook，就意味着它拥有了很多权限，包括读取和修改你的联系人，添加和编辑日历事件，读取你的文字，拍照、录影，记录你的地理位置和网络连接情况，读取你的通话记录，直接打电话给你的联系人，阻止你的手机进入休眠状态等。许多其他应用程序也同样具有侵入性（更多信息请参阅 Share Lab 2015 的分析报告）；苹果手机的智能语音助手 Siri 会翻查你的电子邮件，还能确定任何未知来电的电话号码；音乐软件 Spotify 不仅记录了你的位置，还记录了你是以怎样的速度、通过走路还是跑步到达下一个地点的。

智能手机扩展了人们在同一时空的体验方式（Hjorth *et al.* 2012b），且很有可能让我们对"在场"（但手指还在 Tinder 上滑动）或"离线"（但还在交友软件 WhatsApp 上聊天）的理解变得复杂。利科普（Licoppe 2004）提出了"连接在场"（connected presence）现象，人们通过持续的交流来维持关系，而不是等到彼此在同一时间和空间才开始叙旧。那些物理上共同在场的时刻和那些不能见面而使用媒体互动的时刻，都在一种连贯的关系中交织在一起，通过移动媒体进行管理和维护。2014 年我参加了一场婚礼，新娘已成年的女儿远在地球另一边，她通过苹果手机视频聊天软件 FaceTime 观看了仪式。她还出现在正式的婚礼照片里，因为新娘举起手机请摄影师拍照，屏幕上满是这个女孩的脸，她还大声喊着在人群中看到了谁。

结　论

同时具有公共媒体和人际交流功能的社交媒体并不是 Facebook 发明的，它并非第一个使用数据库商业模式或为用户提供平台的媒体公司，它当然也不是第一个网络公司，但到目前为止，它是最擅长利用和挖掘社交媒体优势的公司，它利用数据库和平台 Web 2.0 业务的元素持续吸引新的用户和广告市场。从一开始，Facebook 在这方面就很有战略眼光，当时它分阶段将新的大学加入其封闭的网络，给人一种排他性的感觉并创造了需求。它还把目光投向世界上尚未获得可靠接入的地区，发展互联网基础设施，以期使该公司成为网络的代名词。它不断增加用户可以发布到网站的媒体类型（照片、视频、gif 动图），以削弱专攻一种类型的竞争对手——Flickr 的实力。Flickr 自称是世界上最大的图片分享网站，几年前 Facebook 就已战胜了这个网站，甚至在照片还不是 Facebook 的核心业务的情况下。Facebook 一直在增加新的功能，让用户将更多的时间投入它的服务器上。它的崛起恰逢智能手机和平板电脑普及的时代，以及无线、宽带网络同时拥有更大功能之时。它兴起的时机、简单的界面空白填补，以及免费提供的服务，都帮它打败了早期走在前列的平台。其中一些平台的名字现在还能从记忆中浮现出来，比如 Friendster、Bebo、Friends Reunited 和 MySpace 等。在定义了社交媒体之后，下一章我们将聚焦 Facebook——这个分享行业的杰出案例。

第二章　分享产业

"分享"（share）这个词是社交媒体的核心。它以链接和祈使动词的选项等形式出现在 Facebook 的帖子、YouTube 的视频、《每日邮报》（*Daily Mail*）或《纽约时报》（*the New York Times*）网站上的每一篇文章中。从 Twitter 到 Tumblr，这些社交媒体网站的工具都突出了分享以及与之链接的可能性。我们不是简单地观看、聆听或阅读，而是被敦促与朋友和我们的受众分享想法、图片、信息、娱乐八卦、故事和歌曲。从 Spotify 的播放列表到 BBC 的 iPlayer，从 BitTorrent 到《卫报》（*The Guardian*）的"观点"（Opinion）页面，都在鼓励用户去交流、合作、协作和分享。分享就是社交媒体中的"社交"。

但是，老牌媒体的内容产业恰恰将"分享"视为威胁，并集体动员起来反对它。文件的分享打破了音乐、电视和电影行业的商业模式。一些报纸发现它们的在线内容被谷歌等以广告为驱动的公司以及个人用户访问、传播、存档，所有这些都对新闻行业的商业模式和品牌形象构成了挑战。生产内容的媒介机构游说要给"分享"定罪，并寻求限制分享的监管模式和技术干预。像 The Pirate Bay、EZTV 或 Isohunt 这样的文件共享门户网站消失后，它们又以新的统一资源定位系统（Uniform Resource Locator, URL）重新出现，就像参与了处在监控下的打地鼠游戏一样。虽然在线分享开辟了新的社交可能性，以及新类型网络和新形式的分布式创意与协作，但是同时也为社交媒体用户开辟了新的可见、开拓和监督形式。

所以，很明显"分享"这个词有很多不同的使用方式。雷蒙德·威廉斯（Raymond Williams）将"分享"定义为"传播"（communication）一词含义中的一端（Williams 1983：72-3）。他追溯了"传播"的含义和用法，发现在词谱中，该词的一端是有单向传输意义的"放送"（transmit），而另一端则是与"传播"（communication）和"交融"

（communion）这两个词的共同词根有联系的"分享"（share）。前两端所提到的"分享"的各种意义表明，在为网络数字环境寻找新媒体商业模式的尝试中，这个词的不同用法是如何被采纳的。对于新旧媒体行业来说，分享既是机遇，也是威胁。对于它们的用户来说也是这样。查尔斯·里德比特（Charles Leadbeater）是最早一批研究当时新兴社交媒体环境中关于分享问题的作者，他曾写道："网络将带来的最大变化是允许我们以新的方式相互分享，特别是分享思想。"（2008：6）但是，这种思想的分享是具有经济功能的，因为个人的分享行为会在一个围绕着创造力和创新为基础的经济形式中被定义："在网络创造的思想经济中，你分享什么，你就是什么——你和谁交流，与谁有关联，你分享了哪些想法、图片、视频、链接，或发布了什么评论。"（Leadbeater 2008：6）自那以后，尽管在社交媒体平台积极推动分享的过程中，它属于思想"经济"的观点并不总是前沿和中心的话题，但是"你分享什么，你就是什么"（you are what you share）这一观点逐渐形成了一股力量。

正如尼古拉斯·约翰（Nicholas John 2013）所指出的，自21世纪初Web 2.0商业模式出现以来，"分享"一词已经成为媒体和传播的中心。他追溯了在它的使用过程中是如何与非常笼统和抽象的特性联系起来的，比如网站上劝诫的"分享你的生活和分享你的世界"。他还注意到分享的使用可以没有任何对象，比如在用户"注册并分享"和"登录并开始分享"时。他指出，"分享"如今被用于形容社交和传播活动，而以前是以不同词语描述这种社交和传播活动的，因此自我表达行为现在也成为可以"分享"的事物。到2009年，这个词已经变得如此重要，以至于曼纽尔·卡斯特尔（Manuel Castells）宣称："在我们的社会中，交流传播的礼仪规范并非基于文化的分享，而是基于分享的文化。"（Castells 2009：126）马修·大卫（Matthew David 2010）和斯蒂芬·维特（Stephen Witt 2015）探讨了文件分享功能对音乐产业的影响。梅克尔和杨（Meikle and Young 2012）将分享视为媒体受众行为的一系列特定变化之一，这些转变因内容、云计算和传播的融合而成为可能。乔舒亚·格林（Joshua Green）和亨利·詹金斯（Henry Jenkins）探讨了受众选择分享和联系的积极方式，

以及每次分享所涉及的"一系列社交决定",包括:

> 值得一看的内容,值得与其他人一起分享,可能会让我们认识的特定人群感兴趣的内容;这些内容分享出去的最佳方式是通过特殊的传播渠道,还有,这些内容往往会附带特定的讯息。(Green & Jenkins 2011: 113-14)

学术界关注的范围之所以如此广泛,部分原因是"分享"这个词的内涵本就十分广泛。

分享和分享照搬

"share"有分离(separate)和分开(divide)的意思,这是英语中该词的原始含义——把有形的东西切成小份,与他人分享。但在数字媒体中,它也可以是复制和递增的意思。当然,复制本就是任何一台通用计算机最基础的内在功能——CTRL+C,它与粘贴——CTRL+V很自然地连接在一起。而这就意味着,复制和分享无形事物的行为成为第二"天性"。例如,BitTorrent网站的协议假设用户在与他人一起下载的时候也会一起上传——一个在软件中的互惠的编码。因此,分享可以是不付费就能得到某物,但也可能涉及其他形式的交换,那就是用户要回馈礼物(Mauss 1954),有时或许会涉及意识形态方面的因素。已故的亚伦·斯沃茨(Aaron Swartz)帮助开发了RSS和Reddit,他在2008年发表的《游击队开放访问宣言》(Guerilla Open Access Manifesto)中写道:"分享并非不道德——它是一种道义责任。只有被贪婪蒙蔽了双眼的人才会拒绝让朋友复制。"(Swartz 2008)(斯沃茨于2013年自杀,当时因下载学术期刊文章档案他面临35年监禁。)此外,用户还可以分享双方都没有副本的内容,比如Spotify播放列表或YouTube视频。因此,分享有一个重要的互惠维度,就像交换礼物是其他社会交往形式的基础一样。所有意义的分享都与个体识别有关——他们处在由他们自己所选择的由朋友、熟人以及联系人构成的社交媒体网络的中心。此外，由于其他人能够参与观察或评论我们在网络中的行为，所以这些分享行为都可能是可见的。

分享可以与信息发布有关。在 Facebook 等社交媒体平台上，它可以是与发布各种图片、链接和思想有关的，也可以与进行交际应酬或礼节式的交流——与发展、维持或修复关系有关。当我们向他人展示自己的品味和观点，传播认为有意义的东西，或筹办与我们相关的音乐或视觉类公共收藏展时，在线分享就是塑造自己形象的表现。分享可以与确认他人有关，也可以与寻找或提供交流的时机有关，因为我们是通过意义、观点和情感交流与他人联系在一起的，所以分享也是社交。我们在网络上分享内容，除了希望他人看到，还希望他们能分享我们从这些内容中获得的意义。没有得到点赞或评论的帖子是令人失望的，而若只得到一句刻薄的"这什么东西"（WTF）的回复同样令人失望，因为我们试图分享的意义没有得到应有的回应。

但我们分享的东西被 Facebook 商品化了——对它来说，分享变成了销售的隐喻（Fuchs 2011，van Dijck 2013 和 John 2013 也提到了这一点）。这种隐喻的内涵正从社交媒体平台蔓延到更广泛的文化中。在英国，国家医疗服务体系选择在其向数百万家庭分发的宣传材料中强调共享患者的医疗信息，以解释有争议的新患者信息数据库：因为很多人担心他们的信息一旦被共享，可能会被出售给保险公司。

在社交媒体上，所有这些分享的含义都叠加在一起。因此理解社交媒体的一种方法是将其视为"分享产业"。从这个意义上说，我们不能忽视"分享"的另一个含义，即持有公司股份。① Facebook 的股价与用户愿意分享的信息量挂钩。在社交媒体上，我们的分享提振了其他人的股票价值。

本章以 Facebook 作为社交媒体分享产业的案例进行研究，探讨其与十几亿用户之间的紧张关系和争议。通过关注 Facebook 的"企业使命宣言"，审视社交媒体与分享一词的话语关系。本章将探讨这个极简使命

---

① share 有几种含义，其中使用最普遍的就是分享，其还有另一种含义，即股份。——译者注

宣言的关键主张——它只有两句话，共 48 个单词——是如何贯穿在公司与不同公众的各种沟通之中的。这一使命宣言的言辞出现在 Facebook 的整个传播策略中，包括媒体信息发布、马克·扎克伯格的公开采访，以及致股东的年度报告。在本章中，我利用了批评性话语分析（Critical Discourse Analysis，CDA）来研究 Facebook 公司是如何通过"分享"这样的官方声明向世界展示自己的。我还追踪了 Facebook 在其 10 年的在线运营中，是如何赋予自身分享媒体内容、观点、情感和个人经历方面的能力的，因为它试图将所有这些内容都用于商业。

以 Facebook 为例

如果分享产业是以将公共和个人传播结合起来的网络化数据库平台为基础建设起来的，那它是如何做到这一点的呢？2014 年 12 月 31 日，Facebook 发布的致股东年度报告宣称，截至发布当天，有 13.9 亿人使用 Facebook，占世界人口的五分之一。虽然我们经常听说 Facebook 即将被淘汰，但这一巨大的数字意味着，事实上自 2013 年 12 月以来，它的用户数量增长了 13%。而且报告称，每月仅通过移动设备访问其网站的用户就有 5.26 亿——预计移动端用户将继续成为其业务的主要扩张动力，这表明 Facebook 仍有相当大的空间招募更多用户（Goggin 2014）。为了开拓新市场，Facebook 通过与包括三星公司在内的多家手机移动公司的"Internet.org"合并项目，参与了在发展中国家扩大网络接入和连接的基础设施建设（van Dijck 2015）。

在所有这些使用中，Facebook 2014 年公布的营收为 124.66 亿美元，高于前一年的 78.7 亿美元。这些收入的大部分（2014 年为 92%）来自广告商，它们付费在用户的动态新闻以及 Instagram 等 Facebook 旗下的其他平台上投放广告；此外，Facebook 还拥有 WhatsApp 通信工具和及其通信平台，以及 Oculus Rift 可穿戴虚拟现实系统等产品。还有部分营收来自开发者，这些开发者将 Facebook 的数据和服务整合到自己的业务中（尤其是游戏）；以及来自各类营销人员（直销商、品牌商）。Facebook 不仅

在新闻推送中显示广告,还通过提供其他类型的广告服务、活动和分析获益:

> 我们的广告让营销人员根据年龄、性别、所在地区、兴趣等要素,在Facebook上接触到目标人群……当营销人员在网站上创建广告时,可以指定预算金额、营销目标和目标人群类型。Facebook的广告服务技术会依据这些数据范畴,向每一个用户进行动态跟踪并投放最有用的广告。(Facebook 2015: 5)

虽然用户注册账号时会填写年龄和性别,但他们的所在位置和兴趣可能会不断变化。因此,为了让其广告业务得以随时间推移而跟踪变化,Facebook必须不断敦促每位用户提供自己的最新信息(在已使用8年后,我的时间轴仍然会出现消息提醒,说我的个人资料只完成了82%)。每次访问网站时都会有新的提示,比如推荐"你可能认识的人",建议加入"推荐群组",为你朋友点过赞或发布的内容点赞,回复新消息或者更新动态。"你现在在想什么?"——每当用户登录时,网站便如此发问。这些让用户添加更多内容的引导都是出于销售广告的需要,其商业模式取决于用户不断更新他们在数据库中的信息,因为公司必须出售这些个人信息数据库的访问权。

因此,自2004年上线以来,Facebook不断扩大其可见性服务功能的支持范围,让用户可以添加不同类型的个人信息,或者用该公司更喜欢的说法:"分享"。每次可见性范围的扩大往往会招致用户的强烈反对——有时他们觉得习以为常,有时又会迫使Facebook取消最新的限制。这导致产生了一系列关于隐私和可见性的争议,争议源于Facebook需要用户分享更多的数据和信息,其方式有时令大批用户感到困惑或惊讶。

我们来看以下几次重要扩展功能的上线。2006年,Facebook引入了动态消息功能,好友的活动动态首次被整理到一个集中的空间。它将所有可以访问的信息全都汇集在一个信息流中,而在以前,用户必须点击好友的个人档案才能看到这些信息(Solove 2007)。同年,公司开始在其他网站上启用"分享"按钮（Kennedy 2013）。2007 年，Facebook 对其 Beacon 功能进行了（对用户而言）具有灾难性的实验，该功能可以将 Facebook 用户在亚马逊等知名网站的消费记录发送给其好友（Boyd 2008 和 van Dijck 2013 提到过）。2011 年，Facebook 引入了"无摩擦分享"（frictionless sharing），这项功能将用户在 Spotify 听过的音乐，或在《卫报》网站读过的新闻自动发布到用户自己的 Facebook 动态中。同年，该公司将每位用户的资料重新按照他们的时间轴进行了整理。时间轴可以追溯到用户的一生，而不仅仅是他们注册 Facebook 后的活动，因此网站会提示用户添加他们的个人生平信息。2013 年初，Facebook 在状态更新中引入了"分享"图标，这样用户就可以用简单的表情符号或下拉菜单项来说明他们的帖子。这个功能导致 Facebook "帮助"页面上出现了令人难忘的常见问题："我该如何分享我的感受？"

珍妮·肯尼迪（Jenny Kennedy，2013）观察到，"分享"一词的选择总是具有战略性的，这个词的多种语义有时可能会掩盖其使用过程中所引发的象征性权力竞争。何塞·范·迪克（Jose van Dijck）引用马克·扎克伯格的话指出，分享是"一种不断演变的规范"。她还将同样的话用于对隐私的描述（van Dijck 2013：46）。她提出疑问，在 Facebook 时代，这一特殊的带有意识形态特征的分享意识是如何占据主导地位的？在她看来，这种特殊的意识形态意义是双重的，分享这一行为意味着用户互相交流个人信息，同时意味着这些信息被卖给第三方。她主要强调的是出卖信息这第二重意义，以及 Facebook 一直通过技术嵌入手段，努力降低用户对自己的数据进行保护和掌控的期望值。在范·迪克的分析中，相比较而言，Beacon[①] 公司在这方面就失败了，因为该公司的所有数据都非常清楚，而其他哪些公司参与了它的什么项目等数据也都一目了然。她指出，在 2007 年 Facebook 横空出世的时候，用户还没有为自己信息的被出卖这种事情做好心理准备，这太陌生，太激进，太突然了。

因此，Facebook 试图改变用户的期望和行为，而不是调整自己的企业

---

① Beacon，美国大公司，专注于制造业的信息化。——译者注

战略，它做到这一点的方法之一便是通过平台的编码以及它所提供的功能支持。应用程序接口（API）的引入和扩展，允许其他开发者创建工具和在 Facebook 上使用，有助于改变用户对该平台的看法。他们会意识到这个平台允许整个互联网参与进来，而绝不是一个装上围墙的花园。例如，"点赞"键的使用，以及它在成千上万网站中的使用，对改变用户的分享意识至关重要（van Dijck 2013：49）。因此，即使 Facebook 设置了"点赞"来收集用户访问网站产生的所有信息（哪怕当用户已经退出 Facebook 的时候），它似乎也不再像 Beacon 公司那样处于交互的可见中心，由于"点赞"按钮无处不在，交互中明显或可见的部分是用户与好友之间分享的信息，而不是与第三方网站或是 Facebook，因此用户更容易接受。

你在为 Facebook 工作吗？

所有媒体都意味着工作。确实，某些媒体工作中存在着明显可见的劳动力或者说雇员这样的主体，如记者、电影制作人、广播员、音乐家和摄影师这样的职业角色，但正如唐尼（Downey 2014）提醒的，在信息传播的工作中还有许多其他看不见的职业也有很长的历史，他们的存在甚至可以追溯到 19 世纪中叶和 20 世纪初的电报员和电话接线员。在后来的几十年时间里，又陆续出现了对图书馆馆长、信息策展人，以及对各类实时记录员的需求，如法庭、电视字幕、Twitter 和博客直播过程中的速记员。显然，信息的流动总是要有人去引导的。既然本章所做的探讨是关注社交媒体产业化的一面，那就要在更广泛的意义上关注社交媒体环境中的劳动力这个概念。

在网络数字媒体环境中，围绕劳动力存在非常现实的问题（Scholz 2013）。人们会付费让他人代玩电子游戏，因为他们希望自己在游戏中的角色能够升级（Zhang & Fung 2014）。另外，全球化媒体公司的避税行为使它们的员工本可以获得的公共服务和基础设施打了折扣。而那些组装设备的工人、那些生产设备原材料的人、那些为创意产业工作的人，他们的劳动创造出了可以被转化为知识产权的创意和概念，但他们都遭受了"剥削"。还有一种比较复杂的分析认为，我们对 Facebook 或类似平台的使用本身就是一种无偿劳动。

我们所使用的通信设备，其原材料的提取可能要付出相当大的人力和环境代价。我们用来查看 Facebook 通知和点赞好友在 Instagram 中新发布图片的智能手机、平板电脑和笔记本电脑，是由拉丁美洲、亚洲或非洲开采的金属和矿物制成的——如果我们亲眼看到那些开采场面，或许会放下手中的设备。比如，某国的采矿业就是制造媒体设备所使用的一种基本矿物的主要来源地。据报道，当地采矿业由雇佣兵经营，军队控制，众所周知，他们会通过奴役、强奸和残害来控制那些劳动者（Maxwell & Miller 2012：93-4）。

与此同时，社交媒体已经成为媒体环境中如此重要的一部分，但对于很多试图在这一行业开始或发展职业生涯的人来说，媒体工作的环境已经越来越不稳定了（Deuze 2007）。无薪实习越来越多地取代了带薪实习，而带薪实习已经取代了入门级别的工作（Ross 2013）。那些在媒体工作的人发现，网络数字通信技术穿透了过去分隔工作和家庭的高墙。那些社交媒体工具不仅将公共和私人的传播结合在一起，还将我们花在工作上的"公共"时间与我们为自己预留的"私人"时间结合在了一起。梅丽莎·格雷格（Melissa Gregg 2011）创造了"现场失血"（presence bleed）这个可怕的短语，来特指基于这样的环境下沟通的方式带来的崩溃感，因为这一方式导致员工在被布置工作任务和提出工作要求时，都不再局限于特定的工作地点或特定工作时间。比如，如果你的老板看到你晚上 11 点还没睡仍在 Facebook 上发帖，就给你发了封邮件，此时你能忽视这封邮件吗？此外，社交媒体作为创意产业的一部分，其实也在进行一种特殊的"剥削"。创意产业是让知识产权诞生的产业（DCMS 2001, Hartley 2005, Hartley et al. 2013），社交媒体公司员工们的文字、图片和代码，也就是创造力、天赋和思想都被转化成版权和专利，但是员工们只拥有那些被转化之前的原材料，而版权和专利带来的经济利益则是由公司股东们拥有和掌控的（Wark 2004）。

还有一个突出的观点，就是使用社交媒体是为社交媒体公司提供无偿劳动（关于这一点的不同观点可以在 Miller 2009，Gauntlett 2011a，Arvidsson & Colleoni 2012，Fuchs 2014b，2015b，和 Bolaño & Vieira 2015 中找到）。这种观点认为，社交媒体公司之所以能够盈利，是因为用户们免费创造了所有内容，因此这些用户就成为被"剥削"的工人。这一观点借鉴了达拉斯·斯麦兹（Dallas Smythe）1981 年关于广播电视鼎盛时期对电视观众的讨论。斯麦兹认为（在我看来是正确的），电视观众是一种商品，电视提供节目是为了吸引观众，以便把他们出售给广告商。他还认为（在我看来是不正确的），看电视构成了无偿劳动，作为观众，我们受到双重"剥削"，既是商品又是无薪劳动者。当他提出商品同时也是劳动者时，这一观点就站不住脚了。某些类型的工作确实涉及从事劳动的人同时也是商品：例如，性工作者或奴隶。但对于那些坐下来看电视剧《神秘博士》（Doctor Who）的人来说，用性工作或奴役类比似乎不太恰当。观察观众和电视之间的关系，可以得出观众是一种商品的观点是可靠的。但是，关于电视观众是无偿劳动者的观点，却并没有看清这种关系。相反，它以无偿劳动作为结论开始，因为它想论证马克思对剩余价值的分析是适用的，然后试图将其扩展到电视观众身上来作为论证前提。

而要将斯麦兹的分析扩展到社交媒体，也要求我们首先接受一个事实，即人们在社交媒体上做的所有事情最好首先被接受为是一种劳动。它同样是从结论开始，然后回溯到用户和他们在 Facebook 等平台的日常互动。我非常赞同社交媒体"剥削"用户的观点，正如我将在下文和第六章再次探讨的那样，但是劳动力并不是界定这种关系的最佳视角。使用 Facebook 只是变成了它的商品，并未变成它员工的一部分。Facebook 用户是该公司销售的产品原材料，产品则是这些用户的相关信息。至于有关"剥削"的内容，我将在后面再安排进一步讨论。还有，对于用户来说也有点冒险，他们无法确信自己的数据在 Facebook 上是否安全（我们将在第五章再讨论这个问题）。就情感、意义、愉悦感、参与度以及与朋友的互动感而言，许多人可能认为允许 Facebook 使用他们的数据做广告是一笔不错的交易。而我在本章关注的，是他们是否清楚这笔交易的性质和条款。

批判性话语分析与象征性权力

  Facebook 已经建立起了一个难以想象的商业帝国，拥有数以亿计的用户。它的界面常常能让公司保持持续增长的态势，某种程度上，这归功于统一、中性的页面设计。每个人的时间轴都建立在相同的模板上，这一点与短暂统治过社交网络的 MySpace 形成了对比。因为 MySpace 的用户可以通过调整代码或粘贴插件来定制他们的网站页面外观，这些插件往往给页面增添花哨的色调，尽管这很有趣，但无法吸引世界上五分之一的人口加入其中，因为它缺乏被视为强制执行的统一设计，而这一设计是 Facebook 能够吸引用户的关键，如杰伦·拉尼尔（Jaron Lanier）所说的"多选身份"（Lanier 2010：48），因为通过下拉菜单和"最爱语录"列表，用户对个人身份的自我展示就处在了重要位置。

  另一个 Facebook 网站界面更受欢迎的重要因素就是关键词的选择。启用关键词分享功能是一个成功的策略，我将在之后探讨其原因。而选择"点赞"和"朋友"也是如此。事后看来，选择"点赞"的原因似乎是显而易见的，甚至是非它不可的。但正如帕里泽在《过滤气泡》（*The Filter Bubble*）一书中指出的那样，这也是在众多方案中做出选择的结果：

>   开发"点赞"的团队最初考虑了很多图标——从星星到竖起的大拇指（但在伊朗和泰国，这是一个淫秽的手势）。在 2007 年夏天的一个月里，这个键还被称为"超棒"（Awesome）按钮。然而，Facebook 团队最终还是倾向选择了更普遍的"赞"（Like）。（Pariser 2011：149）

  同样，"朋友"（friend）一词和"赞"（like）一样提供了积极、普遍的内涵。选择这个词并不是 Facebook 的创新，但与那些选择"联络人"（contacts）、"联系人"（connections）、"关注者"（followers）或"伙伴"（buddies）的公司相比，这个选择仍然为 Facebook 带来了优势。这种优势不仅来自"朋友"这个词的正面含义，也来自这个词的使用通常是不精确的。"朋友"具有可塑性，在很多情况下往往模棱两可，不只是在 Facebook 上（Bucher 2013，Lambert 2013）。但 Facebook 已经把它的意义变成了每个用户现在都必须协商接受的东西，因为他们要权衡是否接受某人邀请，什么人有权限看到他们的照片。丹娜·博伊德（Danah Boyd）在对社交媒体的早期分析中强调了"朋友"一词在内涵层次上的模糊性：

> 什么是朋友？在日常用语中，朋友代表一种关系，包括某种程度的相互爱慕或钦佩。有些人会把性伴侣和家庭成员排除在这一类别之外，而另一些人则认为这些关系也可称为朋友，以表明他们之间的信任程度。对于社会学家来说，友谊是非正式的类别，没有明确的界限（比如"同事"）或共同责任（比如"家庭"）。（Boyd 2006: unpaginated）

就像"朋友"和"赞"一样，当"分享"这个词成为 Facebook 界面和公开展示的核心部分时，这个具有积极意义的简单日常用语就被捆绑在一个含糊不清和策略性细分的网络上了。

那么，这个在短短十多年时间就发展壮大，吸引了十亿多人口的公司是如何向世界展示自己的呢？本章通过使用批判性话语分析工具来研究 Facebook 这个关键的文本（Fairclough 1995，2003，Garrett & Bell 1998，Hansen & Machin 2013，Hodge & Kress，1993，Jäger 2001，Wodak 2008）。

批判性话语分析是一种成熟的定性方法，它有一系列强大机制来确定特定的效果是如何通过话语实现的，这里定义为"对（某方面）现实的社会构建的知识"（Kress & van Leeuwen 2001: 4）。虽然它的倡导者经常将批判性话语分析设定为揭示文本中的意识形态因素的一种手段，但本章讨论的不是意识形态，而是 Facebook 作为象征性权力关系（symbolic power relations）的一个实例是如何表征它自己的。

对皮埃尔·布迪厄（Pierre Bourdieu）来说，象征性权力是"构建现实的力量"（Bourdieu 1991：166）。它是一种说服、认可、定义、命名并以此影响他人的能力（Thompson 1995）。正如布迪厄所说，是一种"让人们看见并相信"的事业（Bourdieu 1991：170）。詹姆斯·凯瑞（James Carey）曾经认为，现实是一种"稀缺资源"——他接着说，之所以稀缺是因为"有些人可以说，有些人可以听，有些人可以写，有些人可以读，有些人可以拍电影，有些人可以看电影。但是很少有人可以掌握决定现实的机制"（Carey 1989：87）。现在离凯瑞的分析已过去 25 年，在当前社交媒体环境中，与各种公众进行传播和交流的能力已经获得了广泛分布，但是这种分布是不平衡和不平等的，像 Facebook 这种拥有超大规模资源的媒体公司就能够行使比例超大的象征性权力。

梅卢奇认为，在一个以信息为中心的社会中，"信息的力量本质上就是通过命名来定义现实的力量"（Melucci 1996：228，原文中强调）。例如，新闻业就是用这种方式，通过设置我们每天应该从哪些视角思考哪些事件、哪些问题来为我们界定概念和定义这个世界的。同样，Facebook 通过在其众多活动中战略性地使用"分享"一词，致力于以自己的方式命名和定义十几亿用户的日常交流实践，利用其巨大的象征性权力为用户定义现实中的稀缺资源。所以"分享"这个词很重要。

首先，我想谈谈什么是批判性话语分析，以及它对于理解一家头部社交媒体公司通过使用"分享"一词向世界展示自己的方式有何作用。费尔克拉夫（Fairclough 1995）认为批判性话语分析有三个维度：文本分析；话语实践分析（"文本生产、分配和消费的过程"，第 2 页）；以及"作为社会文化实践的话语事件"的分析（同上）。在本章中，我不讨论文本产生的过程，相反，我想借鉴费尔克拉夫（Fairclough 2003）和尤尔根（Jäger 2001）提出的文本和话语分析方法，并补充富勒（Fowler 1991）、汉森和马钦（Hansen and Machin 2013）提出的词汇和语法分析的具体概念。

这在实践中意味着，我对文本提出了一系列问题。我首先提出的是词汇选择的问题，或者词汇组成层次结构的水平的问题。我询问如何在段落层面上通过更大的句式和语法选择将这些词汇组合起来。我不仅思考文本实际存在的内容，还考虑了文本中被省略、被隐藏或者被删除的内容，当然这种隐藏十分关键（Fairclough 1995：5）。我问的是文本与其他文本之间的互文关系，话语分析结合了语言分析和互文分析。费尔克拉夫（Fairclough 1995：189）认为，互文性对于理解文本与其丰富的社会背景之间的关系非常重要。互文是文本和语境之间的桥梁，文本的互文性通过文本的语言表现出来，这让我们可以在多个文本中寻找意义。罗伯特·斯塔姆（Robert Stam）说："任何与另一个文本交集过的文本都必然与另一个文本有交集的所有文本交集过。"（Stam 2000：202）

因此，下面的讨论总结了我对 Facebook 某些关键文本提出问题的答案。这些是词汇、文本和互文层面的问题。当然，下面讨论的 Facebook 文本都是在努力向不同的支持者宣传推广自己的文本，所以分析的目的不在于揭示 Facebook 在做什么（推广自己），而是揭示它如何实现自我推广。在词汇层面，我想考虑哪些词语的选择，或词语选择的模式在向读者推荐首选含义方面最重要。我还想了解通用的、聚合的或复数的术语（如人，"people"）如何暗示或省略不同的含义。在文本层面，我询问了从句之间、句子和段落之间的关系如何有助于暗示首选意义。我查看了谁或什么代表行动，谁或什么代表行为，以及是否有被动词的大量使用，或名词被转化为动词（这两种情况都可以隐藏谁负责行动，这将被主动词所揭示），我探讨文本如何表达确定性的程度。我特别要提问的是，文本是由什么样的假设或预设构成的，以及这些假设或预设暗示了什么样的权力关系，其中又遗漏了什么。在互文层面，我提出了一些问题，比如：文本的风格；某些元素是如何在其他文本中反复出现的，它们又是如何变化的；以及非词汇元素（如颜色、设计、图像、音频、动态图像、超链接）如何有助于创造意义。所有这些结果将在接下来进行讨论，我将探讨如果我们对 Facebook 的自我描述，即其"使命宣言"提出这些问题，会得出什么结论。

Facebook 的宣言

Facebook 的企业使命宣言是一个非常重要的文本，通过它，该公司在自己的网站上向世界展示自己：

> Facebook 成立于 2004 年，我们的使命是赋予人们分享的权力，让世界更加开放和互联。人们使用 Facebook 与朋友和家人保持联系，了解世界上正在发生的事，并分享和表达对自己来说重要的事物。
> (http:// newsroom.fb.com/Key-Facts)

这段文字出现在网站标题为"新闻编辑部"（Newsroom）的栏目中，通过 Facebook 公司页面上"关于公司"的链接即可到达，设计和界面是统一的蓝色和灰色，这也是每个用户时间轴的色调。尽管 Facebook 上几乎所有其他内容都可以点击，但这份使命宣言不包含超链接，它是单独存在的，虽只有两句话，但告诉我们，Facebook 公司在展示自己时最重要的内容是什么，公司与用户的关系，以及它选择省略或隐藏的内容。这两句话构建起了一个世界，并在潜意识中表达出了使用 Facebook 就是与这个世界建立联系这层含义。

在第一句话中，主语是 Facebook，它具有赋予人们力量、让世界更加开放和相互联系的使命。第二句话中，主语是"人"（people），是在这个语境中最普遍，可能也是最中立的词语，而不是"用户"（users）。因为那与 Facebook 所宣扬的思想完全不同。而且"用户"包含在"人"之中，这个词可适用于全球，这对该公司来说是极具吸引力的选择。它们没有使用"顾客"（customers）或"客户"（clients），因为 Facebook 是企业对企业（business-to-business）的运营模式，其客户是广告商、营销人员和开发者，而不是那些每天用它保持联络或分享和表达的人，这份宣言说的是人在使用 Facebook，并未提到 Facebook 也在利用人。

更重要的是，这里所说的人对 Facebook 的使用是以一种非常普遍的方式呈现出来的，由此让使用 Facebook 的人忽略了几乎所有的细微差别，而正是这些细微差别使得网络对无数用户来说都是一个迷人的空间。这些用户使用 Facebook 不仅是为联系、发现、分享、表达，他们还在此平台调情、欺骗、跟踪；恋爱，又或闹翻；争吵、谩骂或嘲弄他人；吹嘘自己，欺负或贬低别人；顺从来自同龄人和社会的压力；做营销、销售或发垃圾信息；无所事事地或无精打采地消磨时间；或者进行任何理论上而言漫无边际的交流互动。Facebook 在这里将其提炼为最后一句。

这份宣言中，另一个需要注意的地方是，Facebook 并没有被认为是一家盈利公司。相反，它把自己描述成一所肩负使命的机构，自豪地介绍了成立的日期。这种风格不像是一家新科技公司，倒像是哈佛（Facebook 的诞生地）这样的老牌公共机构。这两句话也没有将 Facebook 定义为商业运营平台，而是一个公共产品。第一句是关于 Facebook 能为人们做什么，第二句是围绕人们对 Facebook 的使用。由此可见，任何关于 Facebook 是商业实体的说法都被忽略了。如果这听起来无关紧要，那么思考一下：如果 Facebook 被明确认定为一家商业运营公司，那么它的使命宣言将会全然不同：

Facebook 公司的使命是赋予人们分享的权力。

对"使命"一词进行简单的转换，就能突显出这一点：

Facebook 的商业模式是赋予人们分享的权力。
Facebook 通过赋予人们分享的权力来创造收入。
Facebook 通过赋予人们分享的权力来赚钱。

这些都是对该公司运营方式的准确描述，也是对所选术语"使命"的合理替代。但无论怎样，Facebook 都以非常不同的方式构建起了其与用户之间的关系。

为什么以上这些分析内容很重要？因为该公司总是谨慎地将其与用户的关系构建为一种选择，一种建立在"分享"这一战略词语上的选择，

Facebook 向广告商出售我们选择与该公司共享的信息，但在宣言中展现出不同的运营模式，与用户的关系模式也不同：是它在给用户提供内容，而不是从用户那里索取内容；是人们在使用 Facebook，而不是被它使用。当然，Facebook 的许多用户不太可能相信该公司的运作完全出于利他主义；在这十几亿用户中，许多人可能对其广告的使用和他们的个人信息有相当深刻的理解。尽管如此，他们对这个平台的使用，以及与他们相关的选择，都是在 Facebook 构建的一场关于利他主义和空想乌托邦的话语之中展开的，这些话语告诉我们，这些用途和选择被认为是使命的一部分，即赋予人们分享的权力，让世界更加开放和互联。Facebook 是本章的主要例子，但它不是唯一的例子；更准确地说，它是社交媒体这个更广泛的分享产业的重要组成部分。这个产业的使命宣言本身就是一种流派，其他社交媒体公司在某些关键方面与 Facebook 产生了共鸣。以下是该流派的四个主要例子。请注意它们的分享程度：

YouTube

YouTube 成立于 2005 年 5 月，数十亿人可在网站发现、观看和分享原创视频。YouTube 为全球各地的人们提供了一个交流传播和激励他人的平台，并为大大小小的原创内容创造者和广告商提供了一个分销平台。(https:// www.youtube.com/yt/about)

LinkedIn

我们的使命很简单：让世界各地的专业人士相互联系，让彼此更有效率、更成功。加入 LinkedIn，你接触到的人、工作信息、新闻、更新和见解，都可以帮助你在工作中有更出色的表现。(http:// www.linkedin.com/about-us?trk=hb_ft_about)

Twitter

我们的使命是：让每个人都能无障碍地即时创造和分享想法和信息。(https:// about.twitter.com/company)

Instagram

Instagram 是一种通过一系列照片与朋友分享生活的有趣而新奇

的方式。用手机拍照，选择滤镜，将图像转换成记忆，永远保存在你的身边。希望你也能通过这个软件感受朋友生活中的点点滴滴。希望通过照片去构建一个更为紧密相连的世界。（https://instagram.com/about/faq/#）

这些公司都做出了类似的声明，使用了与Facebook类似的说法，也使用了和全球化相关的词语——比如"全世界""数十亿人""全世界的专业人士""每个人""一个联系更加紧密、没有障碍的世界"。在这些公司的宣言中，除了LinkedIn，都使用了"分享"这个词。从"分享就是发布"（如YouTube、Twitter）到"分享就是沟通交际"（如Instagram），都利用了这个本身可能具有无数细微差别的词。除了Twitter之外，所有网站都用"connect"一词将网络和传播交流的含义结合起来。这些使命宣言都强调了新的可能性——用户将能发现新事物并受到启发；获得洞察力，并将图像转化为记忆，永远留在脑海。在这五家公司中，只有YouTube承认这一切的目的是广告，即便如此，YouTube也省略了关键的细节，只提到它是广告商的分销平台，而不是向这些广告商出售其用户的访问权。

Facebook的使命宣言与上述其他社交媒体公司的使命宣言一样，都是宣传文化的产物，因此，Facebook当然成为一系列隐含问题的解决方案，这些隐含的问题是以一系列重要假设为基础的。费尔克拉夫（Fairclough 2003：55-61）对三种不同的假设方式做了区分：存在性假设，预设某物存在；命题性假设，假设某事能够或将要或确实是这样的情况；以及价值性假设，预设什么是理想的或好的情况。价值性假设是行使象征性权力的明确假设，Facebook的使命宣言正是建立在一系列这样的假设之上，宣言的两个句子中，每一个关键条款都回应了关于什么是好的和理想的未言明的假设。

第一句所隐含的问题是：世界不够开放，联系不够紧密，是因为缺乏分享，而Facebook就是解决方案。在第二句话中，有三个隐含的问题：人们需要一种保持联系的方式，需要一种了解世界正在发生什么的方式，还需要一种表达自己的方式。每个问题的解决方案都是 Facebook。这一点很重要，因为它将用户与该公司的商业模式联系了起来，而这一点的核心就是分享的权力。使命宣言的语言使得我们接受了这样的假设：人们原本没有权力分享，需要 Facebook 赋予他们这种权力。同时，也要求我们接受这样的假设：在 Facebook 上分享信息确实会让世界更加开放和互联；另外，还让我们接受了一个更开放、更互联的世界将是一件好事的假设。在第二句话中，堆砌了更多假设：如果没有这项服务，人们就无法与家人和朋友保持正常联系；Facebook 是了解世界的关键途径；人们在这里分享的东西对他们来说确实非常重要。这些隐含的价值性假设都为 Facebook 试图说服浏览的人相信其重要性奠定了基础。

41　　为了更详细地解释其中之一，价值性假设提出了"开放"是有益的，于是很自然地与"连接"这一独特的战略选择相匹配。数字文化中有很多内容都利用了"开放"的积极内涵，从开放获取期刊到开放的源代码软件。但在这些情况下，这个词特定的形容词功能，是以特定实践的名义来修饰一个特定的术语。相比之下，在 Facebook 的使命声明中，"开放"的形容词功能要宽泛得多，它修饰的是世界。但是，一个更加开放的世界会让人更为满意幸福，这个价值假设取决于要开放的到底是什么。这个更加开放的世界是否包括开放医疗记录、公开投票历史和开放银行账户？爱德华·斯诺登揭发了美国安全机构在全球范围内系统且大规模地、不加区分地对人们的电子通信进行监控的行为，这也可以被视为对更加开放的世界具有不同愿景和解读的例子（我们将在第五章再次讨论这个案例）。

　　Facebook 的使命宣言以具有精心达成的清晰解释和极强说服力为标志。但在第一句话中，它有一个耐人寻味的歧义。由第一个句子连接起来的两个分句之间的关系可以有多种解读。Facebook 的使命是让人们有权力分享，使世界更加开放和相互联系。这是否意味着 Facebook 的使命有两个截然不同的组成部分：(a) 给予人们分享的权力；(b) 使世界更加开放和连接？还是说，让世界变得更加开放和连接，是赋予人们分享权力的结果？或者说，分享和让世界更加开放是同一种权力（分享和创造的权力）的结果？马克·扎克伯格在 2010 年的一篇博客文章中解决了这一模棱两可的问题,他写道:"当你分享得越多,世界就会变得越开放、有越多连接"(Kennedy 2013:130)。"在 Facebook 上发帖就能让世界变得更美好"的价值假设,既是一个令人惊异的观点,也是行使象征性权力的一个强有力的例子,因为 Facebook 试图为了自己的商业目的而重新定义"分享"。

使命的蜕变

本章的这一节阐述了 Facebook 使命宣言的互文性这一维度,考虑其关键元素如何在公司公共传播的不同方面不停迭代和重复。本文选取了三个文本来说明该公司是如何为不同受众重新定义其使命的。第一,对于记者,它在媒体新闻稿中表达了新的发展思路。第二,对于《连线》杂志(Wired)的读者,他们是普通公众里对媒体和技术有更多兴趣的群体。第三,对该公司的股东,它在第一份年度报告中界定了其业务模式。

媒体发布

在 2013 年 4 月 10 日的媒体发布会上,Facebook 宣布了网站的新功能,即允许用户在状态更新中加入一系列表情符号,并将这些符号链接到由产品或品牌维护的其他 Facebook 页面(Lindsay & Yung 2013):

> 自本周起,人们可以在状态更新中展示他们在看什么、读什么、听什么、吃什么、喝什么或表达他们的感受。
>
> 例如,如果你分享了一部正在观看的电影,比如《侏罗纪公园》(Jurassic Park),那么你的帖子将包含该电影的图标和电影页面的链接。

换句话说,个人用户的状态更新现在要引入品牌广告了。这一点表现得很隐晦,是用 Facebook 使命宣言中"表达和分享"这种话术来呈现的,它将该公司定位为填补用户们还未被满足的需求。这段文字暗示,在本周之前,用户不可能通过在状态框中写下这些内容来表达他们正在做什么或者想什么。Facebook再次拥有了一个用户未曾想象过的问题的解决方案，再次将自己标榜为公共产品——没有任何明显的确切手段，或者需要通过提供或强加本文中介绍的各种服务来创收。

杂志采访

2013年，为推广Facebook的智能手机"Home"平台，扎克伯格接受了《连线》杂志的史蒂芬·列维（Steven Levy）的采访。扎克伯格谈到了公司的"社交分享使命"（Levy 2013）。"分享是使命"的论调再次出现，而实际上这里讨论的仍旧是一种高度竞争的商业模式：

> 未来几年，我们面临的最大挑战之一，是要弄清楚我们与那些明显具有相同社交分享使命的公司之间的关系。

采访中，扎克伯格将公司的分享使命与广为人知的计算定律摩尔定律进行了类比。根据摩尔定律，技术进步使数据处理能力约每两年翻一番。相比之下，他描述了Facebook的分享定律：

> 这就相当于摩尔定律，即每个人分享的平均信息量大约每年翻一番。

然后他详尽地说明：

> 分享不仅仅是每年将个人状态的更新量翻倍，它由所有渠道的分享趋势共同组成。一开始，人们通过在个人资料中填写基本情况来分享信息，然后我们推出了让人们更新状态的功能，接着又有了上传照片的功能。现在，人们还通过Spotify（音乐软件）等应用程序分享信息。我们在谈分享的摩尔定律，但我们从来没有想到这一切将会发生在Facebook上——它将是未来整个世界发生的大趋势，而我们的挑战是在Facebook上实现这一点。

为了让类似《圣经》中"创世纪"的余声消失,扎克伯格没有对有关Facebook的这一比喻做进一步评论,他在这里表示Facebook不是在驱动人们分享,而是为了回应用户。按照这种观点,Facebook不是主动采取行动,而是在被动采取行动,似乎它是为了试图满足虚拟公众的需求,只是在此之前一直没有满足这一需求的现实工具而已——这与Facebook公司的历史模式并不相符,事实上它一直在积极试探用户可接受[①]的极限,然后又在用户的反抗中采用明智的策略低调收敛。

致股东的年报

2012年5月,Facebook公司上市,并于2013年1月向股东提交了第一份年度报告。这是Facebook历史上的一份重要文件。在这份一页纸的报告中,马克·扎克伯格在第二段再次表述并重申了公司的使命:

> 我们的指南针就是我们的使命:赋予人们分享的权力,让世界更加开放和互联,这正是我们能发展到今天的原因。我们希望帮你和你关心的每个人保持联系,提供一个对你来说分享重要事件、缩小世界距离的平台。(Facebook 2013: 3)

这份报告通过使用诸如"我们能提供帮助"、"我们的使命"和"以新的方式服务世界的新机会"等短语,再次将Facebook看作解决隐性问题的方案。通过使用"我们可以提供连接""帮助世界上的每个人联网""我们的指南针就是我们的使命"这样的短句,再次将Facebook定位为公共产品,而不是上市公司。

这份完整的宣言文本意义重大,因为它向公司股东明确说明它对其他受众的公开声明中所隐瞒的内容。这份文本所使用的动词表明,Facebook对受众而言是这一声明中主动提供帮助的一方,而不是被帮助的一方。在

---

① 即私域被利用。——译者注

回顾公司这一年的成绩后,扎克伯格重申了"我们可以连接""我们能够转变""我们在转型"等术语。这表明,在这种背景下,公司不是对用户未满足的需求做出被动反应,而是积极主动采取行动提供更多服务的一方。因为这份文本要传达高度的确定性和说服力,所以通过将技术与他人互动表达为"这很自然,我们就是通过这种方式相互连接起来的。"最重要的是,这与公司的使命宣言或上面讨论的其他文本都不同,扎克伯格在这里明确阐述了公司的商业模式,他写道,"使用 Facebook 就是进入现代知识经济的蓝海":

> 我们认为现在是一个很好的机会,也是我们的责任所在,去帮助世界上的每个人上网并进入现代知识经济的蓝海。我们会让 Facebook 成为这个时代最伟大的经济引擎之一。通过 Facebook,小企业将获得新的客户,并与之建立比以往更为密切的关系;大品牌更能讲好故事,与消费者建立有意义的联系;电子商务服务能够让数百万人在讨论产品时就能争先恐后地销售产品;开发人员将拥有重塑每种产品类别的工具,并为世界各地的人们提供新的体验。(Facebook 2013:3)

因此,Facebook 向想象中不同的公众展示自己的方式存在着显著差异。在公开声明中,包括公司自己的 Facebook 页面和采访中,它将自己塑造成一种响应趋势、以提供公共服务为使命的角色,但在给股东的声明中,它又把自己描绘成积极主动而有活力的,用其数据库业务模式推动现代知识经济发展的企业。

然后,Facebook 用相同术语组成不同的排列方式向不同的设想对象阐明自己的身份。这是我们在日常生活中都会做的事情,我们每个人的身份都是通过在不同情况下以细微的差别来展现很多面的自己而实现的:有些正式,有些不那么正式;有的亲密,有的疏远;有些时候认真,有些时候又随性。正如惠特曼在《自我之歌》(*Song of Myself*)(Whitman 1973:88)中所说:"我是庞大的,我承载着很多个自己。"早在 16 世纪,蒙泰涅(Montaigne)就在探索我们每个人的身份都是多元的这一意义:

> 在我身上可以找到各种各样的矛盾，它们的出现取决于不同情况的转变：羞怯、傲慢；纯洁，好色；寡言，健谈；坚强，纤弱；聪明，愚钝；焦虑，和蔼；撒谎，诚实；好学，无知；慷慨，吝啬，又爱挥霍。所有这些，我都或多或少从自己身上看到，就看我会偏向哪方；每个认真研究自己的人都会发现，在自己身上和自己的判断中竟然存在着如此多的矛盾与不和谐。（Montaigne 1993：128）

在某些情况下，每个人都会选择让特定的人看到自己的某些特性，而在另一些情况下，又会选择对他们隐藏起我们身上的一些特征（Goffman 1959, Meyrowitz 1985）。我们每个人都在尽可能地管理、维持和保护自己的声誉。正如马威克和博伊德（Marwick and Boyd 2014：1052）所言，每个人都必须应对"试图公开但又不能总是公开"的挑战。但我们可能会注意到，马克·扎克伯格本人已经公开反对这种基本"不总是公开"的社会行为，理由是它破坏了他的商业模式。

在《Facebook 效应》（The Facebook Effect）一书中，传记作者大卫·柯克帕特里克（David Kirkpatrick）描述了马克·扎克伯格在一次采访中多次重复"你只有一个身份"，他进一步说明："你对你的工作伙伴、同事，以及其他认识你的人拥有不同形象的日子可能很快就要结束了。"（Kirkpatrick 2010：199）这种"社交情境崩塌"的情况确实是当代关注的问题（Wesch 2009, Marwick & Boyd 2010），特别是在 Facebook 出现以后。但随后，柯克帕特里克所引用的扎克伯格的"拥有两个身份是缺乏诚信的例子"（Kirkpatrick 2010：199）这句话的问题更大。Facebook 对自身身份界定的关键术语是共享、使命、开放、连接，对这几个词的使用是一致的，但这些词对十几亿用户的含义，以及用户们向 Facebook 提供的信息到底意味着什么，该公司在不同公开场合对这些内容明确表达的程度明显不一致，股东得到的信息与分享信息的用户得到的信息不同，而马克·扎克伯格在这里却未必会认为这应该就是一个缺乏诚信的例子。

结　论

本章研究了建立在分享的赋权和话语基础上的 Facebook 作为新的传播系统这一主要案例。从 Facebook 的崛起到兴盛，以及它对大数据挖掘广告方式的改进，我们可以看到一种新媒体模式的轮廓，即分享产业。用户采用和适应这个产业的方式取决于这种新媒体与其用户沟通的方式。每次用户通过 Facebook 进行内容分享的扩展都会引发持续的争议，这揭示了 Facebook 与十几亿用户之间的紧张关系和对峙。通过向不同类型的特定预设用户展示自己的方式，Facebook 表现了它准备承认的实质，以及它与这十几亿用户不愿意说明的关系。同时本章还揭示了 Facebook 公司对这些用户每天嵌入 Facebook 的观点和情感、记忆和图像、信息和关系等数据的真实意图。

第三章　再创混编文化

2013年，著名美国歌手法瑞尔（Pharrell）的新歌《快乐》（"Happy"）在社交媒体掀起热潮。在这首歌的MV里，法瑞尔出现了，他嘴里哼唱着《快乐》的歌词一步步朝镜头走来。随着他的脚步，镜头从巷子里逐渐拉远。接着又出现了形形色色的人，大家唱着、跳着，随着歌声拍手，一个接一个地走到镜头里，镜头不断地向后拉，好像要把其他人也拉进来：一个跑步的大胡子男人；一个怀抱小狗、身着粉裙的女人；一个正在叠毛巾的洗衣店工人……作为法瑞尔这首歌曲MV的一部分，所有人都沉浸在视频中转瞬即逝的"快乐"时刻。现在有越来越多的人在自己DIY版本的音乐视频中重演这些角色，成千上万的人在自己生活的城市街道上跳舞，用原视频的音乐对口型，将原始片段重新混编到成千上万的新情境中。2013年，法瑞尔·威廉姆斯有三首最热门的单曲：与Daft Punk乐队合作的歌曲《走运》（"Get Lucky"），和罗宾·西克（Robin Thicke）合作的《模糊的界限》（"Blurred Lines"），还有他自己的歌曲《快乐》。正是这首《快乐》的音乐视频在那一年成为最红的网络模因（meme）之一，网民们把《快乐》的原始视频翻拍成数千个版本以后上传并分享，在社交媒体上迅速传播开来。

最初的原创视频出现在2013年11月，当时威廉姆斯创建了一个名为"快乐24小时"（24 Hours of Happy）的网站，声称他巧妙地编辑了第一个持续24小时的音乐视频［实际上24小时版的《彩虹猫》（"Nyan Cat"）比他早两年出现，但不排除法瑞尔的编辑仍然是一个有趣的尝试］。接着他又制作了一段更传统的4分钟视频，即《快乐》，这段视频得到了成千上万人的回应和跟风模仿，人们纷纷制作了自己的《快乐》视频并分享给他人。原视频中有一些非常显眼的元素很容易复制以夺人眼球：视频开始时的黄底黑字标题，镜头向后移动的拍摄手法，以及歌曲本身，它既是配乐又拥有完整的结构。《快乐》视频与 YouTube 流行文化的一些基本元素相通（Burgess & Green 2009）。对许多 YouTube 用户来说，看视频并不是唯一吸引人之处，他们还把这个平台作为评价和讨论的空间，用它来为最喜欢的视频做策划，表现个人品位，并对制作和分享的其他视频做出回应。用户还会直接引用原始视频的链接，认为该原始视频对他们是一种启发。《快乐》这个音乐视频为回应模仿视频提供了一个很好的资源：原始视频中，路人在街上跳舞这个模板十分清晰，不需要特殊的舞蹈技巧。而作为一个音乐视频，它自带配乐，还安排好了音乐的高潮，黄色标题卡可以用来标明视频创作者的位置，而视频上的标签简化了推广和传播《快乐》视频的做法，使模仿它的创作者可以在已有的视频场域中很容易就找到它。

很多回应模仿视频都以某个特定的城市或地点为主题，典型的标题是"我们从悉尼（或巴黎、阿布贾等地）来，我们很快乐"。有网站试图在一张可点击的世界地图上整理出所有这些回应模仿视频，截至 2015 年 7 月，该网站已经链接了来自 150 多个国家的近 2000 个《快乐》版本。从基多到喀土穆，从乌兰巴托到格拉斯哥（http:// wearehappyfrom.com）。除了以地理位置为主题的《我们来自某地，我们很快乐》版本外，还有更多的《快乐》视频是以不同的角度对该音乐视频进行的演绎。有一个版本来自塔图因（Tatooine）星球，或者至少根据突尼斯星球大战（Tunisian Star Wars）粉丝协会成员的说法；在《我的世界》（Minecraft）中有一个完整的游戏版本；有色情片版本（Rule 34）；还有由一群跳舞的狗和以猫为主演的宠物版本。另外还有一个版本是将音乐声从法瑞尔的版本中剪辑出来，并加上了舞者的脚步声这类环境音效。

这些版本都是被视频分享网站"Vimeo"的创始人雅克布·洛德威克（Jakob Lodwick）命名为"对口型"（lip dubs）音乐视频的例子。"对口型"指的是非职业歌手和舞者对着著名歌曲模仿表演，并分享到网络上（Shifman 2014：105-7）。其中一些视频组织了数百人，为他们所在的地区做旅游推广，或为所在大学做招生宣传［试着去看西澳大利亚大学三一学院学生的《不要阻止我》（Don't Stop Me Now）版本］；其他视频则关注小群体的朋友（来自哥伦比亚卡利的《快乐》视频中只有两个人）。YouTube 早期最受欢迎的视频之一是名叫塔莎（Tasha）和迪什卡（Dishka）的两个以色列年轻女子创作的，她们在卧室对口型表演了小妖精乐队（Pixies）的歌曲《嘿》（"Hey"）（几年后，她们一起执导了小妖精乐队单曲的官方视频）。在最佳状态下，这些对口型的表演唤起了一种分享喜悦的感觉；它们让人们体验了一种共同的参与感，并将这种体验记录下来。

作为音乐视频，《快乐》当然是一个商业工具，是一种旨在最大化提高唱片销量的人为的宣传产品。它最初是为了宣传动画电影《神偷奶爸 2》（Despicable Me 2）而创作的，首先出现在动画电影的原声带里。但这段视频引发的一系列反应表明，人们参与的动机是复杂的。《快乐》不只需要直接发布，还需要通过改编才能发扬推广。一些用户制作的《快乐》视频可能只是一时兴起，但也有版本是精心制作的，比如为某个小镇的旅游业做宣传（在看了那段视频后，我不仅想去克罗地亚的斯普利特市旅游，甚至想住在那里）。还有一些人使用这种视频来评论、批评、参与自己国家的政治。

在某些视频里，这种政治意图非常明显——比如《快乐的英国穆斯林》（"Happy British Musilims"）版本；而来自巴西的《（不）快乐的波尔图》["Porto（un）Happy"]版本凸显了这座城市的破败状况，尽管它为世界杯花费了数十亿美元；或者《来自加沙的快乐》（"Happy from Gaza"）版本。但在其他一些情况下，"快乐"热潮的参与者发现自己陷入了他们不太可能预见到的复杂政治局面。2014 年 5 月，6 名伊朗年轻人在 YouTube 上传了一段名为《来自德黑兰的快乐》（"Happy from Tehran"）的视频。这段视频完全按照这类型视频的常规模式进行拍摄，6 人在德黑兰的一幢公寓楼内随着歌曲跳舞，然而警方的反应就不那么"常规"了。这 6 人和这段视频的导演在同一天被捕。这引起了国际关注，就连伊朗总统哈桑·鲁哈尼（Hassan Rouhani）也做出了隐晦的评论，2014 年 5 月 21 日，他在 Twitter 上引用了自己去年的一篇讲话："快乐是我们国家人民的权利。我们不应对那些给人们带来快乐的行为太过苛刻。" 2014 年 9 月

19 日，英国广播公司报道称，所有涉案人员均被判处 6 个月至 1 年监禁缓刑和 91 下鞭刑。

法瑞尔《快乐》视频的数千个翻拍版本的流传和改编正是网络模因的例子。网络模因很容易被认为是琐碎、无聊或愚蠢的。但在前段所述的例子中我们发现，网络模因也会与政治活动相关联。它们也是思想、文本和图像通过社交媒体和其他方式被采纳、改编和分享的一种标志。网络模因显示出，某些曾经被认为激进或前卫的创意和传播策略，从拼贴和情境主义转向数字化的形式，如今已经成为日常社交媒体互动的基本文化实践。本章探讨了当下社交媒体的中心问题之一——以文本和文化实践形式出现的网络模因。

什么是"模因"？

正如"快乐"的例子所示，模因不只是人们简单地复制。相反，人们会改编成自己适应的内容，然后继续与他人分享。模因不是为了人们做什么，而是人们自己在做什么。这一基本要素被"病毒式传播"这种的常见隐喻所忽略。媒体不是病毒，媒体文本和图像也不是病毒，思想更不是病毒，相反，思想、图像和文本是人们选择创造和分享的东西。网络模因在社交媒体上传播得如此广泛，是因为许多不同的人在不同的环境背景下发现它们有意义，并选择加工制作它们，然后与他人分享。这样做，是为了让他们的模因和他们自己都可见。这些人并没有感染病毒——他们所传播的文本、图像和思想并不具有某种让人无力抵抗的内在感染力，相反，人们选择了改编和再创作。

在本书中，我使用了广义上的"再创混编"（remix）一词来描述人们与思想、图像和文本互动的诸多方式。虽然"再创混编"可能最先被用在音乐领域，但它现在也可以用来描述我们从一种语境中获取任一数据素材并将其置于另一种语境中的方式。在这里，我想说再创混编不仅仅是人们对音乐或视频进行再创作，在网络数字媒体的所有日常应用和不那么雄心勃勃的应用中也能再创混编。例如，在 Instagram 软件上为你的自拍添加一个滤镜，或在你的Facebook时间轴上嵌入一个电影片段，这些都需要重新处理现有的素材。在前一种情况下，需要改变图像本身；后一种情况，则需要将原电影片段置于一个新的语境，可能会改变从那个片段或整体时间轴中得到的意义。"再创混编"一词提供了比其他可能的术语更广泛的内涵，如"编辑"（edit）（它强烈暗示了剪断或剪短，因此排除了事物可以被扩大、增强或倍增的意义），或哈特利（Hartley 2000）建议的一词"校订"（redaction）（它过于强烈地建议审查或删减）。

现在，社交媒体的用户通过媒介化的社交网络分享思想、信息、意义和各种喧嚣，通过社交媒体进行交流是一个未完成的传播、连接、建立关系和产生关联的过程。每一个新的链接、点赞和分享都开启了不同类型的连接和不同意义的可能性，都为将内容能进一步传播给其他人提供了不同路径。每一种链接都在个体之间建立了新的关系，并使以前不可见的联系变得可见。网络模因是一种容易被重新改编的文本和图像形式，是社交媒体环境固有的，而将其比喻为"病毒"是无助于我们理解这一点的。

在《可扩散传播的媒介》（*Spreadable Media*）一书中，亨利·詹金斯（Henry Jenkins）、乔舒亚·格林（Joshua Green）和萨姆·福特（Sam Ford）提出了"可扩散传播"（spreadable）的概念，作为对病毒隐喻的替代。这些作者的分析很清楚，当代媒体环境已经可以用"人们正在以之前被称为媒介受众的身份做媒介所做的事情"（Rosen 2006）来形容：

> 我们每个人所做的关于是否传递媒体信息的决定，比如，是否在Twitter上发布总统候选人最近的失态言论，是否转发尼曼·马库斯（Nieman Marcus）饼干配方的电子邮件，或分享海鸥入店行窃的视频，这些行为正在重塑媒体的格局。（Jenkins et al. 2013: 1-2）

这些作者建议通过他们的"可扩散传播的模型"来认识这个新媒体环境，该模型旨在包括使内容易于共享的技术资源、掌控传播活力或者限制尺度的经济管理学、广泛共享文本的质量，以及人们分享信息的社交网络（p.4）。在当代媒体环境中，他们写道："如果得不到传播，它就死了。"

（p.1）但是等等，如果它能被传播，是不是就意味着它还活着，就像病毒一样？为一个隐喻，"可扩散传播"就像病毒一样，将真正的扩散定位在文本本身，一些文本"是可扩散传播的"，就好比一些文本"变成了病毒"。他们提出的新隐喻未能将扩散传播与分享这些文本的人联系起来，等于并未比喻到位。因为文本是不会自己传播的，它们不会像病毒一样自我复制，相反，它们需要由那些认为它们有意义、有趣、引人入胜、可爱或感到震惊的人分享，并做出让其他人也参与这种体验的选择。然而"可扩散传播的媒介"并没有抓住这一点，因为它没有把我们的注意力放在人身上，而是放在了媒体身上。

"病毒"这个比喻总是与"模因"这个词捆绑在一起，两者都有各自的问题。但本章认为，虽然模因最初是一个早已存在的词语，却已经演变成一个有效的可描述某种互联网环境下特定事物的词语。为了证明这一点，首先最重要的是要界定"模因"一词最初的定义，以及这个词在对特定网络现象中更有效的当代应用。"模因"（meme）一词最早是由动物学家理查德·道金斯（Richard Dawkins 1976）在《自私的基因》（*The Selfish Gene*）一书中创造出来的。在那本书中，道金斯将基因解释为生物传播的一个单位，并提出了"模因"一词作为文化单位的类似含义。"模因"被定义为："一个表达文化传播单位或模仿单位的名词。"（Dawkins 1976：206，原文强调）在道金斯的建议中，模因的例子包括衣服、时尚、流行语和旋律等（p.206），但奇怪的是，这些似乎都是自己在循环：

> 就像基因在基因库中通过精子或卵子从一个身体跳跃到另一个身体一样，模因在模因库中通过从一个大脑跳跃到另一个大脑的过程进行传播，广义上可以称之为模仿。（Dawkins 1976：206）

许多人只从表面上理解道金斯的定义，没有进一步提出质疑。约翰·诺顿（John Naughton）最近对互联网的一个研究为模因提供了一个明确的定义——"一种可自我复制的，具有传染性的观念"，这一研究也提出，模因是在没有任何明显人类输入痕迹的前提下复制的（Naughton

2012：313）。心理学家苏珊·布莱克莫尔（Susan Blackmore 1999）在她的著作《模因机器》（*The Meme Machine*）中进一步发展了道金斯的观点，将从复制到模仿作为关键因素，并认为"模因是通过模仿传播的所有事物"（Blackmore 1999：43）。但正如她在那句话中使用的"所有事物"（whatever）所表明的那样，确定什么是模因是非常困难的。从传播学而不是动物学的角度来看，我们可能会想，为什么道金斯一开始就认为这个词需要发明出来呢？因为道金斯的"模因"并没有为我们对传播交流的理解增加任何新的或有用的东西，而只是增添了一个已经存在且仍然很好用的词语的同义词，尽管还未被承认，但是这个已经存在的词语是如此完美——这个词就是"思想"（idea）。

以道格拉斯·洛西科夫（Douglas Rushkoff）于1994年出版的《媒介病毒》（*Media Virus*）中的一段话为例，这本书在探索有线电视和新兴的网络文化领域时，几乎都采纳了"模因"这个词：

> 每一个模因，尤其是一个新的或"突变的"模因，必须找到一个载体——一个病毒的外壳，能够把它传递给准备好要接受的个体，即使他们是少数。大众媒介会为那些不受观众欢迎的模因提供通道，这是可以理解的，因为它们需要盈利。（Rushkoff 1994：196）

如果把这段话中的"模因"都替换为"思想"这个词，那么洛西科夫的观点不仅没有改变，反而更加清晰。他对"病毒壳"（viral shell）一词的使用也指出了道金斯从一开始在基因和模因之间建立的生物比拟性是有问题的。人类的思想不是病毒，它们不会自我传播……也不会从一个大脑跳到另一个大脑，相反，它们是通过被人接受并加工改编来传播的。

另一个早期使用这个词的人是游说团体"电子前沿基金会"（Electronic Frontier Foundation）的迈克·高德温（Mike Godwin），1994年他在《连线》杂志上发表的一篇颇有影响力的文章中使用了这个词，并在文中提出了高德温法则（Godwin's Law）。高德温法则已经成为网络文化的一个重要组成部分，它明确指出网络言论正在以一种带有某种倾向性的方式迅速发展:"随着在线讨论的时间越来越长,将用户或其言行与纳粹或希特勒相类比的概率会越来越接近100%"(Godwin 1994)。在高德温的文章中,当人们与自己意见不合的人讨论时,会出现仿佛希特勒或纳粹再世的倾向,这本身就是一种模因,他用道金斯的话解释了这个术语:

> 当然,"模因"是一种思想,它在人的头脑中发挥作用,就像基因或病毒在人体内发挥作用一样。而具有传染性的思想(我们称之为"病毒模因")可能会从一个意见群体传染到另一个意见群体,就像病毒从一个身体传染到另一个身体一样。(Godwin 1994)

但他的这一文章的原文后来遭遇了一些有趣的改编。他描述了他最初提出的互联网"法则"(Law)一词不仅被使用,而且被许多人改编,对这一词语的最初含义进行了变异处理和新的阐释。例如,高德温法则一个常见的当代变体经常被表达为"谁先提出纳粹谁就输掉了辩论"①,而原始版本并没有出现这一面向的表述。显然这是对原作的改编,人们故意选择自己想要在网上分享的想法,对高德温法则进行再创混编和使用——从更具有当代意义的视角考察,这成为网络模因的一个重要特征。

随着网络环境的发展,模因的使用开始发生变化。20世纪90年代后期,加拿大的一个名为Adbusters的文化干预机构开始强调模因的全新意义,现在可以把它看作与以往意义截然不同的的网络模因的出现。Adbusters经营着一本杂志,一个受欢迎的网站,它发起了各种各样的政治事件和运动,比如每年11月的"绝不消费日"(Buy Nothing Day)。Adbusters在2011年"占领华尔街"(Occupy Wall Street)事件中发挥了核心作用,我们将在第六章论述这一点。在Adbusters的助力下,模因的含义不再是"思想"的一个被忽略的新的同义词,而是转变为一个标签,用来捕捉网络数字媒体环境中的某些行为。有时候,人们对这个词的使

---

① 即当某话题出现此类类比(将某人或事物比作纳粹或希特勒)时,该类比者被视为已经认输。——译者注

用确实有点愚蠢——例如，Adbusters 的创始人卡勒·拉森（Kalle Lasn）写道，"模因战争"如何变成了"我们信息时代的地缘政治战争"（Lasn 1999：123），以及需要识别所谓的"宏模因"（macromemes）和"元模因"（metamemes），他号称"没有它们，无论它们是什么，可持续的未来都是不可想象的"（p. 124）。但 Adbusters 也是推动文化干预理念的关键群体，文化干预以一种非常重要的方式与当代网络模因相关联。

文化干预意味着把一个熟悉的符号重新塑造成一个问号。文化干预者使用模拟工具（剪刀、油漆、贴纸、记号笔）或数字工具（Photoshop）对现有图像进行编辑、修改或重新组合，并提出替代意义。文化干预不仅仅是干预，还是一种政治参与和文化协商。这种干预在网络出现之前其实就已经存在（Dery 1993，Joyce 2005），但它在一个象征性的环境里找到了一个自然的在线家园，在这个环境里，任何图像都可以被复制、编辑和粘贴到一个新的语境中，因而对原始图像和新语境都提出了质疑。这可以被理解为交通意义上的堵塞，也可以被理解为音乐意义上的即兴合作（Meikle 2007），这是一种情境主义[①]的异轨方式，它试图捕捉意义的流动，而不仅仅是增加一些意义。Adbusters 公开表达了情境主义代表人物及其领导人居伊·德波（Guy Debord）对其项目的影响。20 世纪 50 年代，德波和乌尔曼（Wolman）区分了次要异轨（minor détournement）和误导性异轨（deceptive détournement）。次要异轨是指本身没有重大价值的元素，要从它们所处的新语境中获得价值；误导性异轨本身就具有某种混合元素的意义，这种意义因重组而停滞或者受到了质疑。

Adbusters 在使用"模因"这个词鼓励读者重新设计和重新组合媒体形象——尤其是广告形象——以突出其工作在所遵循的政治假设方面所发挥的重要作用。这种做法提供了一座桥梁，从道金斯的原始创造到当代意义上的网络模因，作为用户所做的事情：对数字文本和图像的积极接触，对其规则和语法的批判性理解，对再创混编的思想的分享和流通，以及对

[①] 情境主义是一种艺术理论，强调对凝固性的否定和对意识形态本身物象颠倒的反叛，以及情景的重新建构。其中的异轨意味着反叛和解构。——译者注

意义的创造，都不仅仅只是一种感觉意义上的接受。所谓的"病毒式内容"是指通过一个人向另一个人的传播和分享而迅速流行起来的内容，而网络模因则是指不仅被接受，而且要对内容进行再创混编，这两者之间的区别非常重要（Shifman 2012，Marwick 2013b）。

从这个意义上说，网络模因是在线互动的共享代表。每一个可立即识别的模因的规则和结构都代表了传播实践和特定的网络空间——例如4chan、Tumblr、Reddit、YTMND 类网站或 YouTube，每一个新的模因都以笑话的形式出现，因为越来越多的人加入分享，导致它的传播最终突破了最初的网络空间。随着它被更广泛地采用和改编，其他更多的人也开始分享这个笑话，而且他们在改编过程中还会反过来把它变成自己的，并参与到一些更公开传播的事件中（Baym 2010）。模因可能来自个人的照片["拍照超级上相的男孩"（Ridiculously Photogenic Guy）；"灾难女孩"（Disaster Girl）；"过度依恋的女朋友"（Overly Attached Girlfriend）]，或者来自流行文化的一个片段["难以闯进的魔多"（One does not simply walk into Mordor），"这就是斯巴达"（This is Sparta）；"你什么都不懂，琼·斯诺"（You know nothing, Jon Snow）]，或将一些名人或公众人物简化为单一的比喻["瑞恩·高斯林死活不吃他的麦片"（Ryan Gosling won't eat his cereal），或是反复出现的动物角色翻版["蜜獾无所畏惧"（Honey Badger don't care），"想买一艘船的猫"（I should buy a boat cat），"宜家猴子"（IKEA monkey），"潮人凯蒂"（Hipster Kitty）]，或从其他文化模板中产生。但在每一种情况下，每个模因都有自己的规则和语法。在某些情况下，例如，在大笑猫（LOLcats）或神烦狗（Doge）模因使用的语言中，英语语法的特殊用法和误用是组成这类模因的基本元素["我可以吃芝士汉堡吗？"（I can has cheezburger？）]。个体模因本身是一种微小的文本类型，也是一种任何人都可以加入的游戏（Shirky 2010）。这些通常简单的规则提供了一个框架，在这个框架内，每一个网络模因都可以被新的参与者在新的环境中重新组合。每一款游戏的规则、每一个模因都足够简单，能够让人立刻理解，也足够清晰，能够提供一个定义框架。因此，为了将所有这些归纳为一个定义，我与互联网领域学者维多利亚·埃斯特维斯共同提出：网络模因是共享的、基于规则的、在线互动的符号，不仅被他人采用，还被他人改编（Esteves & Meikle 2015）。

例如，Doge 模因就有特定的规则。网友们以一张来自日本柴犬的特殊照片为基础，选择了一系列鲜艳的颜色和广受嘲笑的漫画字体（Comic Sans）为这些照片添加说明文字。这些标题使用了一种特殊的 Doge 语法："非常"（very）[名词]，"很多"（much）[形容词]，"哇"（wow）等。这些基本的游戏规则——狗的品种、配色方案、字体、语法——可以在无限多的新语境中重新改编。所以 Doge 模因就从 Reddit、Tumblr、4chan 等网站传播到了 YouTube（在 Youtube 上搜索"doge meme"可以打开一个复活节彩蛋，返回的搜索结果是 Doge-colored Comic Sans）、广告（在地铁的一些分线上）、政治竞选活动（美国候选人在 Twitter 上对他们的对手进行了 Doge 风格的攻击），甚至是公共信息活动中：美国卫生部（US Health Department）甚至在 2014 年初为一场保险推广活动修改了该模因的标题[非常实惠，你一定负担得起（Very benefits. Much affordable）]。

这种模因最初是在特定的一种亚文化背景下作为笑话发展起来的，模因作为笑话表明了亚文化活动商业化已经成为人们关注的焦点。Doge 模因的一些关键元素非常花哨，博客作者尼克·道格拉斯（Nick Douglas 2014）将其定义为一种网络美学，他称之为"互联网丑相"（Internet Ugly），这种网络美学可能被用作一种阻止商业盗用的策略。这说明"暴走漫画"（Rage Comics）等模因类型刻意的业余化：对图像不加修饰的处理，使用不太吸引人的字体，如白色字母的印象（Impact）字体或多种颜色的漫画字体。他指出，在互联网兴起之前，"当某人有他们无法优雅地传播的思想时，他们通常没有观众，因此只好束之高阁。而互联网近乎零生产和传播的成本打破了这一思想和传播之间的壁垒。"（Douglas 2014：329-30）。社交媒体的"点赞"和"分享"逻辑也意味着，评论中未完成的草稿和被丢弃的图像留言现在可以通过 Facebook、Twitter 或 YouTube 进行广泛的再传播，使粗略的草稿具有已完成文本的地位。Tumblr、Reddit 或 4chan 等网站有意将图形和图像简单化的做法，也可以被解读为有意与更成熟的媒体以及将模因重复用于商业语境的广告商和营销人员保持距离。

去你的模因，它们到底怎么起作用的？

2011年11月，作为占领运动的一部分，加州大学戴维斯校区（Davis campus of the University of California）的学生在校园静坐抗议。然后旁观者拍摄到校园警察约翰·派克（John Pike）漫不经心地沿着坐着的一排学生闲逛，并用化学喷雾罐攻击每个人的脸。这段视频的传播引起了广泛的愤怒。这一事件很快被媒体报道，并因此引起了一系列网络模因恶搞。当美国福克斯新闻（Fox News）的一位评论员暗示化学喷雾罐"本质上是一种食品"时，数百人到亚马逊网站在一罐商业辣椒喷雾产品底下发表了评论，这篇被6000多人评为"最有帮助"的评论的标题是：用来随意压制学生的不可替代品"：

> 当我感到学生受到威胁时，不管他们是多么手无寸铁，多么安静地坐着，我都知道国防技术公司的56895 MK-9 Stream 1.3% 红带 / 1.3% 蓝带胡椒喷雾等产品能够给我支持，可以随意地在近距离喷洒。它真是镇压占领运动技术中的凯迪拉克。

类似的帖子有数百条（264条"好评"和87条"差评"）。这就是一个网络模因。每一个帖子都对之前出现这一在线互动中的核心模因元素进行采用的同时进行了改编——对产品的讽刺式赞扬，对福克斯新闻节目的讽刺引用，以及对警察派克的行为进行的尖锐评论。有一张特别的照片拍下了派克不可抹去的形象——超标的体重、穿着盔甲举着喷雾罐、漠不关心的肢体语言。他在行进的过程中被拍到的这一瞬间被Tumblr、Facebook和其他网站上的无数用户采用和改编，现在都还很容易找到。派克的照片在一系列不同背景下被改编说明这种基于再创混编的网络模因有三个基本逻辑。

首先，图像和文本可以结合在一起，以突出它们的共同点，或者让它们相互补充。这种再创混编是通过识别关联度来进行的，以促使观众和被组合在一起的原始图像之间建立隐含的联系，从而看到每一个不同但有关联的图像。类似的图片有警察派克拿着喷雾罐往安妮·弗兰克（Anne Frank）的墓碑和美国宪法的副本上喷，还有派克喷改毕加索（Picasso）的《格尔尼卡》（Guernica）和戈雅（Goya）的《1808年5月3日》（Third of May 1808）等画作。

其次，这样的再创混编可以突出组合文本之间的差异，在它们之间划出对立面，就像派克干预体育赛事或与流行文化中虚构人物的许多图片一样，真实的冲突和暴力与表演模拟中警察滥用权力的场景相去甚远甚至对立，因为后者对现实事实上是无害的。这里的重点是讽刺，通过强调对比咄咄逼人的武装警察与小熊维尼、绿野仙踪或披头士的专辑《阿比路》（Abbey Road）封面之间的距离来暗示其意义。最后，这种再创改编可以用来颠覆现有的观念或标志图像，把传统上作为指导的标志重新塑造成一个问号。比如把警察派克的照片变成自由女神的图像，其民主和自由的内涵被这个当代警务人员的形象所颠覆。

再创混编所有的素材

对再创混编而言，发现已有素材是每天数字生活中的基本元素之一（Benkler 2006, Lessig 2008, Manovich 2009）。网络模因是这种再创混编文化的主要表现形式之一，但它们借鉴了长期以来历史形成的各种文化模式，包括讲故事和编辑、艺术和云计算、前卫文化和消费电子文化产品、媒体更迭和策划、复制和粘贴转发等。在21世纪的网络数字媒体环境中，思想和文本以一种明显新颖的方式传播已经有很长的历史了（Lessig 2006）。

以2009年流行的一个网络小笑话为例，它从Holy Taco网站到更有影响力、读者更广泛的Boing Boing网站，再到其他平台的众多个人用户账号上。这个例子由一幅幅图片接续构成，复述了荷马史诗《奥德赛》（Odyssey）中的关键情节，就像Twitter上讲述的那样（Alt 2009）。所以逃离卡吕普索岛（Calypso）的这一情节被总结为"感谢你的木筏！再会！"（THNX for the raft! Laters!），塞壬（Sirens）的小插曲则是"热辣的吟唱小妞！KTHXBAI[①]！"，奥德修斯（Odysseus）和怪物独眼巨人之间的故事被概括成"刚刚看到一个独眼的家伙！KTHXBAI！"。这是一个典型的网络笑话，很多人在社交媒体上分享。它采用了熟悉的参考点和众所周知的故事，并将它们放在有新读者的新语境中，这些读者可能反过来将其置于他们自己的语境中——他们的 Facebook 时间轴，他们的 Twitter 状态，他们的博客（或者像我这样，写在书里）。

这种再创美学不只体现在一个层面上。第一，恶搞荷马史诗的作者将一种已找到的素材再创混编成一种新的文本；其次，这些再创混编的文本本身又变成社交媒体用户的素材，他们可以将其融入自我展示和表现，以及他们的个人品位和幽默中。一些批评者可能会发现，这一切都太过琐碎，无法用语言来表达，例如，杰伦·拉尼尔（Jaron Lanier）将这种再创混编行为斥为"二阶表达式"（Lanier 2010：122）。他将这种"碎片反应"与"一阶表达"进行了对比，"一阶表达"指的是"世界上真正创新的东西"的高阶创造性作品。但这种评断存在的一个问题是，如何识别什么是真正的原创，以及什么才是后续的改编。

让我们以上述奥德修斯与独眼巨人相遇的例子为例。我们第一次见到奥德修斯是在荷马史诗的《伊利亚特》（Iliad）中，特洛伊战争中的一个情节讲述了他愠怒的故事，这是西方文学传统的开端（当然，《伊利亚特》也与更广泛、更古老的口述叙事传统有关）。奥德修斯不是《伊利亚特》的中心人物（应该是阿喀琉斯，Achilles）。也不是故事的道德中心（应该是普里阿摩斯，Priam）。他不是悲剧人物（赫克托耳，Hector），更不是最伟大的领袖（阿伽门农，Agamemnon），甚至不是大多数人还没读过这个故事就能说出名字的人物（特洛伊的海伦，Helen of Troy）。不属于其中任何一种角色。实际上奥德修斯是故事中最聪明的人，他能言善道，可以

[①] THNX 和 KTHXBAI 均为互联网用语，前者指 Thanks，后者表示 OK, thank you, goodbye。——译者注

用自己的方式应对各种情况。在《伊利亚特》第二卷中，他单枪匹马说服了希腊军队坚持围攻特洛伊，尽管九年来都毫无结果，很多人似乎都准备放弃，但是最终，希腊人通过木马计打败了特洛伊人，而奥德修斯就是当时藏在木马内的首领，他化解了木马外的特洛伊人检查木马是否装载可疑货物的危机，抵制住了木马外人们的诡计。

特洛伊木马的故事以闪回的形式出现在《奥德赛》中，这是该角色的衍生续集，记录了奥德修斯从特洛伊回到伊萨卡以及他妻子珀涅罗珀（Penelope）身边的艰难旅程。他在《奥德赛》的遭遇是神话和文学中最著名的事件，包括塞壬的歌声和他与独眼食人巨人波吕斐摩斯（Polyphemus）的会面。虽然奥德修斯不得不战斗（他在故事结束时消灭了一屋子的敌人），虽然他在一些紧要关头不得不依靠雅典娜和其他奥林匹亚山神的超自然帮助，但在大多数情况下，他靠自己的智慧赢得了胜利。

罗马人也被这个人物所吸引，他们称之为尤利西斯（Ulysses）。荷马之后约800年，罗马诗人维吉尔（Virgil）将《伊利亚特》和《奥德赛》混编在一起，创作了自己的《特洛伊史诗》(*Troy*)和《地中海漫游史诗》(*Mediterranean Wandering*)。维吉尔的《埃涅伊德》(*Aeneid*)是两部荷马史诗的混合，将《伊利亚特》中的特洛伊战争和《奥德赛》中的漂泊历程重新混编成了一个新作品《罗马史诗》。在《埃涅伊德》第三部中，主人公埃涅阿斯（Aeneas）和他的船员们遇到了同样的独眼巨人波吕斐摩斯，他们还救出了尤利西斯在第一部书中留下未获救的一个手下。维吉尔让已有的故事素材再次焕发了光彩，他将那些众所周知的、深受喜爱的作品重新组合成他自己的新文本，以适应新的环境和新的时代。那么，《埃涅伊德》是重新创作还是对原著的改编？

奥德修斯和尤利西斯也出现在其他经典作品中，包括奥维德（Ovid）的《变形记》(*Metamorphoses*)。奥维德的书是另一种改编，在250个故事的漫长循环中，这本书重新讲述了希腊神话和罗马传说的每一个故事的关键要素，所有这些故事都是通过单一的转换隐喻复述的。我们的主角尤利西斯在奥维德的《变形记》第十三章中的重要亮相是在一场演讲比赛中赢得了死去的阿喀琉斯（Achilles）的盔甲，这是一场利用修辞术通过雄辩获得的胜利，对手是强大的武士阿贾克斯（Ajax）（尤利西斯太聪明了，不会去和他战斗）。尤利西斯和波吕斐摩斯都出现在第十三卷的不同章节中，每个人都发表了一篇很长的演讲，试图说服别人同意他们的观点。

这个游荡的痞子英雄也靠智慧战胜对手，而不是用武力与对手搏斗，他在近 3000 年里一次又一次地吸引了作家的注意。他是所有这类人物的鼻祖：从格列佛（Gulliver）到哈克·费恩（Huck Finn），再到神秘博士（*Doctor Who*）[在早期版本的故事里一次冒险经历中，塔迪斯（Tardis）在特洛伊登陆时遇见了他]。这个角色自《埃涅伊德》创作 1300 年之后出现在但丁地狱第八层，然后再次出现在莎士比亚的《特洛伊罗斯与克瑞西达》（*Troilus and Cressida*）中，莎翁具有识别一个故事是否值得重新改编的慧眼。与此同时，奥德修斯仍然在地中海和更远的地方游荡，他在《一千零一夜》（*The Thousand and One Nights*）中以水手辛巴达（Sinbad）的形象出现。在他的第三次航行中，辛巴达和他的船员们被一个巨人食人怪物抓住了，他们以奥德修斯对付波吕斐摩斯的方式把它赶跑了，尽管没有使用诡计，而且那个怪物也不完全是独眼巨人，辛巴达遇到的怪物第一次出现时有两只眼睛，但最后在辛巴达战胜它时没有了眼睛。

在 20 世纪，詹姆斯·乔伊斯（James Joyce）围绕《奥德赛》构建了他的《尤利西斯》（*Ulysses*），奥德修斯、他的儿子忒勒马科斯（Telemachus）和妻子珀涅罗珀被重新塑造成利奥波德·布鲁姆（Leopold Bloom）、斯蒂芬·德达勒斯（Stephen Dedalus）和莫莉·布鲁姆（Molly Bloom）。1904 年 6 月 16 日，利奥波德·布鲁姆在都柏林四处游荡，这与奥德修斯试图回到伊萨卡岛相似，这种相似有时很明显，有时比较模糊；还有一次危险遭遇也比较类似——他在酒吧里也遇到了一个可怕的巨人，尽管"乔伊斯的公民"（Joyce's Citizen）不是独眼巨人，而且这个故事是以扔一个饼干罐而不是投一块巨石结束的。

讲故事就是复述故事。从荷马到维吉尔，从但丁到莎士比亚，从《一千零一夜》的无名作者到标志性人物詹姆斯·乔伊斯，奥德修斯故事的元素被不断地讲述和复述。究竟哪个是原版，哪个是翻版？毕竟，荷马史诗是更古老的口语传播的一部分，它本身也会借鉴和混合已经众所周知的故事和人物，所有这些版本都建立在读者喜欢或至少认可的故事的基础上，在新的背景和新的时代重新讲述它们。所有这些版本都将熟悉的版本通过一轮又一轮的更新、升级、重启，再创混编出新的版本。这并不是奥德修斯独有的历史待遇，而是一种更广泛的文化模式。

例如，我们从不会厌倦这类年轻人的故事，因为他们知道自己拥有强大的对抗命运的生命力。我们可以从这些一遍又一遍重复类似的故事中了解到他们与辅导自己成长和技艺的年长导师之间的关系，他们与最好朋友之间的关系，或者他们不知不觉形成的不确定的三角恋人关系。他们通过一系列的挑战和考验，与邪恶势力进行最终对抗，然后拯救了全世界和人类宇宙的故事——不管你认为这段话是关于《哈利波特》（Harry Potter）、《星球大战》（Star Wars）还是《黑客帝国》（The Matrix），都没有区别。故事的基本逻辑和叙事思路是一样的，所有元素也都是相同的，主要人物及其互动在每个故事系列中都是重复出现的。事实上，它们也在其他无数故事中反复出现，作为这类故事的原型——约瑟夫·坎贝尔（Joseph Campbell）（1949）的《千面英雄》（The Hero with a Thousand Faces）——已经成为电影制造业的编辑手册和好莱坞电影业的主打内容。所以你也可能认为这段话实际上是关于《蜘蛛侠》（Spiderman），或者《狮子王》（The Lion King），或者杰弗里·艾布拉姆斯（J.J. Abrams）重新启动的《星际迷航》（Star Trek），或者是以女主角为主的《饥饿游戏》（The Hunger Games）。关键是每个故事中都重新混合了哪些元素——是争吵的机器人和刀光剑影，还是寄宿学校的礼仪和魔杖，抑或是赛博朋克服装和武术编排。这一系列的元素都在不同版本的故事里被采用和改编。

我并不是说《埃涅伊德》和网络模因故事"肮脏的单身青蛙"（Foul Bachelorette Frog）是同一类事物，或者《埃涅伊德》在历史上的多次被改编就意味着"该死的粘贴复制，它们有意义吗？"（Fucking magnets, how do they work?）。先放下网络模因不谈，我认为这些模因背后的再创冲动是一种更古老的文化实践的一部分，而且是模式化的一部分，我们可以在这种模式中找到《埃涅伊德》作为经典案例。这种模因是社交媒体环境的关键组成部分，它将故事的讲述和复述、观点或笑话的采纳和改编、图像在广泛分散的人际网络中的分享和传播变成了一种简单的事情，它并没有促进流行文化的完全民主化，但降低了进入门槛。正如本科勒（Benkler 2006：275）指出的，这种低门槛参与可能会使人们变成对媒体素材态度更尖锐的读者或者观众。

复制，粘贴

20世纪可谓21世纪社交媒体混合文化产生之前四个史前文化的世纪。其中一种史前文化将这些当代文化置于20世纪混编美学的背景下，而这类混编美学拥有着非常丰富的艺术和流行文化特征（P. Miller 2004, 2008, Chandler and Neumark 2005, Manovich 2009）。从T.S·艾略特（T.S. Eliot）和他的诗词碎片到DJ阴影（DJ Shadow）和他的音乐碎片，从苏黎世的伏尔泰酒店到谢菲尔德的伏尔泰酒店，复制、粘贴的冲动推动着高雅艺术和流行文化的融合。

在艺术方面，立体主义、达达主义、超现实主义、情境主义、波普艺术和激浪派（Fluxus）①都对现成的物品进行了重新混合和想象：将门票和菜单粘贴成拼贴画，在画廊展出自行车轮和雪铲，在地图和广告上涂鸦，汤罐和漫画书被提升为高级艺术的象征。想象一下，艺术世界的重新建构意味着利用世界现有的元素以及那些艺术家试图改变的意愿——意味着从旧的已有的素材中提炼并创造出新的事物。

在文学方面，正如我们在前面看到的，乔伊斯的《尤利西斯》在高度现代主义中夹杂了荷马史诗中《奥德赛》的叙事结构与对都柏林的程式化重新想象的混合，但这还远不是唯一的例子。后来的魔幻现实主义小说，如加布里埃尔·加西亚·马尔克斯（Gabriel García Márquez）的《百年孤独》（*One Hundred Years of Solitude*）、托尼·莫里森（Toni Morrison）的《所罗门之歌》（*Song of Solomon*）或安吉拉·卡特（Angela Carter）的

---

① Fluxus，一种带有前卫色彩的国际性艺术组织，以激情澎湃的艺术风格和前卫反抗的姿态著称。——译者注

《血腥密室》(The Bloody Chamber)将现代现实主义小说的传统和关注点与哥伦比亚农村的民间文化、非洲裔美国奴隶叙事或前现代欧洲童话传统融合在一起。正如普罗普(Propp 1999)观察到的,民间叙事的独特之处在于没有单独的作者:这是它们与网络模因共有的特质。魔幻现实主义文学将这些民间叙事带入新的语境,赋予了它们新的生命,同时也为现实主义小说开辟了新的可能性。

在电影领域,剪辑和叙事方面的重大发展都是通过剪辑和后期合成来实现的,从图像和思想的并置组合中提炼出新的含义——爱森斯坦(Eisenstein)的蒙太奇原理、好莱坞的连续剪辑和法国新浪潮的跳跃剪辑都是如此。电影不仅是一门蒙太奇艺术,也是一门混合编辑的艺术,它以新的方式将事物组合在一起,以揭示意义的新生及其可能性。

在音乐方面,爵士乐带来了即兴合作演奏,每次表演都是一个主题的一次性限定版混音。一段熟悉的旋律可能被设定在不同的和弦序列上,或者它现有的和弦序列可能会被延伸或反转,或者音乐家们可能把他们自己对一首歌的理解结合在一起,在某一瞬间重新创造它。这种协同再创作的美学延伸到了朋克风格杂志的剪切粘贴文化,以及嘻哈音乐和电子舞曲的剪切合成文化,并在YouTube和Tumblr的剪切粘贴文化中找到了与之类似的当代数字音乐。

这些混编美学都涉及将现有的想法和图像进行结合的混编形式。当它们刚刚出现时,都被认为是激进和令人困惑的,但它们很快就被吸纳,被视作常态,并成为20世纪既有文化资源库的一部分。这是那个世纪留给现在正在进行的网络化数字世纪的重要遗产。在21世纪,这些都算不上激进或前卫,相反,随着媒体和文化内容与云计算相互融合,以及网络传播使其得以扩散,复制、粘贴现在已被认为是理所当然的。

当代混编美学的这段史前史可以由第二段史前史来补充,那就是个人手提电脑(PC)的发展。1968年道格拉斯·恩格尔巴特(Douglas Engelbart)著名的创新发明——鼠标、窗口、超链接——指向了一个未来,即一个非专业人士可以使用计算机的未来,只需通过原型图形用户界面,如伊万·萨瑟兰的(Ivan Sutherland)"几何画板"(Sketchpad),和融合的多媒体设备，如艾伦·凯（Alan Kay）和阿黛尔·戈德堡（Adele Goldberg）的"动态图书"（Dynabook），再到1984年苹果公司推出的麦金塔（Macintosh）电脑。这些以及许多类似技术的发展，为非专业的个人用户提供了更多可以处理、编辑和混编各种类型数字文本的素材（Packer & Jordan 2001，Wardrip-Fruin & Montfort 2003）。曼诺维奇（Manovich）追溯了复制、剪切和粘贴是如何成为施乐公司（Xerox）和苹果公司最早整合到电脑操作系统中的通用命令的。他指出，用户可以在任何类型的文件或应用程序中应用同一套通用命令，这是多么了不起的发明！（Manovich 2013：212-13）20世纪90年代初web浏览器的引入和对万维网的广泛使用不仅为用户提供了无限多可浏览的图像和文本，还为他们提供了将从中获得的意义进行广泛分享和展现的能力。21世纪第一个10年出现的Web 2.0商业模式（在第一章中讨论过）使用户生成内容的传播平台变得无处不在。它还简化和自动化了创建、编辑和分享想法、文本和图像的操作程序。如果说20世纪的高雅艺术和流行文化使混编美学成为文化和传播的基本元素，那么数字计算机则使它们的制作变得更容易了。

正如亨利·詹金斯（Henry Jenkins 2003）在一场讨论中所指出的那样，社交媒体混编美学的第三个史前历史将追溯到以消费电子产品为主的家庭娱乐时代，在那几十年里，对各种创新和改编所形成的文化习惯和期望，包括对复印机、磁带录音机、个人音乐播放器、电子游戏和摄像机等等的使用。复印机和台式印刷机催生了新的亚文化表达形式，比如爱好者杂志（zines）和同人小说。家庭录像机使观众能够管理其个人喜爱的电视节目和电影，并按照他们自己对这些材料的理解重新进行编排。个人音乐播放器从晶体管收音机到随身听，再到iPod和智能手机，给人们提供了可以随意在公共和城市空间享受音乐的便利。电子游戏则提供了一种全新的身临其境的感受，关键在于玩家在行动过程中就能够改变屏幕上故事的结果。从宝丽莱（Polaroid）到便携式摄像机，各种设备提供的创建静态和动态图像的能力，以及从Photoshop到iPhoto等软件包提供的编辑图像的能力，都将以前所有专业化的图像制作、编辑及其操作系统带进寻常百姓家。

第四个 21 世纪混编文化的史前史将追溯到对媒介进行社会批判的传统，这种批判有三个维度，前提均为如果媒介的"受众"变成了媒介的"生产者"。在此前提下，首先媒介会被社会化地广泛使用，其次可能会导致不同类型的传播后果，最后会发生权力关系的转变。这些批评者包括瓦尔特·本雅明（Walter Benjamin）（1978）[1934]、贝托尔托·布莱希特（Bertolt Brecht）（1993）[1932]、居伊·德波（Guy Debord）（Debord & Wolman 2009）[1956]和鲁尔·瓦纳格姆（1983）[1967]、以及汉斯·马格努斯·恩岑斯贝格尔（2003）[1970]，每个人都以不同的方式、在不同的年代呼吁对公共传播营造的公共空间进行更多的参与。在互联网时代，围绕激进的媒体（Downing 2001）、可替代性的媒体（Atton 2002）、讲究策略的媒体（Lovink 2002）或公民媒体（Rodriguez 2001）等变体的争论不断，在这个领域的许多研究和争论如今仍在继续（Atton 2015）。也许并不是所有这些作者都对 Doge 模因感到兴奋，但公共与个人交流融合的混编文化环境都为网络环境重新构思公民身份提供了相当大的政治潜力（这一点将在第六章进行更详细的阐述）。

在艺术、云计算、消费电子、激进和另类媒体中，每一个史前史都为社交媒体环境的特征——剪切和粘贴的传播实践以及网络模因的特征和文本形式——提供了不同的前期语境。

别担心，我们来自网络

网络模因可以从任何地方诞生，但 4chan 一定是诞生模因最多的网站。2003 年，4chan 由克里斯·普尔（Chris Poole）创建，他的网名是"m00t"。普尔是日本动漫的粉丝，他一开始就将 4chan 网站打造成英文版的日本动漫论坛，人们可以在这里发帖，而无须创建账户，无须使用固定身份，更无须为其档案开发做贡献（Poole 2010）。网站帖子的默认用户名是"匿名者"（Anonymous），虽然该网站保留了日志（Coleman 2014），但它没有保留存档，并且吸引了很大的流量，以至于任何帖子或线上痕迹都会被新帖子很快推下页面。4chan 分为几十个独立的主题区，从音乐、时尚到武器或宝莉（Pony）①。它的核心版面是"随机区"（Random），即"/b/"。2010年参加TED演讲时，普尔说/b/的流量约占整个网站的三分之一。这有多大？为了解其规模，当普尔在2015年1月卸任网站运营时，他写道，在4chan上线的11年里，日访问量超过120万，帖子浏览量超过17亿条（www.4chan.org/news?all#118）。随机区即/b/获得了巨大的成功。

除了大笑猫模因等社交媒体要素，4chan还孵化了无数其他模因，包括采用默认用户名"匿名者"开展政治运动，并将该用户名用于2000年代中期以来的一系列竞选、分裂团体及其行动以及冲突。2007年，福克斯新闻将4chan称作"互联网仇恨煽动机器"的一篇报道，首次引起了新闻媒体对"匿名者"的关注。这个标签吸引更多人加入4chan随机区即/b/版面，并强化了"匿名者"新兴的集体身份认同（Phillips 2015：58-60）。2008年，来自4chan的活动人士通过互联网聊天频道进行动员，使用"匿名者"的名义通过互联网接力聊天频道（Internet Relay Chat channels）进行集结，对山达基教（Scientology）发起攻击。他们戴着盖伊·福克斯（Guy Fawkes）的面具，挥舞着写有"长猫就是长"（long cat is long）的标语牌，在世界各地山达基教派办公地点进行示威，犹如赛博朋克黑客在现实生活中的表现——威廉·吉布森（William Gibson）的《神经漫游者》（Neuromancer）中的现代黑豹（Panther moderns），以及他们在网络上进行的"随机超现实暴力行为"（Gibson 1984：80）。

2010年，使用"匿名者"这个名字的用户们发起了支持维基解密的网络政治行动，在2011年的"阿拉伯之春"中通过社交媒体发挥了巨大作用，并为许多其他大大小小的同类事件和事业做出了贡献（Coleman 2014）。2010年，"匿名者"发起了针对亚马逊、PayPal、万事达（Mastercard）和Visa的报复行动（Operation Payback actions），以报复那些停止给维基解密提供服务的公司。"匿名者"提供了迄今为止规模最大、最引人注目的"电子公民不服从"（electronic civil disobedience）案

---

① 指网红小马宝莉的追随者。——译者注

例（Meikle 2008）。"电子公民不服从"是一种话语和一系列实践，可以追溯到20世纪90年代中期，它试图与更古老的非暴力政治行动传统保持一致（Critical Art Ensemble 1994，1995，Wray 1998，Meikle 2002）。此次行动使用了典型的电子公民不服从策略，即虚拟静坐或对"分布式抵制服务器"（Distributed Denial of Service，DDoS）发动攻击，成千上万的网络支持者通过自动化的DDoS工具涌入这些网站上，试图赶走这些网站上的其他用户。

普尔告诉一位采访者（Krotoski 2010），"匿名者"运动不把匿名看作缺席，而是一种存在。成为"匿名者"的一员并非仅仅要对自己的名字保密，而是选择这个集体身份。在谷歌和Facebook等主要平台要求使用真实姓名的社交媒体环境中，选择使用"匿名者"这个名字是对网络互动、对互联网作为一个开放空间以及对个人与分享产业的商业数据挖掘平台之间关系的一种声明。在文化活动中使用集体假名是有先例的，包括凯伦·艾略特（Karen Eliot）的艺术项目，以及20世纪90年代无数艺术家和活动家使用职业足球运动员卢瑟·布利塞特（Luther Blissett）的名字。还有一些其他例子表明面具可以代表集体身份，而非个人身份，比如萨帕塔主义者（Zapatistas）和暴动猫咪乐队（Pussy Riot）的巴拉克拉法帽（balaclavas），或者女性运动的祖胸抗议是如何将参与者从赤身裸体的个人转变为集体象征的——所有这些都是经过媒体协调的，也是为了协商（Guertin & Buettner 2014）。

"匿名者"最喜欢的盖伊·福克斯面具本身就是一种网络模因，也是再创文化的复杂产物。它的造型来自20世纪80年代艾伦·摩尔（Alan Moore）和大卫·劳埃德（David Lloyd）的漫画系列"V字仇杀队"（V for Vendetta），并借鉴了盖伊·福克斯更广泛的肖像形象（对于非英国读者来说，盖伊·福克斯是试图在1605年炸毁议会大厦的一个小团体的成员。每年的11月5日，他的肖像会被后院的篝火焚烧。多年来，面具一直是这些雕像的一部分）。这个当代的盖伊·福克斯面具还汇集并重新混合了许多其他可识别的互文性符号。艾伦·摩尔本人在1983年的一篇介绍性文章中指出了其中确定的许多具有影响力的符号，这些符号包含在

《V字仇杀队》的图片小说集版本中，其中包括乔治·奥威尔（George Orwell）、大卫·鲍伊（David Bowie）、马克斯·恩斯特（Max Ernst）、《囚犯》（*The prisoner*）、罗宾汉（Robin Hood）和"英国第二次世界大战电影的氛围"（Moore 1990：270）。2006年的电影《V字仇杀队》复制了大卫·劳埃德设计的盖伊·福克斯面具，时代华纳公司（Time Warner）制作了面具作为授权销售的促销品（Economist 2014），所有这些都被抗议者采用并混编了。一群"匿名者"抗议人士戴着盖伊·福克斯的面具，通常还穿着精美的商务西装，他们的照片成为模因在网上流传，并配上"哦，该死，互联网来了"或"别担心，我们来自网络"等文字。

从2008年开始，"匿名者"在反对山达基教的公开示威活动中首次使用这种面具。这款面具因与它们的主页4chan中常被使用的模因表情包"史诗级失败的家伙"（Epic Fail Guy）非常贴近而被采用（Phillips 2015：150）。面具可以保护人们不被山达基教的教徒认出来，但也带有强烈暴动和叛乱起义的含义，因为它不仅与漫画小说或电影有关，而且与历史上的火枪阴谋案（the Gunpowder Plot）有关。不仅如此，它还提供了一个主题，表达了通过4chan和"匿名者"发展起来的匿名意识形态。

到2011年，从"阿拉伯之春"到"占领华尔街"的全球抗议活动中（见第六章），盖伊·福克斯面具随处可见，从纽约到雅典，从埃及到泰国，在人群中到处可见，甚至波兰议会的一些政客也戴过。自2012年以来，每年的11月5日，数百个城市都举行名为"百万面具游行"（the Million Mask March）的全球抗议活动。盖伊·福克斯的面具展示了网络模因如何适应新的环境，包括不容易适应的线下环境（我正在一个大学图书馆里写这部分内容，图书馆门厅展示了一个巨大的"我可以吃芝士汉堡吗？"的大笑猫标语，以此告知读者不允许在这里吃东西）。有迹象表明，网络模因也经常被广告商和其他企业集团商业化利用，值得注意的是，这种面具由时代华纳公司注册为商标，因此华纳公司可以从活动人士的面具销售额中提成。2011年，生产这类面具的公司告诉《纽约时报》，它们每年销售超过10万个面具（Bilton 2011）。与沃达丰（Vodafone）使用的"双彩虹"（Double Rainbow）或赛百味（Subway）引用的神烦狗等互联网模因的语境不同，在这种情况下，商业化的人造面具是在被用作模因之前出现的；然而，在"匿名者"运动的推动下，维权人士对这一面具的使用，仍在为这家全球最大的媒体集团之一创造收入。

结　论

"匿名者"的许多社会干预行动都是严肃的，但重要的是，它们也有幽默和玩笑（playfulness）的特质。布瑞恩·萨顿·史密斯（Brian Sutton-Smith 1997）分析了许多玩笑不同的使用方式，指出开玩笑既可以是谈论发展和学习，或谈论赌博和机会，也可以是关于权力和冲突。说到玩笑，还可以指节日和庆祝的仪式，通过这些仪式，社群得以形成和维持；它也可以指想象力、即兴创作和创造力；谈论玩笑，也可以是谈论自我的发展和关怀，谈论娱乐和自我实现；玩笑还能让人联想到狂欢和"历史上的骗子人物"（Sutton-Smith 1997：11）——从奥德修斯到"匿名者"。

社交媒体上的网络模因几乎使用了所有这些玩笑话语（如果不是玩笑话语，也许是赌博和机会的话语）。互联网用户可以通过创作、混编和分享新的、未完成的文本和图像来发展和学习社交媒介素养。无论是长期的还是临时的，他们都可以参与到网络社群中，并在其中找到乐趣和娱乐，同时面对可能的冲突和竞争。玩笑很重要，幽默也是，尤其是在"匿名者"发动的各类活动中起到了重要作用。正如约翰·拉斯顿·索尔（John Ralston Saul）所说，政治幽默是"最不容易控制的语言使用，因此对当权者的威胁最大"（Saul 1994：65）。模因可以用来规避审查和国家监控，将政治观点隐藏在看似微不足道或无害的动物形象中（Mina 2014）。俄罗斯当局对此已经采取干预措施，限制制作使用以"与公众人物个性无关"的方式描绘公众人物的模因（BBC Trending 2015）。

"匿名者"作为一个案例说明了一些人如何利用社交媒体环境作为空

间，与他们同时代的人发展"创造性"的政治关系。在一些人看来，"匿名者"这一组织及其运作可能是不成熟或混乱的，但它们说明了网络社区聚集形成的过程，以及网络社区如何发展自己的规范和信仰，并根据文化、连接和社群变化中的经验和意识采取行动——这些都是通过广泛使用和适应网络化数字媒体而实现的。"匿名者"的发展将是第六章我们进一步探讨分布式公民身份时的一个例子。

第四章 公民新闻事业的融合及其有限性

新闻是理解媒介的核心。新闻是一个决策的场域，是我们提出建议、讨论问题和终止计划的场域，在其中我们决定如何管理自己以及与他人的关系，无论被赞同还是反对。新闻是我们听到关于我们自己和他人故事的一个场域，也是我们了解自己对每天听到的各种决策、矛盾冲突、重大事件感受的场域。新闻赋予了制作新闻的媒体机构一种特殊地位。这种地位允许媒体在实践中行使一种特殊的的权力，也就是我们在第二章已经探讨过的类似于Facebook分享话语的权力——象征性权力，这种权力能够对现实产生意义界定、命名以及支持和劝服等影响力。社交媒体仅仅是其中的一种现象，该现象是由内容、云计算和传播的融合所导致的一种现象，它们是在更广泛领域呈现公共信息新方法的一部分，其中包括数据新闻、新闻搜集聚合器（如Reddit和谷歌新闻）以及新闻游戏和模拟新闻的兴起。

网络数字媒体使文本形式的新融合成为可能。文本、图像、音频、视频、动画等以前相互分离的传播模式在一个平台上融合在一起，为新闻的传播带来了新的挑战和可能性。正是在这一背景下，我们需要理解新闻制造者和新闻使用者角色的变化。本章探讨了为社交媒体环境设计的新闻发展情况，因为这些发展受到计算（数据库的文化形式）、传播（实时新闻的重要性）和内容（谁来创建它以及他们用它做什么）的融合的影响。这些发展包括BuzzFeed等平台的出现及其被大量模仿的基于列表的文章、Twitter上标签的使用，以及Reddit案例研究中所看到的公民新闻的局限性。

你所有的数据都属于我们

内容、云计算和传播的融合为新闻和公共信息的叙事提供了新的方法。这些融合——如果还不是替代——都掺杂了印刷时代的线性叙事方式，以及从19世纪沿用至今的写作时的倒金字塔结构。倒金字塔是一种众所周知的新闻写作形式，通过它，最重要的细节——"谁、什么、在哪里、何时"，以及如果我们幸运的话，还能读到"为什么"——出现在故事的开头，而后的每一段都是被认为不那么重要的细节和叙述，它使读者能够浏览故事，而不必读到结尾。这是一种经久不衰的情节结构，它是为新兴的大众读者群（Pöttker 2003）而开发的，结合了电报和印刷的特点。倒金字塔结构是一个方便的新闻写作"公式"，这解释了它为何能长盛不衰，但是批评者认为它让读者对部分内容不知情（Postman 1985），或对重复的结构感到困惑（Bird & Dardenne 1997）。

随着所有形式的媒体在网络化的数字环境中融合为一体，数字信息的属性和基础的支持功能可以被用来开发新的方法，以便向21世纪的受众传达复杂的信息。列夫·马诺维奇把具有这些属性和功能的"数据库"界定为一种文化形式，他指出，用户在其中进行搜索和浏览时，像倒金字塔形这样的新闻叙事模式与数据库叙事模式在相互竞争（Manovich 2001：219）。新闻故事是围绕因果关系组织起来的，并从头到尾都在发展；相比之下，数据库是由单独的、离散的模块组成的结构化集合。没有任何一项一定比其他项更重要，所以没有一个一定是"开始"或"结束"的结构；相反，用户通过这些浏览和导引来决定他们下一步将点击哪个链接，以选择他们的探索内容。马诺维奇认为，这是"两种相互竞争的想象力，两种基本的创意行为，对世界的两种基本反应"（Manovich 2001：233）。

将数据库作为新闻文化的一种形式之一是数据新闻的出现。数据新闻将电子表格、图形和可视化、数据分析和新闻业所需技能结合在一起，以寻找新的方式来呈现复杂的信息，从而吸引读者和用户（Rogers 2011）。一个强有力的例子是一个名为"#跟踪"的项目，该项目由丹麦报纸《伯林斯克》（Berlingske）创建，目的是探索元数据（www.b.dk/sporet）的重要性。爱德华·斯诺登的爆料（我们将在第五章中谈到）引起了人们对元数据的兴趣。元数据是关于数据的数据。你的手机元数据不包括语音通话的录音或记录，但它包含了这些电话的以下数据——你打了什么号码，打电话的时间，通话时长等；你的手机也会记录你的位置和移动情况；其他联网的数字媒体交易（你的超市会员卡、你的工作或校园身份证、你的公共交通卡）也会产生这类信息。各国政府对斯诺登事件的回应是，它们不存储内容，只是存储元数据。但这并不能令人放心，因为你的元数据可以建立一个非常详细的图谱——你是谁、做什么、去哪里、与谁交流、多长时间一次。

《伯林斯克》的"＃跟踪"项目招募了两名丹麦议员自愿参与，收集他们的元数据库，然后在一个专门的网站上进行可视化分析。它的主页是政客们分别在他们家里的照片，周围是他们的笔记本电脑、手机、钱包和护照。点击照片中可以打开下一页面的可视化的任一细节，就可以打开政客的数据库，其中包括数千封电子邮件、电话和短信点、银行账户详细信息、网络浏览器历史记录、网上购物、税务和警察记录、航班细节和Facebook账户。因此，点击图片中任一政客的手机，就会弹出一张图谱，显示她所连接的许多不同网络，从中可以推断出她活动的详细情况。点击她的钱包，你就会看到一个数据分析师的视频演示，从中可以推断出她支付转账的详细数据，并由此得知她的购物习惯；点击她的手机，可以看到她最常发短信的20个人的信息图表，以及短信的频率。以这些政治家为例，这个数据新闻的细节显示出我们每个人有多少可用的信息，并提供了一个鲜明的例子，说明从元数据中可以拼装出多么详细的个人肖像。

数据库在发展中的新闻环境里起作用的另一个例子是新闻游戏。新闻机构和游戏设计师都在尝试新的融合形式，其中电子游戏引擎、机制或惯例可以用来让用户通过新平台探讨新闻报道中的问题。这些都可以采取一系列的形式，包括纪录片、智力拼图、讽刺剧和辩论剧（Bogost et al. 2011）。

与为印刷新闻和电视节目编辑的内容不同，电子游戏是计算机软件，而不是早期媒体的数字化形式。游戏有时可能会显示文本、图像、声音或视频，但它们的功能远不止这些：游戏通过构建人们可以与之交互的仿真模型来模拟事物的运行方式，这是一种早期传统媒介

无法相比拟的体验。（Bogost *et al.* 2011：84）

例如，2015 年，BBC 的新闻游戏《叙利亚之旅》(*Syrian Journey*)是一款基于文本的冒险游戏，在该游戏中，玩家必须做出一系列决定，比如如何用最佳方式安全地逃离叙利亚，然后到欧洲寻求政治避难：是去埃及，然后冒险通过海上漂流；还是去土耳其，冒着被人贩子欺骗、让他们拿走你的钱并留下你陷入困境的风险？在《叙利亚之旅》中，几乎没有好的选择，好的结果则更少，作为 BBC 阿拉伯语移民项目的一部分，《叙利亚之旅》基于对现实中叙利亚难民的研究。在游戏下方的页面上可以看到对相关人员的一些视频采访，这些采访将现实的和模拟新闻叙事模式结合在一起，使每个玩家都可以为其他人提供一个全新的背景，视频受访者根据自己的真实经历为游戏增添了真实性，游戏则提供了叙利亚难民不得不经历的过程和故事叙事中的仿真模拟情景。这两种新闻模式也致力于使新闻标题所表达的抽象过程更加个性化和人性化，这些过程重新叙述的重要性往往掩盖了个人在现实世界中付出的巨大代价。而在更多的时候，新闻是"权威的代表"（Ericson *et al.* 1989：3），它通过一个文本系统，通过官方发言人和消息提供者来界定它们的受众在现实中必须遵守的规则。电子游戏是对基于规则的系统的模拟（Frasca 2004）。玩游戏与其说是遵循叙事的结构，不如说是学习如何执行系统算法的管理（Manovich 2001，Goffey 2008）。要想玩游戏，你必须为自己制定规则，并与游戏规则的权界讨价还价。因此，新闻游戏可以让玩家探索特定的权威，并且是探索发现重要社会问题和焦点事件的有力工具。

这些研发可以看作对著名新闻学者赫伯特·甘斯（Herbert Gans）多年来所关注的问题的一系列回应。在他 1979 年出版的《决定什么是新闻》（*Deciding What's News*）一书中，甘斯讨论了新闻内容的选择原则会受到官僚主义原则和外部压力的影响。甘斯分析的是一种建立在稀缺基础上的新闻生产环境，在这种环境中，电视播出时间的有限性和印刷媒体的版面稀缺性导致了新闻生产管理中"把关人"的出现（Shoemaker 1991），以及对"新闻价值"较为统一的界定原则（Galtung & Ruge 1965，Hall

1981）。30年之后，甘斯调查了一个以信息丰富而非稀缺为基础的新闻环境，但随着受众对传统新闻报道兴趣的不断下降，甘斯指出记者需要适应这种不断变化的环境。他说，记者们"将必须学习以一种更容易理解的方式来描述和解释特别复杂的事件，以及如何使事件和它们的背景之间的联系变得容易解读"（Gans 2009：23）。他的论点是：新闻在一定程度上应该是通俗的，它的语气不应该那么严肃，它的语言应该更日常；新闻应该更突出幽默感，更多地顾及受众谈论幽默的方式，以及他们在日常谈话和日常生活中对幽默的利用，而不是将新闻作为民主政治的理想组织部分。

内容、云计算和传播的融合已经使得新闻的发展在沿着甘斯所主张的这一方向迈进，包括上面讨论的数据新闻和新闻游戏。另一个同一方向的发展是基于列表式文章（list-based article）或者说清单体文章（listicle）[①]。在当代媒体环境中，列表式文章无处不在，它没有叙事结构，没有开头、中间和结尾，也没有因果关系。无论优劣，这都是对甘斯呼吁的新形式新闻的一种回应。它是社交媒体融合环境下开发数据库的一个例子，目的就是促使用户点击"分享"按钮。

清单体文章在BuzzFeed网站最引人注目，该网站给我们带来了"17种喝茶的错误方式"、"15只刺猬和看起来像刺猬的东西"和"无论做人还是做事都不能触碰的雷区"（该网站也曾经试图用侏罗纪公园的动图解释埃及革命）。BuzzFeed由乔纳·佩雷蒂于2006年创立，在民间传说中他在互联网的地位已经通过那封著名的写给耐克公司的信件奠定，佩雷蒂还参与了《赫芬顿邮报》（The Huffington Post）的建立。他的经历让他对内容如何在网络中传播产生了兴趣（Peretti 2007），而BuzzFeed则诞生于其在创建内容时所进行的实验，设计这些内容的目的是传播和共享（Rowan 2014）。这样的内容通常是清单体文章，因此被贴上了"标题党"这样的嘲讽标签。BuzzFeed激发讽刺新闻网站The Onion创建了一个衍生刊物"Clickhole"（"因为所有内容都值得实现病毒式传播"）。BuzzFeed还吸引了7000万美元的风险投资，奠定了它作为跨社交媒体平台内容分享主要提供者的地

[①] 由英文单词"list"和"article"组合而成的新词"listicle"。——译者注

位——的确如此,该公司是建立在通过标题链接提供跨网络新闻内容分享的模式上,而不是吸引用户到它的网站浏览新闻(Bell 2015)。

BuzzFeed 的影响后来在网络技术应用更广泛的新闻环境中清晰可见。其他平台也采用了这种模式。BBC 新闻定期提供"我们上周不知道的 10 件事"专题报道;《独立报》(*The Independent*)2015 年的大选报道包括"18 个会让你对民主感到恐惧的大选错误",在我写这本书时,该报又发表了"高尔夫球史上最怪异的 10 次受伤"。《纽约时报》2014 年最受欢迎的十大新闻报道中,有两篇是列表式文章。而列表式文章通常会交给用户来扩展,2014 年 5 月 2 日,《卫报》曾写道:"上周我们为您带来了虚构的 10 只最棒的熊的榜单,现在我们列出了你们对本应上榜的熊的看法。"

以下是明天的头条新闻……

时间问题总是与我们定义或理解新闻的尝试联系在一起。及时性是"新闻"一词的根本。罗什科表示,新闻之所以可以与其他类型的信息区分开来,是"因为它意味着人们在得知某一事件后会迅速分享"(Roshco 1975:10)。因此,他指出,在选择哪些事件具有新闻价值的时候,及时性至关重要。但是,诸如鲜活性、及时性和速度等时间维度并不是新闻一直就有的特质,它是直到 19 世纪下半叶电报在国际上普及后,才成为新闻机构在竞争中的首要条件。电报是自 400 年前印刷机诞生以来传播领域最重要的发展,因为它使传播和运输实现了分离,现在信息传播的速度能够比任何之前的人类信使的速度快得多(Carey 1989)。对于新闻而言,这意味着更快的报道开始出现,因此新闻通讯社和印刷媒体竞相发布头条新闻。

正如哈特利(Hartley 2008:36-60)指出的那样,自从电报发明以来,报道新闻的速度持续加快,周报变成了日报,晚间新闻变成了诸如 CNN 屏幕上滚动的即时新闻,以及门户网站被分秒必争的如 Twitter 等新闻类软件替代。在英国,BBC 新闻频道每天晚上都有一个时段,嘉宾们会讨论第二天的全国性报纸,然后例行公事地等待第二天的新闻,其结果是,在一个新的媒体环境中，新闻控制在与信息混乱相抗衡（McNair 2006）。作为约翰·汤姆林森描述的"新闻及时性的条件"（Tomlinson 2007：72）的一部分，它产生于一种赋予速度特权的文化。抢先报道的商业优势在新闻编辑室的工作场所文化中得到了体现，一些观察人士发现，这种文化将专业精神等同于速度了。施莱辛格的经典观察性研究因此得出结论：对速度的迷恋已经成为一种新闻报道工作中的时尚（Schlesinger 1987：105）。在该项研究之后的几十年里，无论是滚动新闻的出现还是互联网的本土化，都对速度提出了新的要求。对速度的需求一方面是对及时性的渴望，另一方面则带来了与可靠性或准确性等关键专业价值观之间的紧张关系。它还可能干扰观众对新闻产生的问题和背景的理解，因为无休止的更新时刻将新事件置于不连续的序列中，由此新闻的细节、故事和所有争议就可能杂乱无章，然后又在还没有解决方案的时候又被新的热点所取代（Bourdieu 1998）。

在社交媒体环境中，及时性具有不同的含义，因为网络媒体并不总是像印刷媒体那样，会受到版面限制或广播电视截止时间表的限制，所以所有的内容都可以一直更新——也就是说时间总是及时的。在目前的新闻语境里，及时性的标准已经趋于更加混乱而不是有序可控的其中一个表现是名人死亡的虚假新闻层出不穷。巴拉克·奥巴马、贾斯汀·比伯和坎耶·维斯特（Kanye West）只是众多"被死亡"的公众人物中的三位，在那些哀悼他们的人意识到这最初就是假新闻或干脆就是骗局之前，这些假新闻就已成为 Twitter 上的热门话题了。或许将来，每个人都有可能会在15 分钟内"被死亡"一次。

燃烧的气泡

Twitter 创建于 2006 年 3 月 21 日，联合创始人杰克·多尔西（Jack Dorsey）当天发布了首条推文："我刚刚开通了我的 Twitter 账号。"（Murthy 2013：x）不到 10 年后，Twitter 声称它每月有 2.88 亿个活跃用户，每天发送 5 亿条推文。Twitter 说明了公共和个人传播的融合，使任何用户都可以关注任何其他用户并阅读它的推文（尽管有些用户会使用隐私选项来"保护"他们的推文）。从原则上讲，Twitter 是对话式的，它允许个人交流再次呈现在公众面前，而且这些推文可以很容易地共享转发、嵌入网页或 Facebook 订阅中，这是非常便捷的。Twitter 的不断更新使其服务具有及时性和鲜活性，使其成为整个当前新媒体新闻环境的重要组成部分。但是这种不断的更新也使得跟踪一些热门话题的持续走向或人气指标变得非常困难，用户只能通过对过去的信息进行锁定才能跟进，而这种及时性和迅速更新被移动手机的智能化进一步放大了：Twitter 强调 80%的活跃用户是在移动设备即手机上使用它的。我们接下来就将回到及时性和速度的问题上进一步探讨这个问题。

  对于新闻传播而言，Twitter 可以用于直接报道或由事件目睹者直接发布（Allan 2013），或用于迅速回应、评价和讨论，或用于更广泛的评论和自我表达，这可能会是一种表明新媒体用户个人观点的聚合，但不是一种直接互相展开辩论的方式（Bruns & Burgess 2012）。这种公开和私人观点实时混合并吸引其他人注意的特点，并不是 Twitter 所独有的，而是与许多其他社交媒体平台所共有的——比如 Facebook、Reddit、Instagram 或 YouTube 都有这样的特点。但 Twitter 在其他方面有与众不同之处——推文的简洁性让每个人都有一定的紧迫感，而且必须极尽简洁之能是（140 个字符的限制是由于 SMS 文本消息 160 个字符的限制，其中 20 个字符的差异是分配给用户的 Twitter 用户名的）。它追踪和宣传"热门话题"的能力就像一种社会晴雨表，可以显示出是什么吸引了用户的注意力，同时可以成为 Twitter 用户的一种自我强化，因为更多的推文都是因为该话题首先成为热门话题而随后跟进的（这与社交媒体环境中普遍存在的垄断趋势是不同的）。

  最重要的是，"#"标签的使用使得围绕一个共同的主题汇集各种声音、信息和评论成为可能；这些声音可能不会与其他声音完全对话，但它们会关注的话题是具有共同点的。这使得标签成为公开和私人表达的独特组合，将不同类型的用户及其视角带到一个集体文本中，既可以是表演，也可以是对话，还可以是动员。例如，在法国讽刺杂志《查理周刊》（Charlie Hebdo）的工作人员和警察被大屠杀后的几天里，"# 我是查理"

(#jesuischarlie)的标签就拥有了以上组合功能。在Twitter出现之前，标签是互联网的一个普通功能，新闻的极尽简单化和时尚化的图表也不是创新，但是Twitter把所有这些简单的元素都结合到了这样一个复杂的传播系统中，不能不说是更进一步的创新。

和其他社交媒体平台一样，用户通过Twitter识别出一个联系人列表。然而，对Twitter用户而言，关键在于这种关系只需要是单向的：如果你想在Facebook上成为某人的朋友，必须得到他们的同意；但如果你想在Twitter上关注某人，却无须征得对方回复就可以做到，同时也无权要求他们关注你并以做你的粉丝作为回报。这种不对称性保证了Twitter上地位特别高的用户的传播量，但他们不可能关注所有的粉丝，即使他们想这样做，比如：教皇有578万粉丝，但只关注了8个人；泰勒·斯威夫特（Taylor Swift）有5530万粉丝，也只回关185人；CNN的突发新闻有超过2500万粉丝，也只回关113个粉丝，以作为其母公司节目播出的额外信息源。

Twitter允许用户的个人账号承担新闻事件的把关人角色，把新闻编辑功能外包给用户自己个人的网络社交圈："一个人的社交圈就是一个新闻编辑部，可以决定一个新闻事件、一段视频或其他内容重要与否、有趣与否或者是不是足够有趣到值得推荐"（Hermida et al. 2012：821）。这就是布伦斯（Bruns 2005）所说的把关人审查：选择内容是否值得发布的传统新闻的编辑角色（把关人）让位给如今备受关注的链接和分享，而后者可以决定网络上已经发布的内容中什么是不值得发布的，什么又是值得转发的（把关人监视，"gatewatching"）。由于来自政客或流行歌星的推文可能会影响他们的同事或家人的推文转发、更新或个人信息发布，我们看到在Twitter上量身定制和具有个性化传播能力的人会产生其独有的信息流，这是尼古拉斯·尼葛洛庞帝（Nicholas Negroponte）在1995年预测的一种个性化的信息流——一种被他称为《每日我》（The Daily Me）的报纸，每日只出版一份（Negroponte 1995）。有些人声称这种个性化是会付出社会成本的。伊莱·帕里瑟（Eli Pariser）就描述了一个唯我主义和孤立的"过滤气泡"（filter bubble），他认为我们每个人都有可能通过对熟悉事物的渴望为自己制造出这种气泡：

> 在过滤气泡中，那种能够提高洞察力和激发学习动力的机会几近于无。创造力通常是由来自不同学科和文化的思想相互碰撞所激发的……根据这一定义，一个由熟悉的事物构建的世界是一个没有什么可学的世界。如果个性化过头了，可能会阻止我们接触到具有头脑风暴特质的及打破常规的经验和思想，而这些经验和思想原本是可以改变我们对世界和自我故步自封的认知。(Pariser 2011: 15)。

从 Twitter 的个性化和定制方面的表现来看，无疑它正是这种助推故步自封的经典案例。但话题标签让这种情况变得复杂，并显示出 Twitter 所可能造就的传播空间的复杂性。例如，2015 年 5 月，英国举行了 5 年来的首次大选。在此之前的几个月里，这次投票最突出的话题标签是 #GE2015（2015 年大选）。这个标签的引人注目之处在于，它吸引了辩论各方的大量跟进和发帖，也吸引了那些积极关注竞选新闻和好奇大选结果的人。这个标签并非由现任的保守党－自由民主党联盟、反对党工党或任何其他的主要政党（苏格兰民族党、绿党、英国独立党）主导，也不是任何传统的新闻机构（如 BBC）、报纸或广播电视媒体的个别记者的专有领域（尽管上述这些团体中的一些人毫无疑问会声称其他群体的人确实占主导地位）。相反，它促成了大选的万花筒视角，其结果远不是一个过滤气泡——整天关注 #GE2015 的话题标签反而会让用户比任何首选的报纸或电视频道看到更多样化的视角。因此，作为一个用户，人们可以将自己想要听到的声音聚合到一个个性化的信息流中，也可以通过使用话题标签弹出过滤气泡。

但社交媒体平台作为新闻的主要来源这一新兴角色，仍然给公共领域带来了真正的风险。例如，Facebook 的算法决定了会给不同用户推送不同的新闻，而这是人们参与新闻生产日益频繁的一部分——2015 年发表的一项重大国际研究（Newman et al. 2015）发现，受访国家 41% 的用户使用 Facebook 作为阅读新闻的平台（该项研究调查了 12 个国家，包括美国、英国、法国、日本、德国、巴西和澳大利亚的用户）。皮尤研究中心2015年7月发布的一项美国成年人调查发现，63%的Twitter用户和63%的Facebook用户将这些平台用作公共问题和新闻事件的获取来源（Pew Research Center 2015）。2015年5月，Facebook开始提供一项名为即时文章的新功能，通过该功能，合作伙伴（包括《纽约时报》、《卫报》、BBC和BuzzFeed网站）的报道可以直接在Facebook的应用程序中加载，而不是链接到出版物的主页，这使Facebook对出现在用户信息流中的新闻内容的掌控达到了一个新的水平。它将这些用户留在Facebook网站内，而不是通过其中的链接访问新闻机构的主页——这对这些网站的广告收入和受众数量的增长都构成了潜在风险。因此，随着Facebook越来越成为用户日常生活的重要组成部分，它应该承担的责任实际上已经发生了改变，更接近受到法律法规和伦理等约束的出版商的角色，而不是迄今为止它所接受的那种轻描淡写的社会角色（Bell 2015）。随着算法取代人类把关人的角色来选择为人们提供可看到什么和不可看到什么，新闻机构、社交媒体平台本身和监管机构都面临着许多亟待解决的问题，它们都必须考虑如何在新闻伦理和责任与在社交媒体环境中开发可行性商业模式的新闻事业之间取得平衡。

举个例子：2015年8月，美国电视记者艾莉森·帕克（Alison Parker）和亚当·沃德（Adam Ward）被枪杀，凶手录下了谋杀过程。甚至在试图逃跑时，凶手还停下来将这段视频传到了他的社交媒体主页上。新闻机构都对这段视频材料的内容和故事结构做出了一系列基于传统编辑判断的剪裁取舍，但是大量的社交媒体用户发现他们看到的是原始视频，这些视频正是由凶手上传的，因为其他用户将其分享并转发到他们的推送栏了，而他们应用程序中的软件具有自动播放功能，使得用户不需要点击就会弹出该视频。在这一令人毛骨悚然的事件中，算法和责任、编辑判断和个体的传播都并存在同一空间里，令人不安。

同样的传播效果出现在2015年9月，3岁逃难者艾伦·库尔迪（Alan Kurdi）的尸体被冲到土耳其海滩上，当时他的家人正带着他试图逃离战火中的叙利亚。这张死去孩子脸部朝下趴在水边的照片令人震惊，它的传播似乎直接促成了一些国家公众舆论和政府政策的重大转变。同时，这张图片再一次凸显了新闻和社交媒体的问责问题：包括 BBC 在内的一些新闻机构选择了不展示这张照片，而是使用一张警察带着孩子尸体的照片；但成千上万的 Twitter 和 Facebook 用户做出了不同的选择，他们直接将这张令人痛心的照片分享并转发给他们的朋友和粉丝。当个人的关注和评判已经可以通过社交媒体进行公开表达，并在算法协助下选择将这些关注和评判传播到他们的朋友圈时，无论是好还是坏，传统新闻媒体以前具有的影响我们生活中重大事项的议程设置功能以及它们所遵循的新闻评判标准和立场，显然正在面临两难的境地。

接下来看看我们还能观察到什么

在《卫报》制作的一段两分钟视频中，我们看到一个有关房地产纠纷的报道在报纸上以漫画的形式出现，漫画将发生争执的双方比喻为三只小猪和狼，"大坏狼被活活煮了"这类最初在报纸上出现的标题和新闻，在电视上被演绎成了"猪声称它们的行为是出于自卫"，影片镜头转换间，画面上出现了全副武装的警察，他们砸开了三只小猪家仅剩的前门（那只狼为什么不这么做呢？），并以谋杀罪逮捕了他们。当 Twitter 用户回应有关这个房主有权保护自己财产的视频报道时，他们的评论在屏幕上是这样飘过的："这不对"，其中一个用户在 Twitter 上说，"这三只小猪是受害者"；另一个 Twitter 用户说，"狼吹倒了两栋房子，他罪有应得"。当专家和评论员在新闻和评论版块讨论此案时，其他社交媒体用户还提供了新的线索："我认识那只狼，"其中一位用户说，"他不可能吹倒那些房子，他得了哮喘病！"同时模拟狼得哮喘病的视频和动画出现在新闻网站上，这让人们怀疑一只患有哮喘的狼是否有能力吹倒坚固的房屋。接着，我们看到这些猪在严密的安保措施下出现在法庭上，并承认杀死狼是保险欺诈阴谋的一部分，因为他们拖欠了抵押贷款。公众的情绪由此开始发生变化——这一原本简单的新闻故事经由社交媒体演绎，已成为人们对银行业发泄愤怒的工具。最终，新闻中充斥着关于抵押贷款违约的故事，而社交媒体用户则分享了他们难以继续按月还款的个人故事,结果这起新闻事件最终演绎成了戴着猪面具的暴徒与防暴警察对峙,挥舞着"醒醒,闻一闻熏肉"的标语向警戒线冲锋这样的媒介事件;国际头条新闻显示抗议活动正在蔓延,而最新一个新闻标题是"骚乱引发改革辩论"。

从以上对由《卫报》组织制作的一段两分钟的视频的描述,我们可以看到,该视频的目的是宣传《卫报》在社交媒体环境下的多平台新闻愿景,该视频不仅仅是在报纸、网站或应用程序的广而告之,也是一种全新解读新闻的宣言。在这种解读中,新闻已经成为用户与新闻机构合作参与和传播,甚至一起主导其发展脉络并共同塑造的事件。《卫报》将其描述为"开放式新闻"(open journalism),但这个标签式描述尚未普及,到目前为止被广泛认可的标签是"公民新闻"(citizen journalism)。公民新闻主要涉及的是受众和新闻制作者之间的关系,这种关系或许应该被重新界定,因为现在,受众和用户是新闻的核心。尽管受众行使象征性权力拥有的资源与大型媒体机构拥有的资源规模不同,但我们既获取意义也创造意义,同时还在创造自己的媒体。随着媒体内容、云计算和传播的融合,受众现在不仅接收新闻,而且通过与自己选择的朋友、联系人和他们自己的受众分享想法、图像、信息和故事来传播新闻。

这种对新闻写作的开放引出了一个存在主义的问题,即记者到底为了什么而写作?这个问题的答案之一在于新闻媒体自封的"第四权"(The Fourth Estate)。第四权这个概念是新闻界的理想角色,是新闻媒体的民主角色,但这一角色因新闻界的商业性质而成为可能(Boyce 1978,Schultz 1998,Curran & Seaton 2010)。目前,有关新闻媒体的民主角色的问题和有关新闻工业化的问题都很明显,人们仍然普遍认为,新闻媒体在某种程度上是一个代表其受众的独立政治机构,然而现在,这些新闻媒体往往是全球传媒产业的一部分,它们的兴趣可能与它们受众的兴趣完全不同。此外,记者不再垄断新闻写作,而"以前被称为受众的人"对新闻的参与创作(Rosen 2006)发生在广告收入下降、受众分散、竞争加剧和新闻机构对新闻业投资不足的背景下(Harding 2015)。当这些因素汇聚在一起时,那些习惯于自认为掌握第四权并作为未经选举的民主捍卫者的记者,发现自己不得不接受自己的职业几乎每天都受到质疑的现实。随着新媒体使象征性权力的重新分配成为可能，记者的文化角色会发生怎样的变化？

回答这个问题的一种方法是观察像《卫报》这样的新闻机构是如何回应社交媒体带来变迁的可能性的。在这方面，一个显著的特点是在老牌新闻机构的网站上出现了实时博客。实时博客具有其他类型博客的共同特征：拥有简短的、经常更新的内容条目，作者（即使代表一个组织）通常具有独特的声音，并按时间倒序呈现内容，以便最近更新的内容出现在最前面（Rettberg 2014a）。实时博客越来越受到新闻机构和读者的欢迎，尤其是那些从工作页面登录的人（Thurman & Walters 2013，Thurman & Newman 2014）。《卫报》每个月都会主持数十个这样的博客，包括每日政治实时博客，以及专门关注《舞动奇迹》(*Strictly Come Dancing*)等流行电视节目。这些博客往往都由编辑部的记者负责管理，而不是在新闻事件现场进行报道的记者负责管理。对于实时新闻博客来说，这种由编辑部记者和社交媒体提供的内容可能会失去亲临现场的真实感和在现场日积月累建立起来的可信度，但是，与大多数现场记者相比，博主能够利用并（至关重要地）链接到更广泛的消息来源和观点，从而弥补了这一点。

当CNN将现场感作为电视新闻的一个重要元素时，伊利胡·卡茨（Elihu Katz）推测了"新闻业的终结"，他以敏锐的洞察力认为无休止更新的新闻是"几乎故意要试错的新闻"（Katz 1992：9）。2013年2月，索尼发布PlayStation 4游戏机时，《卫报》在实时博客中写道："请查看我们的其他猜测。"其他媒介的评论人士展示了对正在发生的事件的现场报道如何反馈到这些事件本身，从而改变了他们声称要报道的新闻的结果，因为这些事件的参与者对他们在新闻中听到的内容做出了回应（Wark 1994）。但是，实时博客与在电视上滚动的新闻频道相比有一定的优势，即使CNN或BBC没有什么新鲜事可说也必须继续播出，以填满播出时间，而实时博客却可以在帖子之间暂停。实时博客抓住了速度和时效性的优势，却不一定要承担现场直播最可能带来麻烦的后果。然而，实时新闻博客确实遇到了卡茨指出的问题，一些发布实时新闻的记者博主告诉研究人员，这种处理新闻的方法"降低了核实新闻报道的标准"（Thurman &

Walters 2013：93）。应该如何设置这个标准，是社交媒体环境中的一个核心问题，如同下面关于 Reddit 的案例研究所述。

实时博客扮演了一个重要的角色，即营造了一种更宽泛的社交媒体环境。当然，不排除用户发布的内容更有可能被 Twitter 引用到主实时博客中，而不是在博客下方的专门版块作为评论出现，其中部分原因是公司或政党可能会假借普通用户的名义雇佣"水军"，而这存在风险（Thurman & Walters 2013）。举个例子就可以说明这些实时博客是如何整合来自非专业发帖用户的材料的。2015 年 5 月 8 日，《卫报》发布了一个实时博客，更新英国大选结果及其反响。它一共发了 182 篇帖子，其中有 14299 条读者评论，6324 次分享，这些数字无疑是相当可观的。这些帖子结合了负责该页面的博主的发帖（他们每天都更新很多次），以及《卫报》网站上其他记者和专栏作家的文章的链接（有时是冗长的摘录），还有很多来自其他知名新闻机构的文章链接，以及大量图片、视频和来自 Vine 短视频社交软件的链接。其中嵌入式推文的占比很大，但这些几乎都是由记者、政客和其他公众人物（包括 J.K. 罗琳）发布的推文，只有两篇文章链接到专业媒体和政治机构领域以外的内容，而且都是新颖奇特的内容：一篇是以"帕迪·阿什当的帽子"（Paddy Ashdown's Hat）为名的笑话 Twitter 账户，指的是这位退休政治家在选举之夜的电视直播中说，如果某项预测是正确的，他就把自己的帽子吃掉；另一篇是有人在 Twitter 上"现场缝制"了一幅彩色英国地图，以描绘各党派的投票份额。除此之外，没有任何非专业媒体发布的内容和评论及其链接。这些实时博客是内容丰富的图像和分析的组合，它们来自新闻机构内外各种传统媒体，但非专业人士只能在评论中发表言论，下面我们将用案例来探讨出现这种情况的原因。

Reddit 网站和寻找波士顿爆炸案嫌疑人的案例

2013 年，当地时间 4 月 15 日星期一下午 2 点 49 分，两枚用高压锅临时制作的炸弹在波士顿马拉松赛终点线附近被引爆。波士顿马拉松赛是美国一年一度大型公共体育赛事，吸引了成千上万名观众。爆炸造成 3 人死亡，其中包括一名 8 岁男孩，另有数百人受伤。在接下来的 4 天里，在公众和媒体的密切监督下，警方和联邦调查局追捕了犯罪嫌疑人，他们于 4 月 19 日（星期五）被确认为是 26 岁的塔梅尔兰·察尔纳耶夫（Tamerlan Tsarnaev）和 19 岁的焦哈尔·察尔纳耶夫（Dzhokhar Tsarnaev）兄弟。4 月 19 日星期五凌晨，激烈的枪声响起，在追捕察尔纳耶夫兄弟的过程中一名警察遭遇了枪击，随后塔梅尔兰·察尔纳耶夫被警察开枪击毙，由此跟踪调查和报道似乎达到了高潮。但俩兄弟中的另外一个焦哈尔·察尔纳耶夫还在逃，波士顿将公共交通系统、企业、学校、大学和商店都关闭了，这时事件进入了一个奇怪的平稳期，人们听从指示待在家里，直到周五晚上焦哈尔·察尔纳耶夫被捕。在这一过程中，无数观众通过跟踪波士顿警察局的执行记录仪实时分享追捕行动，并通过社交媒体分享对该行动更新的回应。

波士顿马拉松爆炸案和随后的追捕行动发生在一个始终在线的新闻环境中，其特点是滚动新闻频道、推送通知和 Twitter 等不间断地更新信息。这种新闻环境有一个很开阔的空间维度，其中最主要的特点是记者必须在现场。但最终我们发现它的主导维度其实是时间——速度是人们认为的主要优点，因为新闻从告诉我们发生了什么，到告诉我们现在正在发生什么，再到猜测接下来可能会发生什么，这些都在加速进行。波士顿爆炸事件暴露了这一既定的突发新闻范式中一些令人震惊的瑕疵，让人想起卡茨对滚动新闻的批评——"几乎故意要试错的新闻"（Katz 1992：9）。一些新闻机构谨慎地报道了这一事件，NBC（美国全国广播公司）的报道因其准确性和克制而获得了广泛好评。但其他新闻机构的报道方式则暴露了实时直播新闻方式的局限性，因为在这种方式认为及时性比准确性更重要。

爆炸发生当天不久，《纽约邮报》就宣布一名沙特籍嫌疑人已被"抓获"，并在波士顿一家医院被"看守"，而这些报道是虚假的。4 月 17 日星期三，CNN 的约翰·金（John King）和沃尔夫·布利策（Wolf Blitzer）告诉现场观众，嫌疑人已经被逮捕，金使用的措辞是"一名黑皮肤的男性"和"我们抓住了他"，并在网络上不断宣传自己这是"独家报道"，直到调查人员出面表示该报道毫无根据 ["的确是独家报道，"乔恩·斯图尔特

(Jon Stewart）后来在《每日秀》(The Daily Show) 上讽刺说，"因为它完全错了"］。同一天，美联社也在晚上 7 点 02 分发 Twitter 称，一名嫌疑人已被拘留，预计将出庭。这一错误的报道很快被数千人转发，累积用户因此呈几何级增长。第二天早上，《纽约邮报》"故技重施"，在头版刊登了两个完全无辜的人的照片，标题是"背包男：联邦调查局寻找这两个波士顿马拉松爆炸案嫌疑人的照片"。《华盛顿邮报》甚至为这一可能具有诽谤性的标签进行了辩护，称这张照片是由联邦调查局"分发"的。其他无辜旁观者的照片也被分发给许多其他媒体机构，而这些媒体机构并没有在头版刊登这些照片。

假如在新闻媒体难以处理好这一事件的情况下，我们声称公民记者和网络上的非专业人士做得更好，这或许可以令人鼓舞，但事实并非如此。波士顿马拉松爆炸案暴露了由网络素材堆砌起来的公民新闻的局限性，即网民大量聚集在社交媒体平台上，分享并评论网络上的各种事件。正如在讨论网络协作时，皮埃尔·莱维（Pierre Lévy）的"集体智慧"（collective intelligence）概念被引用的那样：莱维观察到"没有人知道一切，而每个人都知道一部分"（Lévy 1997：13–14）。在这里，波士顿爆炸案恰恰暴露了实时公民新闻的局限性——很多时候无人知道任何真相。

Reddit 网站和公民新闻的局限性

本节将讨论社交媒体平台 Reddit 的使用情况，其中个体用户试图通过分享图片和猜测，从堆砌的素材中寻找爆炸案嫌疑人。首先，它将这些事件置于具体的公民新闻框架内；其次，有关该案例的研究探讨了共享在社交媒体的核心地位，以及其对非专业新闻报道和相关形式的合作的信息提供中的应用；最后，我们将看到，将社交媒体用于公民新闻报道揭示了建构可见性伦理迫在眉睫。

作为对爆炸事件的回应，社交媒体平台上的数千名用户开始分享爆炸前后马拉松终点线附近观众的照片，试图从中分辨出谁是凶手。来自 Flickr 的图片由此被无数次转发，并通过图形程序进行编辑，在照片中的一些观众头上画红圈，他们有的背着足以装下高压锅的背包，有的正在逃离爆炸现场，有的被网民称为"蓝袍人"（Blue Robe Guy）——只因为他穿着一件超大号的羊毛衫；其中一些有关身份的鉴定似乎只是基于对在现场凑热闹的不明真相的人们的粗鲁种族定性。随后，这些编辑过的图片又在 Facebook、Twitter 和 4chan 上被广泛分享，并与网站中那些收听收看波士顿警方现场执行记录仪影像的用户分享的碎片信息和错误信息混杂在一起。有传言称，警方通过执行记录仪影像指认了两名嫌疑人，其中一名是大学生，此前被报道失踪（Kang 2013，Madrigal 2013），后来他被发现死于与马拉松爆炸案完全无关的事件中。4 月 18 日星期四，调查人员不得不公布察尔纳耶夫兄弟的照片，部分原因是减少社交媒体上误认的人像造成的影响（Montgomery et al. 2013）。而这一网络事件的核心即 Reddit。

  Reddit 是一个社交媒体平台，它自称是"互联网的首页"。2013 年一家知名权威机构的一项研究表明，美国 6% 的成年人在使用 Reddit（Duggan & Smith, 2013）。Reddit 用户可以转发分享链接、图片或文本帖子，其他人可以通过评论和投票来回应；这些投票的累积分数决定了网站内每个帖子流量的大小。与 Slashdot 或 Digg 等其前身网站一样，Reddit 将用户生成或策划的素材的可供性与平台受众基于该素材趣味性或重要性的投票结合起来。任何人都可以用任何用户名免费创建账户，但是该网站不鼓励发布个人信息或转发真实可识别的不知名人士的链接，比如他们的 Facebook 简介。该平台被划分为成千上万个被称为 Reddit 子版块的网络子论坛或子社区，每个子论坛都可以由其创建者或独立于 Reddit 公司的其他志愿者修改审核。

  "寻找波士顿爆炸案嫌疑人"（*findbostonbombers*）这个子版块是在 4 月 17 日即爆炸案发生两天后由一个名为"oops 777"的用户创建的，该用户在接受《大西洋月刊》（*The Atlantic*）采访（AbadSantos 2013）并参加 Reddit 上"问我什么都行"（Ask Me Anything，AMA）问答环节后，删除了该账号。到 4 月 23 日，整个论坛已从网站上删除，并被放在一个禁止访问页面的后面。然而，通过互联网的回程路径设置技术仍然可以看到大量遗留下来的记录和档案,该技术可以捕获重要网页的"快照"副本并进行存档(http://archive.org/web/web.php)。在4月18日(星期四)和19日(星期五)两个关键日子里,分别有3张和10张快照,每张快照都提供并保存了特定时间发布到Reddit子版块的前25个帖子的内容,以及用户的评论和阅读数量等统计数据。这抓住了子版块编辑在事件发生的那一周内所有工作的基本脉络,尽管我们或许注意到一些内容已经被那些发布它的人在档案快照捕捉到之前就删除了。另外同时,子版块编辑的版主还插手删除了将失踪学生误认为爆炸案嫌疑人的帖子,最终,对于决定从公众视野中删除整个版块,网站也是有充分理由的:因为一些帖子很可能是诽谤,另一些则可能对真实存在的个人或认识他们的人造成困扰。因此,虽然本章引用了子版块编辑的存档样本中的一些文章,但也不会给出详细的用户名。

虽然Reddit网站子版块的参与者有时似乎会想象他们只是在进行一场小型私人讨论,实际上却有成千上万的人随时会出现在论坛里(比如说波士顿爆炸案的第四天,也就是周五的午夜之前,仍然有超过7500人在论坛上聚集,那时塔梅尔兰已经死亡,焦哈尔已经被抓捕归案),其中许多人还在转发从论坛上获得的信息到其他平台,比如Twitter或4chan;当然,同时还有其他一些人在写关于这次论坛中具体讨论内容的文章,这些文章作为对追捕爆炸案嫌疑人系列报道的一部分,在美国和世界各地的许多知名新闻媒体上都有刊发。

"公民新闻"这个词的含义既显而易见(新闻工作总是与公民身份紧密相连),又令人震惊(现在任何人都能做到这一点吗?)——这个术语仅用两个词就成功地捕捉到不断变化的能力和不断变化的期望的整体复杂性(Allan 2009,Allan & Thorsen 2009,Thorsen & Allan 2014)。所以说,社交媒体的新兴能力为新闻和新闻工作带来的不仅是新的技术支持、新的社会机会和文化多样的可能性,它还改变了人们对发声和参与、反馈和响应、访问和处处留痕、即时性和可见性的期望值。

但是,随着新闻业的商业模式受到冲击,新闻机构的盈利和投资逐步减少,面对新的争夺用户注意力的竞争和人们对新闻界信任的崩塌,新闻读者锐减,这种期望值已经大大降低了。我们发现,网络数字化媒体环境具有另一个特点：老牌新闻机构试图用更少的钱做更多的事，它们试图通过投资、接受、增强或抄袭更新的创新技术等手段，用更少的投资和更少的员工获得更多利润。

这样做的结果是形成了一个复杂的、融合的媒体环境，这个环境建立在网络连接的基础上，也建立在人们对新闻的新期望的基础上，这种期望即新闻是一系列网络关系，而不是等级关系。新闻如今已不只是告诉我们什么，我们也可以参与其中随时反馈，更重要的是，我们现在还能把我们的所听所闻告诉他人。新闻——如此重要，以至于不能单独留给新闻媒体去关注——是所有网络用户都可以看、可以听或可以解读，也可以参与的事件。

那么，在什么意义上，Reddit 网站上"寻找波士顿爆炸案嫌疑人"的活动是公民新闻呢？毕竟，发帖人并不是在写新闻报道，他们没有与特定的新闻机构或媒体合作。他们没有准备去报道，许多帖子下面的大量评论都是无稽之谈或恶语相向。事实上，论坛上的大部分讨论都集中在论坛本身是否属于媒体的问题上：Reddit 子版块中反复出现的主题不仅包括这个问题，还包括对可识别人群进行公开讨论的道德问题，尤其是在老牌新闻媒体可能将社交媒体互动视为原始报道材料的环境下。

Reddit 子版块的描述是：

> 这只不过是一个供人们汇编、分析和讨论有关波士顿爆炸案的图片、链接和想法的地方。

接下来的这个说法明显试图将 Reddit 子版块与新闻报道区分开来：

> 重要提示："寻找波士顿爆炸案嫌疑人"是一个论坛，而不是新闻媒体。我们既不致力于也不假装为了向公众提供信息而发布新闻界发布的那种质量的内容。

但即使这份免责声明准确地描述了创建者创办论坛的初衷，它也并不能准确说明 Reddit 子版块有关波士顿爆炸案的讨论是如何被广泛转发并利用的。Reddit 子版块的用户曾经大量反馈、回应和预测了一则重要新闻（反过来，他们自己也成为该新闻的一部分）。在这一过程中，参与者试图通过对原创报道的更新来寻找到潜在的凶手，然而这种方式既没有希望也没有价值，甚至在某种程度上是有害的。

最受好评的帖子是该子版块创建当天由创建者发布的，内容如下：

媒体机构，请停止让猜测的嫌疑人的照片在网上疯传，然后把责任推给 Reddit 的这个子版块，在称我们为"义务警员"之前，请先阅读我们制定的规则。

该帖子声称：

在媒体介入之前，这些照片除了交给联邦调查局外，不会在其他地方公开。

而上面提到的规则列在侧边栏的显著位置：

1. 我们绝不容忍任何私人审判。
2. **不要发布任何个人信息。**
3. 任何种族主义都是不可容忍的。
4. 我们欢迎任何理论探讨，但一定要核实你的事实来源。
5. 请记住，我们只是 Reddit 的一个子版块。我们必须记住在哪里止步和专业人士的工作从哪里开始。
6. 不要让任何图片在网上像病毒一样传播。限制在此子版块之外发布图像。
7. 最后，请记住，大多数或所有被讨论的"嫌疑人"都很可能是无辜的人，在证明他们有罪之前，应将其视为无辜者。

098 社交媒体：传播交流、分享及可见性

但这些规则每一次都被藐视，正如第一条评论指出的那样。对于那些声称在媒体介入之前，这些图片不会出现在任何地方的说法：

> 你不得不承认，这些图片实际上无处不在。

还有人补充道：

> 如果你想让人们停止发布这件事的内容，你应该关闭它，你应该叫停它，因为这是个糟糕的主意。

相比之下，其他一些评论者则通过攻击更成熟的新闻媒体来捍卫 Reddit 子版块：

> 媒体很害怕，因为它们支持我们。它们想要攻击我们的信誉，因为我们正在损害它们的信誉。而且，我们正在做的，比它们做得更好、更快，而且免费。如果我们能更好、更快、免费地为 CNN 做它应该做的工作，那 CNN 怎么可能盈利呢？

但并不是所有参与其中的人都准备好接受"媒体"与他们自己的大型交流平台"互联网首页"之间的区别，他们声称：

> Reddit 也是媒体。

或者扬言：

> 不管你喜不喜欢，这就是一家媒体。

以及：

Reddit 现在不比 CNN 好。

为了回应这些评价，这个版块的创建者提出了如下观点：

如果有什么我们想要澄清的，那就是我们在努力为那些被主流媒体找到图片并疯传的人洗刷冤屈。

Reddit 这个子版块中一些一直都在持续的话题一次又一次地聚焦到关于参与者所做的事情是否应该被视为新闻生产，以及他们所做的事情所在的空间是否属于媒体的一部分的紧张关系上。布劳恩（Braun）和吉莱斯皮（Gillespie）在分析将社交媒体的功能整合到老牌新闻机构网站的困难时，捕捉到了这种紧张关系：

新闻机构现在发现，它们的部分使命包括托管一个不守规矩、不遵守新闻规则的用户社区；而媒体平台和社交网络现在发现，用户生成的被广泛共享的内容通常很像新闻，尽管其中一些内容违反了传统媒体既定的内容生产政策。（Braun & Gillespie 2011: 385）

这种对于不遵守新闻规则、不守规矩的社区的描述，可以很好地说明在 Reddit 论坛上发生的事情。在以技术、产业、文本、用户、交流方式综合一体化为特征的网络数字媒体环境中，这种无形的共享反应时刻在新型网络中变得清晰可见。像 Reddit 这样的平台允许新类型的、临时的、变化的联盟聚在一起，分享他们对新闻的反应，平台让他们看到其他用户，反过来，他们也让其他人看到。它允许围绕分享构建特定的交互模式。

新闻是社会性的，它是一个从事件中创造意义的协作过程。早在 1940 年，罗伯特·帕克（Robert Park）就观察到，"个人对新闻的第一个典型反应，很可能是想把它复述给别人听"（Park 1967: 42）。虽然帕克是在一个非常不同的新闻环境中写作的，但他的洞察力在今天网络数字媒体的日常表现的支持下获得了新的力量。社交媒体平台使其用户能够进入公共传播的渠道，并为新闻话语的公共特性增加了一个交互性的维度（V. Miller 2008, Crawford 2011）。新闻不再仅仅由新闻机构发布，还由读者、观众和用户重新发布和传播，在自己选择的朋友和联系人网络中进行分享和讨论。这些分享的特殊维度应该被理解为公民新闻的一部分。专业人士和非专业人士的融合，不仅关乎公共写作，也关乎网络和联系，关乎共享和由此产生的可见性。

"寻找波士顿爆炸案嫌疑人"论坛，以及Reddit、Twitter、Facebook和4chan等其他网站上的类似活动，让人们清楚地看到了与新闻相关的媒介分享的轮廓。在最好的情况下，公民新闻确实可以扩展和增强、补充和反驳现有新闻媒体的做法，为讨论增加深度、广度和长度，否则就会被新闻媒体的规则所限制。在最好的情况下公民新闻是一种非常需要分享的非虚构叙事创作的许可证，它可以带来网络空间的权威性（通过目击者的实际在场，见Allan 2013）和时间的权威性（通过网络数字媒体带来的即时性）。

但正如寻找波士顿爆炸案嫌疑人案例所显示的那样，通过社交媒体进行的网络协作也可能像最糟糕的老牌新闻媒体一样粗制滥造和具有破坏性（比如之前CNN和《纽约邮报》的例子）。它会变得更难从杂音中区分出信号，而且由此涉及的额外劳动并不具有任何必然的额外价值。因此，这种网络化的数字新闻环境并没有消除对记者的需求，相反，它赋予了新闻媒体原有角色"第四权"新的适用性。专业记者——表现得很专业——能够分析和筛选原始材料。他们可以核实证据，并修改可能危及与事件无关的个体的细节。他们可以提供背景来帮助读者理解由大量素材堆积的内容，并且可以获取权威的官方信息来源。他们可以把数据塑造成故事、报告和评论，当然，这些材料对资讯匮乏的观众来说是有意义的，因为他们没有时间和专业知识来亲自处理专门的文件和情报——这一点在Reddit的"寻找波士顿爆炸案嫌疑人"论坛的访问者试图仅凭Flickr和4chan网站上的照片进行侦查取证的过程中表现得很明显。还有一个问责问题——CNN和《纽约邮报》例子中的劣质新闻是由对雇主负责的记者制作的，而这些雇主也要对其他人负责，包括股东和（一些国家的）监管机构；但是"公民记者"既不对专业标准负责，也不对专业组织负责，这可能不是什么值得庆祝的事情。这就是公民新闻的悖论，它非但没有让专业记者淘汰，反而让他们变得更有存在的必要了。

走向可见性伦理

在波士顿爆炸案中，被点名的个人的身份被识别和曝光，以及他们的照片在分散的媒体网络中以诽谤的方式传播，表明在社交媒体环境中需要关于可见性的伦理。可见性问题是思考当代网络数字媒体发展的核心，尤其是在思考公民新闻在网络上的很多表现的时候。虽然这类问题通常只在涉及隐私权时提出来，但是只从隐私权角度提出框架过于狭窄，无法通过这个框架看到更大范围的一系列问题和实践。波士顿爆炸案强调了一个事实，那就是我们不仅需要进一步考虑隐私，还需要考虑曝光和展现、联系和联网、社区和交流等问题。可见性框架比隐私权框架更有利于抓住这些问题，当公民新闻概念已被纳入由社交媒体、见证、分享以及所有其他元素左右的轨道时，对可见性伦理的需要呼之欲出。应该说，这些社交网络上的互动既然可以被认为是公民新闻，从一开始就是不打算保密的，它们更倾向于被用来分享，因此问题是我们想象我们在与谁分享，以及如何把控权利和责任之间的平衡。

从 Reddit 到《纽约邮报》，在网络数字媒体环境中，错误地将真实且可辨别的照片传播出去并进一步引发议论的现象说明，有必要就这些媒体平台的可见性展开更广泛、更深入的讨论。网络数字媒体带来了新的可见性、新的机会和要求，让我们可以去监视和被监视，去表演和展示，去与其他人建立联系，这些人对我们来说是新的可见的，而我们对他们来说也是可见的。这种可见性是各种形式的媒介分享与合作发展的基础，而我们将其归类为公民新闻。但正如约翰·汤普森指出的那样，"媒介的可见性是一把双刃剑"（Thompson 2005：41）。

102 社交媒体：传播交流、分享及可见性

发布波士顿爆炸案帖子的一些人清楚地意识到暴露其他无关人员照片的风险。正如一篇帖子所指出的：

你不能因为你的愚蠢和不懂规则就把人随意标记为恐怖主义嫌疑人，然后又因为其他媒体的引用而感到不安。这毕竟是在互联网上，好的和坏的信息都会以令人难以置信的速度像病毒一样传播。

正如另一位评论者指出的：

你在这里所做的一切，包括所有的图像和这些图像中所有细节的讨论和解释……都是在一个拥有数十亿次浏览量的网站的公共论坛上进行的。这里的一切都被定义为"无处不在"，而且，它可以通过谷歌搜索和各种图片/帖子自动聚合器立即无处不在。数年后，所有这些东西仍然会存在，不管是否被揭穿。如果你打算在这样一个公开的场合进行讨论和批评，在侧边栏写免责声明是完全没有意义的。

这里还有第三篇评议帖子，指出了可见性的一个特别讽刺之处：

我们哀叹国家监控的崛起，但每当类似波士顿爆炸案的新闻事件发生时，每个人都会很起劲地把他们认为的嫌疑人照片发到网上，在每个背着背包的人的照片上画上大大的红色圆圈。

一名用户甚至发布了一张"蓝袍人"的照片，这张照片里的男子似乎就因为穿着一件有些人不太喜欢的夹克而成为众矢之的，标题是"在我的Facebook新闻推送中突然出现……这是不可能发生的"；它显示了几张身穿蓝色夹克的男子的照片以及爆炸后背包的照片，同时配上"你能认出这个人吗？"的标题，在Facebook上广为流传。

结 论

在社交媒体平台上发生这种行为的背景下，对可见性伦理的探讨意味着什么呢？在个人日常的网络数字生活中，可见性伦理将包括有意识地考虑我们让他人可见的方式——当我们点赞时，当我们转发时，当我们标记时，当我们截屏时，当我们分享时——还将包括有意识地考虑其他人管理自己可见性的权利，以及我们分享和评论的权利。它将包括在网络互动中询问看不见的观众哪些是可以想象的，哪些是想象不到的，并考虑我们每次进行链接、标记、点赞和分享时所建立的与不知情的其他人之间的联系，以及我们通过这些网络互动使谁对谁可见。

在包括新闻在内的集体社会生活中，可见性伦理将包括更加仔细地考虑谁和什么是有效的曝光。无论是 Reddit 上的"蓝袍人"，还是《纽约邮报》的"背包男"（Bag Men），都不应该被如此高强度地曝光。当鲁伯特·默多克在 Twitter 上表示支持《华盛顿邮报》时，Reddit 就所发生的事情公开道歉，它同时还强调了它们关于可见性的政策：

> 几年前，Reddit 制定了一项政策，不允许在网上发布个人信息。这是因为"让我们找出这是谁"的事件经常导致猎巫行动，往往错误地识别无辜的嫌疑人，扰乱或破坏他们的生活。我们希望广泛搜索新信息不会引发这种猎巫行动。我们错了。（erik [hueypriest] 2013）

道歉或许只是为了减少损失，但看到一个重要社交媒体平台能够公开讨论并强调可见性伦理问题还是令人鼓舞的，尤其是在这种商业化环境中，这些社交媒体平台本身的行为往往会将其用户推向更大程度的可见性和信息披露，以达到商业利用的目的，从而导致局面无法控制，这样的现象比比皆是。

第五章　信息过剩

2014年3月，奥斯卡颁奖典礼主持人艾伦·德杰尼勒斯（Ellen DeGeneres）在他的Twitter上发布了一张典礼现场集体自拍照。在照片中，布莱德利·库珀（Bradley Cooper）拿着手机，梅丽尔·斯特里普（Meryl Streep）、布拉德·皮特（Brad Pitt）、朱莉娅·罗伯茨（Julia Roberts）、凯文·史派西（Kevin Spacey）、詹妮弗·劳伦斯（Jennifer Lawrence）等人挤进了镜头。在德杰尼勒斯鼓励电视观众转发这张照片的"加持"下，奥斯卡颁奖典礼结束前它被转发了200多万次。照片中的一线演员在表演他们自己，尽管这一集体自拍的想法并非临时起意而是提前策划好的，而且手机本身还是由节目的一个主要广告商提供的，但是魅力四射的明星们在合影中表现出的状态很像是即兴的。

这一自拍行为很特别，虽然它实际上是精心策划的表演，看起来却很自然。这是非常典型的自拍案例——自拍永远是一种表演，它既是对自己的展示，也是一种表现。它通常是为了表现自发性而被精心制作。在这里，社交媒体让公共传播和个人交流又一次在同一框架内对其他人可见。有时候，我们会选择让自己引人注目，比如，自拍并分享。这就是为什么将在线可见性仅仅看作一个隐私问题是有局限性的。但可见性有时候也会是社交媒体强加给人们的。同年9月，詹妮弗·劳伦斯再次发现她的自拍照在社交媒体上被分享了无数次。但这一次是她的裸照，她本想只发给特定的人看，不料却超出了预期，吸引了一群无法想象的、数不清的不请自来的观众。

自拍是我们在网上向他人展示自己和展示身份的一部分，但这些展示有时也会因为我们的文字和图像被意想不到的观众分享而出现意外；更糟糕的是，我们可能会发现，我们已经"违反"了这些难以想象的观众的"规范"。有时，我们从未打算公开的资料也会被曝光。这是一个社交媒体环境，不是分享的环境，而是被分享的环境——包括人肉搜索和外出去哪里都可能被分享，由此出现了所谓的报复性色情（revengs porn）和云账户被黑客入侵。如果再把这种情况发生的范围扩大一点，就是我们在社交媒体上都被关注了，我们所有的信息和数据、信息和图像都在被全球各地的安全机构收集、存储和分析。

因此本章将探讨人们如何使用社交媒体以新的方式让自己和他人可见。传播技术的发展总是给更多的公众带来新的可见性，社交媒体只是这方面最新的表现。如果追溯历史我们就会发现，报纸的兴起有助于使"想象的共同体"这一现代民族意识的形成成为可能，通过这种意识，一个民族文化的共同故事使其共同利益和关注的焦点以新的方式变得可见（Anderson 1991）。随后传播技术的创新带来了更多可见性方面的变化，比如电报的出现使全球新闻迅速传播（Carey 1989）。而随着摄影的出现，人们对新闻事件真实性的诉求有了新的标准，使其不仅可见还能持久保存（Evans 1978，Barthes 1981）。随着广播电视的出现，公共的世界被家庭化，家庭领域被公共化，它们通过屏幕展示彼此（Meyrowitz 1985），实现了一种新的同步、共同关注（Dayan 2009）。由卫星和有线电视提供的现场直播新闻，使事件在观众和记者眼前同时展现成为可能（Wark 1994）。由此我们看到，媒体把不可见的东西变得可见。

无图无真相

许多社交媒体活动的核心是用户自己的形象展示——用智能手机自拍的照片，展示"我在这里""看看我的新发型"等声明、自夸、自白和自我宣言等，这就是自拍。自拍是社交媒体环境下特有的图像类型，表现出了媒体融合的逻辑——在手机上拍摄和观看图像（内容），并通过电信网络共享。这种形式出现在这种特殊的传播环境中并不是巧合。社交媒体是Web 2.0时代进步的产物，它将网络数字通信从台式机和笔记本电脑的屏幕上转移到移动设备上，移动设备只有口袋大小但具有无处不存在、永远在线的特点。

这些设备在商业市场上获得或寻求竞争优势的方法之一是开发摄像头的功能，高分辨率的触摸屏和内置的图片编辑软件也非常重要。如今拥有前置和后置摄像头的手机已经很普遍，索尼爱立信 Z1010 早在 2003 年就配备了用于视频通话的双摄像头；2010 年，苹果公司在 iPhone 4 上推出了双摄像头，用于支持 FaceTime 的视频通话功能。但是，正如人们经常遇到的情况一样，功能上的设计并不能激发人们的想象力，尽管视频通话现在确实很普遍，但还没有分享自拍照片那么普遍。事实证明，前置摄像头只不过是自拍技术发展的产物：

> 当我们用手机自拍（或拍任何景物）时，手机会建议使用滤镜。在 Instagram 和 Hipstamatic 等应用软件普及滤镜后，几乎所有相机或照片分享应用都内置了滤镜。当你用 iPhone 拍照时，屏幕底部会有一个滤镜图标。当你把一张照片上传到 Instagram、Facebook 或 Flickr 时，屏幕上会弹出提示界面，询问你是否要过滤、裁剪和修饰照片。总而言之，自拍时加滤镜已是常规操作，但对于每一个个体来说，透过滤镜我们能重新审视和认识自己。（Rettberg 2014b：26）

制作和分享自己的形象是社交媒体最基本的用途，它甚至比书面文字更具有典型性，因为不是每个人都擅长用语言表达自己（为了证实这一点，一款名为 Snapcat 的应用程序可以让猫咪自拍和分享）。社交媒体最基本的交流形式是图像，而这些图像最基本的形式就是自拍。如果社交媒体原则上允许任何人说话或制作东西，那么我们任何人都能制作自己的图像，而这些图像所表达的就是"我在这里"。自拍诞生于在公众面前书写自我的时刻。这是一种表演，一种姿态，一种主张。我本人，我自己和我——我们在表演的过程中既和受众保持着距离，同时又邀请他们浏览我的账号。

自拍作为一种传播方式的出现也与基于个人素材发布的社交媒体平台的普及有关。自拍的兴起在一定程度上是由主流社交媒体公司的界面设计推动的。在 Facebook 和谷歌、YouTube 和 LinkedIn、Twitter 和 Spotify

上，我们从注册的那一刻起就不得不提供一张个人照片。在网络上，一个又一个平台要求我们在它们提供的空间里通过一张自选、自创的照片来展现自我。

自拍只是肖像和摄影漫长发展轨迹中的一个点。从文艺复兴时期的委托肖像画到"这是我在埃菲尔铁塔前"的即时拍摄照片，只需点击两下就可以从手机传到 Facebook 的时间轴上，摄影和画肖像对非专业人士来说都是可行的。曾经人们留存自己的形象需要找他人为自己画肖像，现在则变成了一个日常的 DIY 活动。我们能够实时通过图片记录我们的存在——无图无真相（Pics Or It Didn't Happen，POIDH）。我们现在都在做的事情是通过图片构建和捕捉我们自己的方方面面和每时每刻。每当这样做的时候，我们可能会暴露出比我们自己意识到的更多的自我，就像古人花钱请画家来记录他们的伟大时刻一样，我们会经常发现图片中还记录了很多其他东西。正如最伟大的肖像画家不仅呈现了他们画作的主题，而且进行了可能是无意识的解读一样，当我们构建和分享自己的图片时，也会透露出我们的自我潜意识。我们在这里不仅是在传播，而且在建构传播［这是由欧文·戈夫曼（Erving Goffman）于 1959 年做出的区分］。我们提供的图片比预想的更能表明真实的自己。此外，图片的元数据——设备、位置、日期和时间，以及我们分享图片的 IP 地址——也会在此过程中被泄露。

在关于社交媒体的讨论中，个人沟通可见性的增强通常是围绕着隐私问题展开的。社交媒体工具和公司会因为它们的隐私政策和做法而受到质疑。但是，要理解我们在社交媒体上的互动，隐私是一个太狭隘的框架。毕竟，人们在社交网络上分享很多东西的初衷并不是为了保密，而是为了可见，为了分享。在整个社交媒体环境中，可见性的增强不仅与外界强加给我们的监视有关，也与表现和展示有关——我们为自己选择不同的观众，展示和表演自己不同的版本。这种表演也可以用来与他人联系，或者说与可能从未遇到过的他人建立联系、互动和分享。这种分享能力使社交媒体在协作、网络、共享创造力和交流方面发挥了重要作用。社交媒体让我们看到那些之前从未遇到过的人，反过来也让那些人看到从未遇到过的我们。

不适合上班时间浏览

　　Tumblr 是一个重要的社交媒体平台。2013 年，雅虎以 11 亿美元的价格收购了该公司，此前该公司的另一个重要社交媒体平台 Flickr 在包括 Facebook 在内的其他照片分享平台面前失去了竞争力。Tumblr 的特点是在一个小众的主题上发布极简的短帖子——通常是图片、动图或视频，比如"宿醉的猫头鹰""跳跃失败的动物们"，或者"业余色情视频里定义的冷漠的猫咪"等。这种形式的灵活性使它可以用于任何用途。巴拉克·奥巴马（Barack Obama）的团队在 2001 年推出了一个同名的 Tumblr 网站，作为他连任竞选活动的一部分，邀请支持者提交贴子；在选举结束前的几个月里，该网站上共有 100 多个帖子，提交的自拍照和表情包与专业的竞选内容混合在一起。"占领华尔街"运动的一个重要推动力是 Tumblr 上的"我们是 99%"（We Are the 99%）的互动文本，它非常有力地利用了这种表达格式的标准元素，包括单一主题的 UGC 图片、极少的评论，以及追随者可以点赞或分享帖子的工具。我们将在下一章中回到"我们是 99%"的例子。

　　2013 年底，一个名为"葬礼上的自拍"（Selfies at Funerals）的 Tumblr 引起了很多人的关注，因为它收集了 Instagram 和 Twitter 上人们参加葬礼的照片。每一张照片都有人摆出自拍的姿势，并贴上标签，表明他们在参加葬礼。记者贾森·费弗（Jason Feifer）通过搜索带有 # 葬礼和 # 自拍标签的帖子，整理了 Tumblr 上的相关图片。比如，一个年轻女性发自拍帖子称"喜欢我今天的头发，讨厌我穿得这么正式"。一个年轻男性写道，"在老爸的葬礼上玩自拍游戏"，并在太平间的雕像旁比了个"V"字手势。2013 年 10 月，费弗发布了 20 张这样的照片。几周后，巴拉克·奥巴马被拍到在纳尔逊·曼德拉的追悼会上与英国首相和丹麦首相自拍："奥巴马在葬礼上拍了一张自拍。"费弗宣布该话题结束，这个话题的最后一条帖子写道："我们的工作已经完成。"

第五章 信息过剩 109

2014 年 2 月，费弗创建了另一个 Tumblr 账号，这次他收集了 27 个 Instagram 上的帖子，以"与无家可归的人自拍"为主题。一名年轻女子在 Twitter 上发了一张照片，上面写道："与睡在大厅里的流浪汉自拍。"她看起来像是穿着酒店前台接待员的制服。当费弗发现这张照片并在"与无家可归的人自拍"的帖子上分享时，这名女子在自己的 Tumblr 上转发了这个帖子，并附上了这样的备注：

> 虽然和这个流浪汉拍照是不对的，但没人知道背景，也没人知道我。我现在受到的骚扰比我对他做的任何事都要严重得多，那些因为我拍了这张照片而骂我"婊子"或"贱货"的人需要好好照照镜子，好好生活。和无家可归的人自拍并试着做些有意义的事，而不是刷我的 Twitter。谢谢。

她说"没人知道背景"这一点很重要。费弗的 Tumblr 将发现的图片重新混合到一个他故意设计的语境中，以引起人们对违反自己道德标准的行为的关注（参见他早期的"在严肃场所的自拍"，其中包括人们在集中营里发布的照片）。但是，他自己在这里所做的事情的道德标准又是什么呢？

在为《卫报》撰写的一篇关于葬礼主题的 Tumblr 的文章中，费弗指出，这些照片"引发了网络上最自然的情感状态——义愤填膺"（Feifer 2013）。但这似乎也是他想要的效果。毕竟，丧亲、悲伤和葬礼礼仪对任何人来说都不是一件简单的事情。不难想象，费弗在其 Tumblr 账号上收集的这些照片中，有一些是分享原始自拍的人在经历了更复杂的葬礼过程后留下的瞬间。例如，他们可能一直在试图找到一种方式，向他们的朋友表明自己正在面临失去亲人的痛苦，同时又无法在 Instagram 或 Twitter 这样的半公开空间完全公开自己的感受。在社交媒体上激起义愤是件很简单的事，就像费弗在他的每个 Tumblr 账号上所表现的那样。这强调了可见性伦理的必要性——分享一个人的照片，以羞辱那个人在照片中表现自己的方式，这本身就是一个值得怀疑的做法。这是一种标榜维护标准的道德

98

优越性的行为，无论下一张照片中的人是谁，人们都会违反这些标准。那位年轻的酒店前台接待员（我在这里故意不提她的名字）指出，没有人知道她和流浪汉自拍的背景。这是人们使用社交媒体作为表演的一部分时常见的一种现象，在这种现象中，自拍者面向一种想象的观众，最终却发现自己被推到了不同剧场的不同舞台上。

我从戈夫曼1959年的著作《日常生活中自我的呈现》(The Presentation of Self in Everyday Life)中借鉴了这种关于表演、剧场和舞台的语言。这是一本关于人们在社交场合中如何互动的书：我们如何向彼此提供某些线索和暗示，表明我们希望如何被别人看待；我们如何选择在不同的情况下向不同的人展示自己的不同方面；我们如何扮演自己身份的不同部分，以适应日常生活中我们扮演的角色——同事、家人和朋友。这也是一本关于我们如何在无意中暴露自己身份信息的书，这些信息原本是不适合在某种特定的场合公开的。有时，交流是我们给予的；但有时，交流是我们放弃的。和现实中的戏剧一样，我们的日常生活也有台前幕后（用戈夫曼的话说，就是"前台区域"和"后台区域"），在这里，我们要么接受自己参与前台的表演，要么在后台摘掉面具露出真容。从这个角度分析，日常生活是一个没完没了的即兴表演过程，在这个过程中，我们通过在不同的角色中进进出出，在自我意识和他人意识之间进行协商。这也是一个无穷无尽的看戏过程，在这个过程中，我们观看别人表演，又对别人的表演做出回应。

约书亚·梅罗维茨（Joshua Meyrowitz, 1985）在其著作《消失的地域》(No Sense of Place)中改编了戈夫曼的戏剧话语，分析了电视如何使自我呈现复杂化。他补充了戈夫曼的论点，同时考虑了电子媒体和社会关系的变化。梅罗维茨探讨了电视如何将公共生活和家庭生活的各个方面结合在一起，打破了男女之间、成人与儿童之间、政治家与公民之间既定的表达方式的区隔。通过电视，每个人都不仅能够感知到正在进行的表演，也能感知到不经意间留下的印象。梅罗维茨认为，电视是"揭露私密的机器"（Meyrowitz 1995：42），它消除了人们可能希望扮演的不同角色的不同背景之间的区别。

社交媒体让我们更难区分日常生活中的不同情境——回想一下马

克·扎克伯格在第二章所说的"你只有一个身份"。我们可能更愿意以不同的面貌向老板展示自己，而不是向我们在假期中遇到的那个人展示自己；我们可能不希望我们的孩子或父母看到我们自己的任何一面。我们可能会在上了年纪的邻居面前展现自己的这一面，在老朋友面前展现另一面。但在 Facebook 上，所有这些人都可能在我们的朋友名单上，都可能看到我们身份的这些方面，而这些方面是我们在日常生活中不想让他们看到的。社交媒体让我们的这些不同方面被本可以隐瞒的人可见，使我们在自己世界的不同部分之间筑起的墙倒塌，使我们人生中不同的社会情境合为一体。

许多学者探讨了这些崩塌的语境的含义。迈克尔·韦施（Michael Wesch）研究了 YouTube 用户是如何面对网络摄像头那端看不见的观众讲话的。韦施对比了个人视频博客的关注对象和我们在特定的日常情况下与他人互动的方式。在咖啡馆、教室或办公室，我们可以评判自己与他人互动的情境，以及如何向与我们在一起的人展示自己。但是，当我们对着摄像头说话并把录音传到 YouTube 上时，我们是和谁在一起呢？

> 问题不在于缺乏背景，而是一种语境的崩塌：无限多的语境在单一的记录时刻相互碰撞。镜头在任何时刻捕捉到的图像、动作和文字都可以被传送到地球上的任何地方，并永久保存（表演者必须假定如此）。这个小小的玻璃镜头变成了通向黑洞的大门，吞噬了几乎所有可能的时空。（Wesch 2009: 23）

那么，网络用户应该如何应对这些相互冲突的环境？利文斯通（Livingstone 2008）发现，年轻人试图利用社交媒体平台来平衡地展示自己的一面，同时也利用它们与他人建立联系，但是这两种方法可能不太容易同时奏效。马威克和博伊德通过对 Twitter 用户的研究（Marwick & Boyd 2011）发现了一系列策略，通过这些策略，人们可以设想自己推文的首选受众，同时也认识到，要知道所有推文确定的真正受众是谁，是很困难的。这些策略可能包括避免写某些主题，或者尝试各种隐瞒方式，如使用多个账号。它们还可能包括不同版本的隐秘写作方式,即在众目睽睽之下隐藏信息的真正含义,或者作为一些更无害的东西的一部分,所以只有那些已经知道的人才明白其中的含义(Boyd 2014)。在进行自我审查的同时,保持一种真实感可能要求很高。"焦虑,"正如雪莉·特克尔(Sherry Turkle)所观察到的,"是新的连接的一部分。"(Turkle 2011:242)卡洛琳·马文(Carolyn Marvin)认为,这里的关键是"社会信任本身,即我们共享的世界是可控的、安全的这一脆弱的信念"(Marvin 2013:155)。

爱丽丝·马威克对旧金山初创科技公司进行了人种学研究,研究表明,人们对未知受众和语境崩塌存在的认识,导致他们在网上进行自我形象塑造时,感觉到的并非是不安全,而是安全——从付出劳动的角度来说是安全的。因此,当我们在公共社交媒体上像面对一屋子的同事一样展示自己时,我们成为社交媒体公司本身的创业精神和以市场为中心的世界观的"同谋":

> Web 2.0 是一种主观上被认为在新自由主义环境下产生的技术,它教用户如何在后现代美国消费资本主义场域中取得成功。社交媒体不仅通过奖励灵活性、创业精神和冒险精神来展示白领成功的经验;它还为如何在一个基于名人文化逻辑的社会中取得成功提供了蓝图,根据它们的经验和蓝图构建出来的逻辑,协调、可见性和注意力具有最大化的价值。也就是说,社交媒体的技术可供性使人们能够通过使用行为和自我展示策略来提升自己的社会地位。(Marwick 2013a: 14)

这些以市场为中心的商业模式及其创业话语也形塑了我们对隐私和在线可见性的认知。尼森鲍姆(Nissenbaum 2011)认为,我们经常倾向于从提示和同意或忽略和选择的角度来界定这一点。也就是说,当我们注册 Facebook 时,我们应该阅读条款和条件以及隐私政策,然后在后续的程序中对这些预设条件表示知情同意。她指出,这是在假设我们每个人在接受条款时,都对所有相关事实和潜在后果有充分和完全的了解,但事实上我们不可能全部理解这份文件中复杂的法律术语。而且，这些条款和政策经常变化，当我们成为该服务的常规用户时，我们所同意的内容可能不再是这些文件的实质内容，这也使情况进一步复杂。此外，这种方法还预设隐私只是一个控制和选择的问题。仅仅通过这些合同来构建我们的网络关系，也将我们对网络复杂性的理解局限于纯粹的商业交易。这就将对隐私的关注简化为：

> 关于保护网上消费者和保护商业信息的问题，即在网上商业交易中保护个人信息。（Nissenbaum 2011：41，原文强调）

尽管维基百科或英国广播公司网站的成功表明了提供公共服务的可能性，但在一个由商业机构主导的网络环境中，这些似乎只是少数例外。当然，商业化并不一定意味着一家公司可以获得它想要的所有东西，并通过迎合市场逻辑达到目的。许多其他专业领域（教育、法律、卫生）设法将商业逻辑与提供服务的专业标准以及道德原则结合起来，而不是通过寻求剥削用户的方法，更不是将商业逻辑提升到所有其他原则之上，社交媒体场域原本也应该如此。

因此，尼森鲍姆主张用一种不同的方法来限制在网上使用个人信息。她将其描述为情境的相互渗透，认为社交媒体与人类社会等其他现实情境并没有完全分离，已然成熟的道德和职业伦理规范等可能会适用。我们都知道，在现实生活中，我们需要向医生提供个人信息，而她可能不得不与专家分享这些信息；但如果她把这些信息卖给《每日邮报》，我们就会很生气，因为那样的话，情境的关联性规范就会被打破。语境决定了我们对使用个人信息的安全期望，其中包括如何以及为什么要确保我们个人信息的安全。

尼森鲍姆在将这一观点应用到互联网时，举了使用搜索引擎的例子。她认为，这是一个搜索过程，因此，应该遵循与离线搜索研究类似的原则，这是与搜索内容相关的背景。所以谷歌不应该利用我们个人档案的搜索历史来做广告，就像图书馆不会把我们搜索图书的历史卖给超市一样。

102 在她所举的其他例子中（她举了一个政治网站邀请公民发表评论的例子），可能没有明显的离线搜索情况，但这并不意味着政治网站就有权获取所有个人信息，因为这可能会阻碍该网站旨在促进的民主辩论，如果用户意识到他们的个人数据正在被收集，就会下意识进行自我审查。因此，在处理人们的个人信息时，社交媒体应考虑具体的社会环境，而不能只考虑商业数字网络公司的利润。知情同意仍然很重要（正如我们将在第六章探讨的），最大化盈利的商业模式也大有可为；而这些不应该是支配我们可否使用社交媒体的"要么接受，要么离开"的条款和条件。这使最大的社交媒体公司成为精英寡头。情境完整性原本是一种具有一定影响力的模式，但它给所有社交媒体用户带来了一定的压力：在一个语境崩塌的场域中，我们如何协商和平衡语境的完整性？当我们的媒介可见性并不总是在我们自己的控制之下时，我们又该如何应对呢？

2014年9月，演员艾玛·沃特森（Emma Watson）在纽约发表了关于性别不平等的演讲，发起了一项名为"他为她"（HeForShe）的联合国活动。该活动旨在鼓励男性和男孩支持性别平等，艾玛·沃特森因在《哈利·波特》中扮演赫敏而出名，这一次，她是以联合国妇女亲善大使的身份发言的。她说："我认为我们有权对自己的身体做出决定。在当今世界，女性应该得到和男性一样的尊重。但遗憾的是，世界上没有一个国家敢说它的所有女性都有希望获得这些权利。"（Watson 2014）似乎是为了强调最后一句话的真实性，名为EmmaYouAreNext.com（艾玛你是下一位）的网站很快就建立了起来，该网站展示了艾玛·沃特森的脸，旁边是一个倒计时钟和4chan标识，还有一个标题——"永不忘记，这将是迄今为止规模最大的一次"。

"你是下一位"这句话让很多人认为沃特森将成为最新一位在4chan上分享裸照的名人。"永不忘记"的标题似乎锚定了4chan的标签，因为它对那些匿名跟帖者的信条——"我们不宽恕""我们不会忘记""我们有希望"等——表示赞同。那一周，4chan上了很多媒体新闻的版面。然而几天前，该网站发生了巨大的隐私泄露事件，该事件后来被称为"艳照门"（#Fappening）——蕾哈娜、克尔斯滕·邓斯特（Kirsten Dunst）、艾薇儿·拉维尼（Avril Lavigne）和詹妮弗·劳伦斯等数十位女明星最私密的照片被社交媒体公开。据考察，许多照片是在受害者的 iCloud 账户上被发现的。

劳伦斯成为这一事件的焦点，她是最引人注目的受害者——既是奥斯卡奖得主，又是动作片明星——其律师尽其所能阻止其他网站转发这些图片。但是，让它们消失显然是不可能的。截至 2014 年 9 月 3 日，已有超过 13.5 万个用户订阅了 Reddit 网站的子版块 /r/TheFappening，并跟进更新了它的帖子，这条评分最高的帖子被点赞 3200 多次，评论 330 多条。该页面的信息侧边栏还提供了一个可以链接到大约 60 个网站的列表，用户可以找到被盗的照片或转发副本，从知名平台如 Instagram 和 Flickr，到 Mega 和 Zippyshare 等文件共享锁网站，再到 YouPorn 等 UGC 色情网站。4chan 的 /b/ 版块（照片首次出现在该版块上）的日访问量非常大，当时网民疯狂转发相关照片、相册甚至将它们整体如洪水般"倾泻"到数不清的网站和谷歌硬盘上，这些被盗照片的传播规模之大使该事件成为当年最大的互联网事件之一。

然而事情并未结束，从这里开始，明星们的照片又流传到了其他形式的媒体上。比如名人博主佩雷斯·希尔顿（Perez Hilton）在网站上发布了一些未经编辑的劳伦斯的照片，随即又撤下并道歉。一些主要的新闻机构重新发布了劳伦斯一些被盗的裸照，但做了象征性的删节，尽管它们使用了劳伦斯的脸部、摆好姿势的身体，并在标题中指明该照片为非法来源的个人色情图片，这些出版机构与那些在 Reddit 上分享未经编辑的照片的人在本质上玩了相同的游戏。与此同时，随着这些照片在 Reddit、Imgur、Photobucket、YouTube 和 The Pirate Bay 上不断出现和消失，4chan 上的网友制作了一个 #LeakforJLaw 的恶作剧标签，试图让其他女性在社交媒体上发布自己的裸照以声援这些名人受害者，从而制造了新的受害者。艾玛·沃特森倒计时也被证明是恶作剧，一家名为兰蒂科（Rantic）的社交媒体营销公司声称对此事件负责。该公司称，这一恶作剧"并没有明确的目的"（Rantic 2014）。但兰蒂科的业务是向那些想在 Instagram、Twitter 或 Facebook 上提高知名度的人出售虚假粉丝（"现在就买粉丝！"），由此这些人的动机是什么一目了然。

Reddit 的子版块 /r/TheFappening 在几天内就关闭了。但是，就像我们在第四章讨论 Reddit 的"寻找波士顿爆炸案嫌疑人"版块一样，其内容的存档副本可以在互联网档案馆（Internet Archive）的网页时光机上找到。这本身就说明了在社交媒体上分享图片的一些特点。根据丹娜·博伊德的分析（Boyd 2011），我们在网上分享的东西是持久的、可复制的、可扩展的和可搜索的。它是持久的，因为即使是最短暂的在线时刻也会通过许多服务器、网络和终端设备留下痕迹和副本；它是可复制的，因为电脑是可以复制的机器，可以生成任何文件，当然，这不仅是这些机器的功能，也是数百万网络用户保存他们喜欢的东西的一种日常行为；它是可扩展的，因为任何在线互动在原则上都可以扩展，并与众多不可知的观众分享（问问詹妮弗·劳伦斯即可知其中的可怕之处）；它是可搜索的，因为每个人每次在线互动都可能成为其他人登录搜索的网络数据库的一部分，包括一些以存档和组织数字信息为全部目的的机构，如谷歌、互联网档案馆及其网页时光机。

如果我们要找一个当代社交媒体环境具体化的案例，那么"艳照门"（#Fappening）就是。它展示了个人交流（为情人拍摄的私人裸照）与公共传播是如何融合的（这些照片突然出现在自称"互联网头版"网站浏览量增长最快的页面上）。此次事件的核心是自拍，即智能手机上的照片从一台设备分享到另一台设备，然后传到不可知的其他人的网络中。这些照片来自苹果的 iCloud 账户和其他网络账号，牵涉到推动社交媒体环境发展的主要科技公司的消费者服务。这次事件围绕着由社交媒体衍生出的分享的多重内涵展开，强调了可见性及其伦理道德问题的极端重要性。

年轻女性往往是这种强制曝光行为的受害者。伊斯（Ess 2014）描述了阿曼达·托德（Amanda Todd）的案例。托德在 12 岁时通过网络摄像头分享了一张自己的半裸照片，然后就被一个跟踪者无情地要挟，在长达 3 年的时间里，后者不断将这些照片发送给托德的朋友、老师和父母，直至她自杀。博主阿德里安·陈（Adrian Chen 2011）描述了安琪·维罗纳（Angie Varona）的案例。这个 14 岁女孩的 Photobucket 账户被黑，其隐私照片被分享了数百万次，在 Reddit 的论坛上，她成为海报上的性感人物，而在法律上她还是个未成年人。

Reddit 这种强制曝光行为有一个值得关注的焦点：一个高调的版主以"Violentacrez"这个名字管理着数百个子版块，包括 /r/jailbait 和 /r/creepshots 等，专门分享女性在公众场合拍摄的性感照片，而她们自己却不知道（Chen 2012）。当高客（Gawker）网站曝光 Violentacrez 实际上是德州一位名叫迈克尔·布鲁奇（Michael Brutsch）的中年办公室职员时，高客的记者却因为曝光了布鲁奇的真实身份而受到抨击——因为该记者让布鲁奇暴露了。在我看来，在这种情况下，识破 Violentacrez 的用户身份是一种理所当然合乎道德的选择，因为他的匿名身份赋予其部分权力，而他正是利用这种权力在 /r/creepshots 这样的论坛上强制曝光他人。但是并非每个人都赞同我的看法，许多最大的网站禁止了高客链接，以声援布鲁奇。

记者乔恩·朗森（Jon Ronson）在 2015 年出版的《千夫所指》（*So You're Been Public Shamed*）一书中讲述了一系列可怕的不幸遭遇，一些网民一个接一个令人无法想象地突破了作为网络用户的底线，让很多其他网民感到愤怒。例如，一位年轻女子在 Twitter 上写道："我要去非洲。希望我不会得艾滋病。开玩笑啦，我可是白人！"之后，她发现自己成了 Twitter 上全球瞩目的热门话题人物，失去了工作，还遭到人肉搜索、恶意攻击，并受到强奸和死亡威胁。另一个年轻女人因与朋友开玩笑，在军事墓地拍了一张不雅照，最终丢了工作，也遭到书面辱骂、网络攻击、强奸和死亡威胁。这种网络暴民羞辱行为的出现，朗森写道，就好像 Twitter 用户是"一场针对他人缺点的战争中的战士，敌对行动突然升级了"（Ronson 2015：86）。

尤其是年轻女性，她们将可见性视为一种武器，这种模式在社交媒体上反复出现。例如，2014 年开始的"玩家门"（#GamerGate）争议的核心内容正是它。"玩家门"是一个令人难以理解的网络"战场"，充斥着极端的网络厌女症，还夹杂着关于电子游戏行业道德的争论。它的第一个焦点是由独立游戏作者佐耶·奎恩（Zoe Quinn）发布的在线非线性叙事游戏"抑郁自白"（Depression Quest）。关于她的游戏得到了前情人的好评的指控迅速演变成一场持续的网络暴力冲突，在这场暴力冲突中，奎恩的信息被人肉搜索和曝光，其私密照片在网上流传，她还受到了强奸和死亡威胁。随着"玩家门"事件愈演愈烈，其他不少人也发现自己陷入了同样的、现在人们已经非常熟悉的被人肉搜索和曝光、挑衅、威胁的循环中：游戏开发者布莉安娜·吴（Brianna Wu）被迫像奎恩一样逃离了家园，而女权主义评论家安妮塔·萨克斯安（Anita Sarkeesian）因为受到死亡威胁而不得不取消了演讲活动（Stuart 2014）。

将可见性作为一种武器也是非自愿色情（更常被称为报复性色情）现象的核心，通过这种方式，未经当事人同意的私密照片被发布在网络论坛上，比如现已关闭的网站"有人吗？"（Is Anyone Up?）。"报复性色情"这个标签本身就有问题，因为它暗示了一个可能并不是总存在的普遍动机。事实上更糟糕的是，它暗示了一种理由。所以安妮·伯恩斯（Anne Burns）于2015年提出的术语"非自愿色情"（involuntary porn）更贴切。"非自愿色情"标签关注的是受害者，而不是犯罪者（尽管它确实提出了一个问题，即在多大程度上，专业色情演员是在自愿的基础上这么做的）。"有人吗？"网站的用户以及那些取代它的其他网站的用户通常会在可识别的受害者的截图旁边发布私密照片。因此，与伴侣或前任分享的照片会被贴在受害者Facebook时间轴首页截图的旁边。将艾玛·沃特森的裸照恶作剧与她在联合国发表的关于妇女权利的演讲并置，显示出这种非自愿色情的曝光是如何试图通过控制女性的性行为来约束她们的表达的。它代表了公共传播和个人交流融合的一个极端，这是社交媒体的特征。然而，正如爱德华·斯诺登所披露的那样，这也是一种更宽泛的强制可见性。

"棱镜"计划

谷歌的浏览器Chrome提供了一种名为Incognito的隐私浏览模式，这种浏览模式不会保留cookie或用户的搜索或浏览器历史记录。直到2013年，打开谷歌的隐身窗口时，都会弹出一条消息，解释该功能保护了用户哪些信息，哪些没有保护。这条消息建议用户"警惕"一系列威胁，包括"收集或分享你信息的网站"、"站在你身后的人"和"秘密特工的监视"。"站在你身后的人"超出了本书的研究范围，但关于收集或分享你的信息，谷歌本身是世界上最成功的网站之一。2013 年 6 月，随着谷歌因爱德华·斯诺登的爆料而成为泄密事件的主角之一，人们意识到被秘密特工监视的威胁并非开玩笑（或者是这种玩笑却毫无乐趣）。

棱镜是一种用透明材料做成的多面体，它可以将光线分离并过滤成不同颜色——这是一种关于可见性的技术。"棱镜"是美国国家安全局（National Security Agency，NSA）开展的一项数据收集计划的代号——由此可见它是一种非常特别的可视化技术。"棱镜"计划于 2007 年在乔治·布什连任期间美国政府的领导下创建，并在奥巴马执政时期继续实施。该项目直接从几家世界领先的社交媒体和计算机公司收集信息，其中包括 Facebook、谷歌、微软、苹果和雅虎。它对谷歌的访问也覆盖了 YouTube，对微软的访问也覆盖了 Skype。回想一下雅虎曾经同时拥有 Tumblr 和 Flickr，Facebook 同时拥有 Instagram 和 WhatsApp，所有领先的社交媒体平台都可以通过美国国家安全局的"棱镜"计划折射出它们的本来面目。"棱镜"计划与通过法院命令要求公司移交给个人用户具体信息的系统截然不同：相反，"棱镜"计划涉及国家安全局可以直接访问这些公司的服务器。

该计划最初是在爱德华·斯诺登的协助下被曝光的（Gellman & Poitras 2013）。斯诺登当时 29 岁，曾是美国中央情报局（Central Intelligence Agency，CIA）的一名分析师，受雇于安全承包商博思·艾伦·汉密尔顿（Booz Allen Hamilton）公司，为后者开发美国国家安全局的基础设施。他相对高级别的职位使他有很大的权限可以访问大量的系统和文件，他收集并复制了其中许多文件，创建了一个档案，并与《卫报》记者格伦·格林沃尔德（Glenn Greenwald）和埃文·麦卡斯基尔（Ewen MacAskill）、纪录片制片人劳拉·珀特拉斯（Laura Poitras）等人分享。斯诺登的动机依然很吸引人，但在某种程度上也令人费解。2014 年，在珀特拉斯的纪录片《第四公民》（Citizenfour）中接受采访时，斯诺登说："这一切都归结为国家权力与人民有目的地反对这种权力的能力的矛盾。但是我每天坐在那里，拿着钱设计各种方法来扩大这种国家权力。"

《卫报》发表的关于"棱镜门"的第一篇报道（Greenwald & MacAskill 2013a）包含了来自美国国家安全局内部培训演示的几张幻灯片。公司名称列表出现在第二个项目符号列表旁边：

在收集（监视和储存通信信息）时，你会收到什么？这因提供商而异，一般而言包括：
电子邮件
聊天——视频聊天、语音聊天
视频
视频照片
存储的数据
网络电话文件
文件传输
视频会议
目标活动的通知——登录等
在线社交网络细节
特殊要求

因此，社交媒体用户的信息、搜索历史、视频、照片、在线活动和联系都被"棱镜"计划覆盖。美国国家安全局可以访问存储的信息和通信，或者实时监控活动。"棱镜"计划不仅收集元数据，还收集通信中的实时内容。微软早在2007年就加入了该计划，雅虎在2008年加入，谷歌和Facebook在2009年加入，苹果在2012年加入。

一些著名的社交媒体公司已宣布，它们强烈反对"棱镜"计划等监控项目。具有讽刺意味的是，这些公司自己的商业模式就是建立在监控用户和使用算法建立用户行为模型的基础上的，这一点不应被我们忽视。一些社交媒体否认它们参与了"棱镜"计划，但在有关该项目的报道中，关于这些社交媒体、科技公司和安全机构之间关系的说法一直模棱两可，互相矛盾：在何种程度上可能存在直接的串通，是否存在"棱镜"计划可能在科技公司不知情的情况下运作的情况，被泄露的文件是否准确描述了该系统的运作，这些公司能否合法地与新闻媒体讨论此事。格林沃尔德对这些问题进行了研究，并指出：

> 互联网公司含糊其辞，其否认措辞陈词滥调，往往是混淆视听，而不是澄清事实。例如，Facebook 声称不提供"直接访问"，而谷歌否认为美国国家安全局开了"后门"。但正如美国公民自由联盟（ACLU）的技术专家克里斯·索戈扬（Chris Soghoian）告诉《外交政策》（Foreign Policy）的那样，这些都是高度技术性的有技巧的术语，说明获取信息具有非常具体的手段。这些公司最终没有否认它们曾与美国国家安全局合作建立一个系统，使它可以直接访问客户的数据。（Greenwald 2014：109）

毫无疑问，"棱镜"计划中的监视系统是存在的。2014 年 9 月（Timberg 2014），雅虎公司澄清了这一原本不明确的状况，它披露，2008 年，雅虎受到每天 25 万美元罚款的威胁，被迫参与"棱镜"计划。事实上，雅虎并不是不知道"棱镜"计划，而是在法庭上反对"棱镜"计划，但在斯诺登最初爆料该事件时，雅虎在法律上却无权讨论此事（因为它是当事人之一）。一项针对雅虎的机密上诉的法院裁决，迫使它不得不遵守监视计划，这对随后将其他公司纳入"棱镜"计划起到了重要作用（Timberg 2014）。相比之下，据报道，微软与美国国家安全局密切合作，以帮助后者绕过对其电子邮件和存储系统的加密，并提供更全面的访问 Skype 的权限（Greenwald et al. 2013）。

事实很快证明，"棱镜"计划只是斯诺登披露的一系列相关秘密监视项目中的一个，其中最重要的是"无边界线人"（Boundless Informant）计划。这显然是一个数据可视化和分析工具，被美国国家安全局用来处理它收集的材料。《卫报》于 2013 年 6 月 8 日报道了该工具的存在，并发布了一幅由该工具生成的彩色编码世界地图（Greenwald & MacAskill 2013b）。这幅地图显示，在 2013 年的一个月内，有 970 亿次通信信息被收集，其中30亿次来自美国国内，而美国国家安全局原本是不允许在美国开展业务的。尤为重要的是，美国国家安全局利用这个工具截获的通信信息并不是被随意收集并丢弃，而是确实在对其进行分析。

还有一个可以进行实时监控的工具系统，那就是X密钥（XKeyscore），它可以从光纤电缆中提取数据，光纤电缆是全球通信网络的重要基础设施，存储数据和元数据，包括网络搜索、电子邮件和密码，以及网络摄像头拍摄的照片和有记录的键盘敲击数据（Marquis-Boire et al. 2015）。美国国家安全局的分析师可以在他们的电脑上直接进行搜索和查询，选择跟踪特定电子邮件账户或特定设备上的网络行为。该系统利用了浏览器cookie的持久性，cookie最初是为在线企业开发的，用于识别它们的客户。它还利用智能手机应用程序中的漏洞，甚至将机器发送给微软的瘫痪报告作为未加密的数据，提供用户硬件和软件配置的完整细节。网站"截获"（The Intercept）由eBay创始人皮埃尔·奥米迪亚（Pierre Omidyar）资助，作为格林沃尔德、珀特拉斯等人继续报道有关斯诺登事件的工具。该网站报道称，X密钥一直是一些活动的核心，包括在与巴拉克·奥巴马会谈前获取联合国秘书长潘基文（Ban Ki-moon）的会议记录，以及入侵世界上最大的SIM卡制造商，以获取数百万个用于手机的加密密钥（Marquis-Boire et al. 2015）。

"棱镜"计划中的其他项目还包括由英国政府通信总部（The Government Communications Headquarters，GCHQ）情报中心运营的Tempora项目，该项目直接从光纤电缆中获取互联网数据，并与美国国家安全局共享。另外还有"自负的长颈鹿"（Egotistical Giraffe）项目（不，是真的）：这是一个利用过时的浏览器的漏洞，让情报机构追踪Tor网站上匿名用户的程序，它独特的卖点就是其所谓的匿名性。有报道称英国政府通信总部在2014年运营了一个名为"视神经"（Optic Nerve）的程序，它从雅虎的网络视频聊天中截屏并收集了数百万张照片，不管参与者是不是特定监控的目标。英国政府通信总部在一份有关该项目的文件中写道："似乎有相当多的人使用网络视频对话，向他人展示自己身体的私密部位。"（Ackerman & Ball 2014）

在他关于与斯诺登合作揭露这一事件的书中，格伦·格林沃尔德总结了大量令人困惑的首字母缩略词和奇怪的代号，以及诸如此类的秘密系统和秘密协议：

> 总的来说，斯诺登解密档案最终得出了一个简单的结论：美国政府建立了一个监视系统，其目标是在全球范围内彻底消除电子隐私。这一点儿也不夸张，这是监控国家明确声明的目标：收集、存储、监控和分析全球所有人的所有电子通信信息。该机构致力于完成一项首要任务：防止最微小的电子通信信息逃脱其系统的掌控。（Greenwald 2014：94）

长期以来，分析国家监控的经典概念是"圆形监狱"（Panopticon），该概念最初由杰里米·边沁（Jeremy Bentham）在18世纪提出，20世纪70年代，米歇尔·福柯（Michel Foucault）赋予了它新的含义。"圆形监狱"提供了一个基于可见性的权力模型。在边沁的原始含义中（Bentham 2002），他描述了一个监狱建筑模型，在这个模型中，牢房围绕着一个中央警卫塔，从那里可以随时观察到所有的因犯。由于不知道他们是否真的在任何时候都被监视着，因犯们必须在任何时候都表现得好像他们被监视着一样。他们会内化监视自己的行为，并调整自己的行为以适应可能存在的监视者。福柯（Foucault 1977：200）说："可见性是一个陷阱。"乔治·奥威尔（George Orwell）在《一九八四》（*Nineteen Eighty-Four*）中虚构的电影屏幕也描述了同样的永久潜在可见性原则。福柯还扩展了边沁的"圆形监狱"模型，把它放在更广泛的场域中进行分析，该场域包括学校、工厂和医院：无论在哪个机构中，我们都在内化自我监控从而监视自己，在"一个每个人都能被捕获的机器系统中"（Foucault 1980：156）。

在边沁去世近200年后，这位提出"圆形监狱"理论的学者仍然被困在当代"监视"系统的机器中：边沁保存完好的遗体被装裱起来，陈列在伦敦大学学院的一个玻璃柜中。他头上的摄像头记录并在网上分享参观校园的游客看到遗体时的反应，这些游客经常拍摄他的遗体，有时还会毫不避讳地把边沁的遗体作为背景进行自拍（请登录 http://blogs.ucl.ac.uk/panopticam 观看），宛如但丁作品中所描述的那种怪诞的惩罚照进了现实。

但是，边沁的全景监控模型与"棱镜"计划中的监控模型还是有很大不同的。"圆形监狱"监控的前提是被困在里面的人知道他们正在被监视，而美国国家安全局的系统监控我们的时候我们都不知情。美国国家安全局的系统不是要改变我们的行为以便我们适应被观察的可能性，而是旨在捕捉和记录我们未经调控的行为。这使得对封闭的现代化机构——监狱、工厂、学校——的"监视"让位于对分散的数据库和网络电子通信的"监视"（Deleuze，1992）。

斯诺登爆料的事件在继续发酵，它对政府和安全部门、新闻媒体、社交媒体公司及其用户，当然也对斯诺登本人产生了巨大影响。由于斯诺登的爆料，各国政府及其安全部门遭遇了一些挫折。其中最主要的是它们的秘密活动具有了新的可见性：它们的隐形监视计划不仅使数百万人的私人通信变得可见，现在它们自己也变得可见；此外，我们应该注意的是，"棱镜"计划是通过拥有第四权的老牌出版机构曝光的，而不是通过社交媒体。这些爆料也损害了美国在海外的形象。时任德国总理默克尔（Angela Merkel）、法国总统奥朗德（François Hollande）和巴西总统罗塞夫（Dilma Rousseff）向白宫抱怨私人通信被窃听（尽管在这三位领导人中，只有默克尔收到了道歉）。

斯诺登事件也损害了相关国家安全机构的声誉，并引发了一系列法律诉讼，这些诉讼似乎需要数年时间才能展开（而这些诉讼本身就需要整整一本书来描述）。在撰写本文的过程中，美国国会通过了《美国自由法案》（USA Freedom Act），该法案剥夺了美国国家安全局收集公民电话录音的权利。这不是要禁止对涉嫌非法行为的特定的人进行有针对性的监控，而是要禁止对所有通信系统用户进行不加区分的大规模监控。相比之下，在英国，《安德森独立报告》（Independent Anderson Report）为安全部门继续从事此类大规模监控活动留下了余地，卡梅伦政府很可能会通过立法让它们有权这样做。事实上，在撰写本文时，它甚至提议更进一步禁止所有加密通信，这是对法国讽刺杂志《查理周刊》（Charlie Hebdo）办公室大屠杀的讽刺性回应：根据这项提议，必须通过禁止私人言论来保护言论自由。

斯诺登事件对相关新闻媒体的影响也很复杂。一方面，格林沃尔德、珀特拉斯、麦卡斯基尔、《卫报》当时的主编艾伦·拉斯布里杰（Alan Rusbridger）等人是将新闻媒体第四权理想付诸行动的典范人物。揭露国家及其安全机构的非法活动，这涉及真正的个人风险，也给《卫报》带来了风险。这一事件展示了独立的新闻机构将国家权力置于公众监督之下：《卫报》和《华盛顿邮报》的新闻团队由此获得了普利策奖；《卫报》关于这个故事的互动多媒体报道获得了艾美奖；由珀特拉斯执导的纪录片《第四公民》获得了奥斯卡奖，该片记录了斯诺登和他选择的媒体在香港酒店房间里为期八天的最初会面。然而，另一方面，并不是所有的新闻媒体都以同样的精神气质来回应对披露此事的议论，在某些情况下，或许是出于商业利益的需要，不能过多关注竞争对手的独家新闻。包括美国电视网在内的另外一些媒体则不去讨论有关政府不当行为的证据，而是将关注的焦点转向质疑斯诺登或这些记者本身是否在犯罪（或许是叛国罪）。

斯诺登在接受《第四公民》摄制组采访时表示，他之所以选择让记者参与进来，是因为自己没有与新闻媒体打交道的直接经验，也不想由自己决定如何曝光这些材料。他试图放弃自己的一些主观判断，希望公共利益能够得到更好地维护。这与维基解密有明显的相似之处，维基解密最初试图通过2010年4月的"附带谋杀"（Collateral Murder）视频传播自己版本的泄密材料，但很快就看到了与老牌新闻机构合作的优势，因为这些机构除了能带来人力资源和专业的判断力，还可以带来一定程度的受保护地位和声誉影响力（Meikle 2012）。

另一方面，斯诺登事件让人们对政府和新闻媒体之间的关系有了新的认识。英国政府向《卫报》施压，要求其销毁包含斯诺登文件副本的硬盘。作为首相戴维·卡梅伦的私人特使，内阁秘书长杰里米·海伍德（Jeremy Heywood）告诉拉斯布里杰："政府中的很多人认为你应该停止这一报道。"（Harding 2014）《卫报》的工作人员在英国政府通信总部工作人员的监督下，拍摄到了硬盘被钻头和角磨机毁坏的场景，尽管《卫报》

公开表示在海外有其他副本。似乎是为了强调这一程序的象征意义，这些被毁坏的硬盘后来作为展品出现在 V&A 博物馆的展览中。即使这一场景只是象征性的或者是假新闻［正如布尔斯汀（Boorstin）1961 年所说，除了被报道之外，没有其他原因］，它对新闻媒体的自主权及其第四权角色可行性的影响也不是好的。

斯诺登的爆料也让相关社交媒体和科技公司感到很难堪，包括Facebook 和苹果在内的一些公司已经开始在它们的消息和通知系统中实施强大的加密功能［电子前沿基金会（Electronic Frontier Foundation）的"加密网络"（Encrypt the Web）活动游说大型服务公司对用户数据进行加密，并跟踪哪些公司采用了哪些安全措施：在 www.eff.org/encrypt-the-web-report 上可找到更新］。但矛盾的是，个性化广告这一基本的社交媒体商业模式本身就需要以某种方式进行"监控"，因此事实上其恶劣程度堪比美国国家安全局的监控。

伊森·祖克曼（Ethan Zuckerman 2014）在 20 世纪 90 年代参与创建了弹出式在线广告，他认为，广告作为一种商业模式，"监控"是不可避免的。在网络出现之前，大多数广告都是未经验证的，例如，电视广告商无法确定付费观看的观众是否真的观看了广告，这使得广告商和电视网络都不得不采取各种方法以谋求能够更好地瞄准它们的受众（Ang 1991）。相比之下，在线广告是可验证的：看广告的行为变得可见。要完善这一可见性系统，需要更加密切地针对个人，建立他们的兴趣、活动、偏好和习惯等档案。更重要的是，提供给我们的内容本身就是根据我们的兴趣和偏好而定制的，在一个呈螺旋式上升的"监控"系统中，从诱饵式的列表文章到个性化的新闻推送一应俱全（Zuckerman 2014）。

随着数字信息、数据和元数据的激增，我们有可能不再把目标锁定为被"监控"的对象，而是简单地收集和保存所有信息，然后在需要时再进行分析。正如安德烈耶维奇（Andrejevic）所指出的，收集和存储无限数据的技术能力加剧了对收集和存储更多数据的需求，"所需的数据量没有逻辑上的终点……没有一个明确的点，市场营销人员或警方可以划清界限，说不再需要更多信息"（Andrejevic 2012：94）。

用户将在何处与这条螺旋线划清界限，以及其用户最终的需求将受到什么限制，还有待观察。所谓的"被遗忘的权利"（Right To Be Forgotten）等原则提供了一个基准，该原则规定，欧洲的个人用户有权要求谷歌将他们的某些链接在搜索结果中设置为不可见。这是关于一个人过去的生活给他现在的生活投下数字阴影的案例：例如，很久以前的破产，现在影响了他们找工作的能力，或者在搜索结果中出现了与此人名字有关的色情信息。因此，这与有针对性的广告和使其成为可能的"监控"行为无关。但是，"被遗忘的权利"确实开创了一个重要的先例，即我们的数字足迹应该被记录多久，以及我们是否能够拒绝它们被长久保留和可见。

从工作场所的绩效管理到日常财务交易的记录，从警务到间谍活动，从闭路电视到国际旅行，从流行娱乐到社交媒体，一个人必须随时随地以各种方式接受检查、记录和审查。然而，正如一些著名的研究监控制度的学者指出的那样，这些监控制度引发的阻力出人意料地小（Lyon et al. 2012）。在大多数情况下，许多人似乎乐于或者顺从地默许以用户个人可见性换取安全声明或获得服务。

至于判断斯诺登是否推动了大量社交媒体用户的改变为时尚早。一些报道发现，自泄密事件曝光以来，一些人正在采取一些措施加强他们的信息安全。2015 年 3 月，美国皮尤研究中心公布的一项调查发现，已有 30%的成年受访者对斯诺登的"棱镜"事件做出了回应，他们至少采取了一项措施来保护他们的个人信息免受政府泄露：或者改变隐私设置，避免或删除某些应用程序，或者减少使用社交媒体，多进行面对面的交谈（Shelton et al. 2015）。自 2005 年以来，英国通信管理局一直在跟踪调查英国公民对互联网安全的看法，它们发现，愿意在网上提供手机号码、电子邮件地址或信用卡信息等个人信息的用户比例持续下降（Ofcom 2015b），尽管没有迹象表明这与斯诺登的爆料直接有关。互联网用户可能会转向使用比他们更熟悉的同类服务具有更多匿名性和隐私性的服务，比如匿名搜索工具 DuckDuckGo 和 Disconnect.me，以及匿名浏览器 Tor（尽管矛盾的是，使用 Tor 可能会引起安全机构的注意）。但是，对于社交媒体用户回应斯诺登爆料的另一种证据，我们可能还会注意到，Facebook 的年度报告称，到 2013 年底，也就是斯诺登事件被曝料的那一年，该服务的用户数量同比增长了 16%；到 2014 年底，用户数量同比增长了 13%；而在 2015 年 8 月 24 日星期一，第一次有 10 亿人在同一天使用 Facebook。

最后，"棱镜"事件对斯诺登本人也有影响。从一开始，他就很清楚自己不想成为故事的主角。在接受《第四公民》的采访时，他告诉格林沃尔德："我觉得现代媒体非常关注个人，我有点担心你们越关注（我的个人故事），它们就越会利用这一点来分散注意力……在这个事件中我并非主角。"这在一定程度上也是一个可见性问题。一方面，斯诺登告诉格林沃尔德（Greenwold 2014），他希望被确认为解密材料的提供者，他觉得有义务解释他为什么要这么做，目的是什么。换句话说，他必须被曝光。而另一方面，让他作为解密材料的提供者出现，也会将这个故事重塑为一个关于他本人的故事。由此我们看到，一方面试图利用社交媒体提供的可见度提升事件本身的热度，另一方面又不想面对因此带来的后果，这显然是十分困难的。

在斯诺登事件浮出水面两年后，他在公众中的知名度可能比 X 密钥高得多。他在纪录片《第四公民》中的核心角色，以及即将上映的由奥利弗·斯通（Oliver Stone）执导的同题材故事片，都让他很难随着事件的继续展开而隐居幕后。这部伯恩电影风格的剧情片讲述的是斯诺登从香港前往俄罗斯的故事，情节极其离奇：一飞机的国际记者误以为斯诺登与他们同机前往古巴；一个名为"斯诺登的座位"的 Twitter 账号在整个飞行过程中都在发推文（"我感到空虚"）。与此同时，另一架载着玻利维亚总统莫拉莱斯（Evo Morales）从俄罗斯回国的飞机被迫临时在维也纳停留，因为其他欧洲国家拒绝让这架飞机通过它们的领空，以防斯诺登在飞机上。这一消息引发了美国警告俄罗斯不要让美国公民离开俄罗斯的奇怪景象。在撰写本文时，美国继续排除赦免斯诺登的可能性，他仍在俄罗斯，听任弗拉基米尔·普京（Vladimir Putin）的安排。2015 年 9 月 29 日，斯诺登注册了 Twitter 账户，不到 24 小时，他就有了 100 万粉丝，但他自己只关注了另一个账户——美国国家安全局。

是主观体验,还是"监控"数据?

2014 年 3 月,成千上万的女性参加了素颜自拍（#nomakeupselfie）活动,分享自己不化妆的照片,以促进相关癌症的研究（一些男性也通过分享自己化妆的自拍照加入进来）。这个活动提倡人们分享屏幕后面的真实形象,在这种形象中,化妆后在公共空间展现自我暂时被叫停,而更真实的自我以某种方式展示出来。即便如此,还是有很多人分享了使用哪些照片滤镜、拍摄角度和光线等技巧,以便以最有利的方式展现其真实的面孔,把素颜自拍变成了一种新的表演。素颜自拍等活动凸显了社交媒体在表演、自我展示和公共空间控制个人情感方面的复杂用途。

社交媒体为自我表达和人际交往带来了真正的乐趣和真正的机会。我们可以通过社交媒体让他人看到自己,分享与他人建立联系的经历,而他人反过来也对我们可见。但是同时,社交媒体平台又是一个庞大的"监控"系统。网络数据库上的参与式文化也意味着参与式"监控"。我们彼此相望,为那些看着我们的人表演,为不可知的观众表演——我们所有的活动也被运行平台的算法"监视"着,这种算法记录我们说什么,看什么,以及谁在看我们。另外政府和安全机构也在关注这些算法。在算法捕捉到我们的那一刻,我们在社交媒体上特殊的自我呈现就不再只是一种表演,而是表现出可作为真实证据的特质。无论是我们选择在社交媒体帖子中展示自己,还是在特定的网络上与某些人互动,抑或是选择点击和阅读的链接,所有这些都会从我们的主观体验转变为可以用客观固定的方式定义我们的数据。

第六章 分布式公民

2012年1月，一组来自Facebook和康奈尔大学的研究人员对部分Facebook用户进行了一项实验。确切地说，这一实验是在689003个用户的账号上进行的。在一周之内，研究人员暗中调整了这些用户登录Facebook时看到的新闻推送内容。这样做的目的，是了解如果被选中的用户看到更多的"负面"内容，是否会因此更有可能发布"负面"内容。Facebook能改变用户的情绪吗？围绕这个问题，研究人员对其中一些用户的新闻推送进行了调整，以减少来自朋友动态内容帖子的数量，这些内容包括朋友想与他们分享的好消息、新的招聘启事和新生儿的照片、派对细节，以及包含听起来就很开心的词语的状态更新。到一周结束时，那些朋友圈里动态内容帖子减少的用户发布的帖子开始变得不那么积极了。该实验后来被克莱默等人发表（Kramer et al. 2014），声称其结果表明："情绪状态可以通过情绪传染给其他人，导致人们在不知情的情况下体验相同的情绪。"（pp.87-88）"在不知情的情况下"是一种有启示意义的用词。因为实验人员并没有得到这些用户的许可，更不用说后者知情同意了；他们中没有人可以选择退出，也没有人知道他们参与了这项旨在操纵他们情绪的研究。近70万人在不知情的情况下被征召参加了一项实验，该实验旨在观察研究人员让他们感觉不好。

在一些评论家看来，这是一个关于研究伦理的故事（我是在该实验曝光一年后写这篇文章的，在一个专门的小组网页上，关于这个话题的积极讨论仍在继续，你猜对了，就是在Facebook上）。这个故事明确了人们对使用所谓的大数据进行研究的伦理问题的担忧（Boyd & Crawford 2012）。对其他人来说，这是一个关于企业责任的问题，是Facebook隐藏算法的暗箱操作的故事。正如尼古拉斯·卡尔（Nicholas Carr 2014）所指出的那样："如果邮局曾披露它会读取每个人的信件，并选择哪些信件该投递，哪些信件不该投递，人们可能会大发雷霆，而这实际上就是 Facebook 一直在做的事情。"事实上，这是社交媒体上每天的新闻推送一直以来的运作方式。Facebook 管理着每个用户看到的信息流，而不是负责传递每一个帖子。如果 Facebook 的成年用户平均拥有 338 个好友（Smith 2014；当你读到这篇文章的时候，可能更多），那么大多数人不会有时间或意愿去阅读每个朋友在某一天发布、分享、评论或点赞的所有内容，因为显然一个人不可能阅读如此海量的信息。因此，Facebook 会根据它认为我们最想看到的内容来选择出现在我们的新推送中的内容。问题是，作为用户，我们不知道它是如何做到这一点的，也没有任何有效的办法来为我们自己做出选择（将一些人分配到"亲密朋友"列表是一个粗糙而且缺乏灵活性的选项）。用户的新推送是由 Facebook 管理的，而不是由用户管理的。而"情绪感染"项目——该项目的研究人员选择于 2014 年在一份学术期刊上发表他们的研究成果，此事才得以曝光——揭开了我们在允许 Facebook 代表我们做出这些选择时可能会放弃什么的谜底。

通过算法对人们情绪的暗箱操纵是对社交媒体平台及其用户之间权力关系的深刻洞察（Gillespie 2014）。Facebook 这样做，没有询问这些用户，因为它只要想做就可以做。任何可以收集到的关于如何让用户按下按钮以保持他们继续使用网络并建立某数据库的新信息似乎都为 Facebook 提供了一个足够明确的理由。至于我们这些可能在不知情的情况下被征召参加这种实验的人呢？我们中的一些人可能会在情绪糟糕的一天登录 Facebook，原本是想寻找一些快乐、交流或认可的时刻，却被无形的 Facebook 所改变，让我们在那一周感到悲伤。以下是将个人和公众整合到一个基于算法的专有商业空间的后果的早期迹象。这不是说我们沦为数据的奴隶，而是比那更糟，因为我们甚至连作为奴隶之生物基础的"人"都不是，只是沦为他们的数据。

Facebook 和康奈尔大学的实验给所有参与者带来了很多负面新闻。许多新闻报道和专栏评论的主旨是，Facebook 应该更多地尊重和考虑它的用户。但正如我们在第二章中看到的，Facebook 的用户并不是它的客户。它的用户只是它向其实际客户（广告商、品牌和营销人员）销售的数据产品的原材料。所以在这一章我们需要重新思考我们与社交媒体公司的关系，以及我们在当代互联网环境中的地位。我们需要摆脱作为公司客户的主权权利，因为这些公司一开始就不这么看我们，相反，我们应该从公民身份的角度重新思考我们和社交媒体的关系。

托比·米勒（Toby Miller）在他的《文化公民》（*Cultural Citizenship*）一书中表示，"我们正面临归属感的危机"（Miller 2007：1）。米勒的书主要关注电视，但它的出版年份恰逢社交媒体的主流平台尤其是 Facebook 的整合时期。近 10 年后，我们可以重新审视归属感危机的说法，但这一次与社交媒体有关。这次的危机是，我们被迫属于商业公司挖掘网络数据的一部分，尽管我们明知它们的运作并不符合我们的最佳利益。无处不在的 Facebook、谷歌、Twitter 让我们随时随地在线，只因为我们的朋友在那里，我们的家人在那里，我们的同事、我们的同行、我们的邻居都在那里。当代关于归属感的文化危机是，归属感已成为一种义务。但是从什么意义上说，我们归属于 Facebook 呢？只是因为它拥有我们的想法和图像、我们的地址簿和个人历史、我们的公开声明和我们的私人秘密吗？那么我们该如何应对这种所谓的归属感呢？对策之一应该是，我们要从一种不同的归属感——公民意识——的角度重新考虑我们对社交媒体的使用。本章提供了一种新的方式来思考公民身份、行动主义和社交媒体之间的关系。

詹姆斯·凯瑞曾说过，"要想成为一名公民，就意味着在空间上与同时代的人建立一种关系"（Carey 1989：4）。他的关注点在于将传播这一概念中的某些特定内涵与建立和维持美国规模的民主的问题联系起来。凯瑞将两种基本的传播方式进行了区分：一种方式被他称为传播的传输观（transmission），通过它，信息被发发送到不同的空间，以达到控制领土的目的；另一种方式被称为传播的仪式观（ritual），它被理解为一种通过时间来维持社区的象征性过程。在社交媒体环境下，传播模式的集中生产和单向分布与仪式观中的个人交流和网络化的个人分享之间的界限模糊了。意义不仅通过网络传播，而且不断循环，每一次新的分享都会在新的背景下引发新的联想。意义的形成由此呈现出分布式的特征。

由此本章提出了分布式公民的概念,即在网络中与同时代人建立一种创造性的政治关系。分布式公民关系不限于特定的地理位置或政体,而是由网络数字媒体的共享意义、协作创造力和行动来定义的。尽管分布式公民身份带来了社交媒体环境下一种新的政治可能性,但是我们必须重新思考身为用户我们要签订的商业条款,以及我们可接受的条款规定。它可以不存在于一个假定的空间中,而是实实在在存在于网络中——它以一种公民身份的形式,可以在卡斯特尔所称的流动空间中发展,他将其定义为"在无连续性的情况下实践技术和组织的可能性"(Castells 2009:34)。分布式公民身份描述社交媒体以及由广泛采用和适应而改变的文化、联系和社区体验及意识所带来的一系列潜力。

如果概括一下本书前两章的要点就会发现,社交媒体是将公共传播与个人交流结合起来的网络数据库平台。在大多数情况下,这些社交媒体都是商业运作,通过让用户提供内容而发展壮大的;这就建立了数据库,这些平台可以利用数据库来做广告和营销。社交媒体原则上允许任何用户说和做任何事情,分享他们或其他人说过和做过的事情,让他们的话语在新的环境中可以被他人看到和分享。因此,我们可以通过分析社交媒体在创造力(说和做)、分享和可见性方面的用途和可供性来理解社交媒体。本章将首先讨论第一个重点——创造力,特别是蒂姆·伯纳斯-李所称"交互式创意"(intercreativity)(Berners-Lee 1989:182-3)的合作形式。本章首先简要回顾了公民身份和媒体的一些关键现代表述,然后提出了与网络、责任和空间有关的分布式公民身份概念。接下来,本章将这一点应用于分布式公民身份的四个关键例子:"全球#占领运动"(the global #Ocuppy Movement),转瞬即逝的"科尼2012"(*Kony 2012*)现象,以比特币为代表的加密货币,以及dispora*社交媒体平台。

从公民到DIY公民身份

在1950年发表的一篇颇具影响力的文章中,T.H.马歇尔(T.H. Marshall)区分了公民身份的三个维度,他称之为公民、政治和社会。在公民权利方面，他指的是启蒙权利，如人身自由、言论自由和宗教自由以及财产和法律权利。在政治权利方面，他指的是从国家议会到地方议会的投票权和参与政府机制、程序和机构的权利。至于社会权利，他指的是那些与20世纪教育、福利和公共卫生服务的扩张密切相关的权利：

> 从获得少量经济福利和安全的权利，到充分分享历史传承下来的社会公共遗产的权利，以及按照社会普遍存在的标准过文明生活的权利。（Marshall 1992：8）

在马歇尔的分析中，公民身份的发展与资本主义的发展是相辅相成的，但正如他所观察到，公民权是一种平等的制度，而资本主义是一种不平等的制度。"公民身份"，马歇尔（Marshall 1992：18）写道："是赋予那些社会正式成员的一种地位。"马歇尔的批评者（如 Smith 2002）指出，她所提出的18~20世纪的进步叙事并非不平等，一些社会群体——例如原住民——获得公民、政治和社会身份的时间线与马歇尔模式截然不同。

因此，对这个三部分模型的一个重要补充是文化公民的概念（Hartley 1999，Miller 2002）。哈特利认为，公民身份是"陌生人之间联系的术语"（Hartley 2012：133），应该被理解为"一种关系身份，它是不稳定的、动态的、不断发展的"，而不是普遍的常数条件（p.135）。为此，哈特利（Hartley 1999，2012）对马歇尔的三部分模型进行了拓展，增加了文化公民身份。文化公民身份描述了20世纪后期身份政治所要求的对差异的认知。对米勒来说，它涉及"通过教育、习俗、语言和宗教来保持和发展文化血统，以及主流社会对文化差异的积极承认"（Miller 2002：231）。广播媒体和电视"聚集人群"的方式使之成为可能（Hartley 1999：158）。哈特利对此进行了详述：

> 电视……并不尊重观众之间的差异；它聚集了原本可能彼此之间没有什么关联并互相漠不关心的人群，并将他们"无差别"地定位为观众，赋予所有观众相同的"权利"，并在他们中间促进作为电视观

众身份的认同感。同时，人们可以体验到基于领土、种族、法律和遗产的政治差异，反过来，他们事实上或许享受到的是基于电视受众的与他人无差异的同一种"身份"认同。（Hartley 1999：158）

电视使人们有可能以新的方式思考社会的公共世界和家庭的私人领域（Meyrowitz 1985），以及新的想象社区（Anderson 1991）。它使共享全国范围同一重大仪式和事件的现场直播成为可能，并阐释了普通公众这一概念的新内涵（Scannell & Cardiff 1991）。同时，它也有助于进一步实现对新时期个体差异的认知，即身份政治（Castells 2004）。当电视仍然占据主流媒体地位的时候，尽管它仍然吸引着我们的注意力，但现在其他媒体作为一种补充也开始加入控制我们注意力的行列，使我们有可能以其他方式思考组织自己和彼此。

因此，在文化公民身份及其共享身份政治的基础上，哈特利提出了DIY（do it yourself，自己动手）公民身份的建议。这是"从现有的选择、模式和机会中整合出一种身份的实践"（Hartley 1999：178）。DIY公民身份与消费和机会选择有关；它是时尚、身体语言、实践和思想的后现代拼贴，又一次与电视密切相关。

> 无论它是一个完全"合适"的身份，具有昂贵的、完整的和可识别的现成风格，还是一个更具创造性的身份，由购买、发现或偷来的零碎物品组合而成，这都是个体差异的问题。重点是，"公民身份"不再是简单的国家与个人之间的社会契约，甚至不再是一个特定社区传统的文化适应问题；DIY公民身份是人们可以为自己做出的选择。此外，人们还可以更改给定的身份，甚至或进入或离开由身份锁定的场域。（Hartley 1999：178）

但正如特纳（Turner）所指出的那样，通过电视真人秀等当代类型节目，及其年度参赛者走向新的公共自我的"旅程"可以获得的"身份剧目"是相当有限的。哈特利对"DIY"这个术语的使用也意味着他的DIY

公民概念已经被设计、工艺、创客运动的参与者以及批判创客的理论家和实践者所采纳（Ratto & Boler 2014）。虽然有些创客的创意很吸引人（如 Mann 2014），但它与哈特利最初使用的 DIY 内涵截然不同——后者关注的还是电视。而无论是创客运动还是电视都不能很好地帮助我们理解社交媒体。

他指出，哈特利的每一种新形式的电视公民身份都"越来越多地依赖于传播，而越来越少地依赖于国家"（Hartley 2012：147）。但在社交媒体环境中，谷歌和 Facebook 等大型实体企业拥有较大的权利，不成文的社会契约让位于未读的服务条款协议——人是生而自由的，在 Facebook 上随处可见。因此，如果权利的授予从各州让渡给硅谷公司，那么对谁来说会是一个好的结果？所以本章提出了植根于当代社会媒体环境的模式——分布式公民身份。

分布式公民身份

那么，什么是分布式公民身份呢？"分布式公民"指的是在社交媒体网络中与同龄人建立的一种创造性的政治关系，它更关注权利和责任的行使，而不是选择和消费。它的关键词是"创造力"、"分享"和"可见性"。这是一种可以自我反思的公民身份，它更关心赢得和保障自己的权利，而不是行使这些权利。它不是对一个尚未完全实现的条件的描述；相反，这是一种愿望。在这一点上，它与上述公民身份的其他关键概念——公民、政治、社会、文化——并没有什么不同，并不是所有人都能享受这些好处，它们仍然是世界上许多人的愿望。这种公民身份是如何分布的？答案是，它以三种方式分布——网络、责任和空间性。

第一，与分布式计算机网络的意义相同，它是分布式的——与其他形式的网络拓扑结构相比，计算机网络有无数个连接点和接触点，有特意设计的连接冗余，以及较少的集线器和集中控制点。互联网被认为是一个分布式网络，但 Facebook、苹果和谷歌等公司的当代发展却让我们发现，这些公司重塑了互联网，最好的情况是去中心化（某些关键枢纽控制着流量、交互点、注意力和收入），最坏的情况是中心化（所有流经Facebook服务器的通信数据都将被挖掘并货币化）。因此，就网络而言，分布式公民身份描述了一种场域，在这种场域中，参与、权利和责任的基础架构不是集中在中心化的空间或分散的枢纽，而是广泛地分布在网络中。

第二，它是按责任分布的。社交网络空间的语言和界面将所有个体置于中心位置。每个平台都是围绕我们的个人资料、个人时间表、个人历史、履历和通讯录而建立的。然而，我们在这些平台上与他人的互动并非发生在我们的个人空间中，而是分布式的。比如，你精心制作了一个状态更新，以你最喜欢的方式展示在你所选择的社交圈中，但我在你的帖子上发表了评论，而我的评论也成为你自我展示的一部分，而且或许与你预期的表达相违背。那么，其中的伦理规范是什么呢？还有，我把你的帖子分享给我自己选择的网络平台，把它从你塑造它的语境中剥离出来，在我自己喜欢的新语境中重新定位你的文字。其中的伦理规范又是什么？这种交互并不是独立的个体展示或者自动自发生成的表演，而是分布式用户之间的协商合作。我们的数据是与我们网络中的其他人共同建构的（Trottier & Lyon 2012，Ellison & Boyd 2013）。即使某些地位较高的用户的注意力可能比其他人更集中，这些协作仍然是跨网络平台去中心化地分布的。

分布式公民身份需要我们每个人重新评估我们对网络中其他人的责任。斯诺登的爆料显示，政府安全机构和硅谷企业都对通过网络数字媒体收集和存储我们的言论、感受、思考和行为感兴趣。因此，发展分布式公民伦理的责任必须首先从网络用户开始。现在可以确定的是，我们不能相信Facebook或国家安全局会照顾我们。相反，我们必须照顾好自己和他人。这不是一个自我审查的论点，或者我们应该内化我们对自己的监察，而是需要重新思考我们在这些网络上互动的后果，它不是个人或自我导向的交流，而是分布式的有无数个节点与之相呼应的交流。正如福柯说的那样，我们需要提高自拍技术。我们不仅有权利发言、分享和与他人互动可见，我们还要对那些与我们交谈、分享以及在社交媒体网络上与我们互动可见的人负责。

第三，让我们来探讨公民身份在分布上的空间性。分布式公民身份不受特定国家的约束，更不受"公民"一词起源的地理概念的约束。相反，随着游客、学生、寻求庇护者、商人和移民的流动与思想、金融、技术和图像的流动交织在一起，它成为以流动性增强为特征的世界的一部分（Appadurai 1996，Urry 2007，Bellamy 2008）。这并不是说国家和政府已经失去了它的突出地位。远不止如此——放眼当今的欧洲，无论是乌克兰危机、欧元的变迁，还是2014年的苏格兰独立公投，政府持续而突出地表现出它在各种形势下的重要性，所以很明显，国家是不可能离场的。但是关于思想和财产的问题，关于言论和社会参与的问题，关于创造力、分享和可见性的问题越来越多地成为传播世界里的主要议题，而它们在很大程度上受到美国大型媒体和技术公司的控制。因此，随着Facebook等网络平台进一步扩展到非西方、非北方地区，言论和治理、分享和可见性——道德和分布式公民身份的问题——将变得更加紧迫。用马歇尔的话说，如果公民身份是指一个人作为一个社群的正式成员的身份，在该社群的权利和责任都是平等的，那么它就没有必要仅限于在一个民族或国家的范围内使用。

交互式创意

分布式公民的这三个方面，每一个都与创造力、分享、用户的可见性及其对社交媒体的使用相关联。这里一个非常有用的概念是"交互式创意"（intercreativity），万维网创始人蒂姆·伯纳斯－李定义了这一概念：

> 我们不仅应该能够在网络上找到任何类型的文档，还应该能够轻松地创建任何类型的文档。我们不仅应该能够跟踪链接，而且应该能够在各种媒体之间创建链接。我们不仅应该能够与他人用文本和符号互动，还应该能够与他人共同创造文本。互创是指共同创造事物或解决问题的过程。如果互动性不只是被动地坐在屏幕前，那么交互式创造力也不只是坐在"交互"的东西之前。（Berners-Lee 1999: 182-3）

伯纳斯-李在这里指出了在线协作创造力的关键元素。交互式创意是社交媒体的固有特征，它通过数字网络将人们联系起来。因此，它应该是所有利用社交媒体开展政治或文化活动的核心。

我们可以从四个维度来识别这种交互式创意的在线活动。第一，文本的互创，即将现有的媒体图像和叙事重新想象和改编为全新的文本或其组成图像的混合子版本。第二，战术上的互创，活跃分子在网上开发出各种已确立的抗议姿态和竞选策略。第三，战略互创，它建立在另类媒体传统和惯例的基础之上。第四，网络互创，它的参与者致力于建立新的媒体网络模型，包括那些将开源软件与实验性的在线出版联系起来的实践模型。以下部分提供了交互式创意这些维度的例子：文本（#占领），战术（"科尼2012"），战略（比特币）和网络（diaspora*）。当然，这些案例中的每一个都是一个复杂的、多面向的现象，本章并不是说它们中的任何一个都可以简化为一个单独的案例，但在这里只能作为不同面向的个案分开进行讨论。

交互式创意文本——#占领

2011年9月17日，激进分子打着"占领华尔街"的旗号，开始占领曼哈顿的祖科蒂公园（Zuccotti Park）。在短短几周内，这场占领运动蔓延到美国数百个城市和世界上几十个国家。#占领运动从何而来？从2008年开始的金融危机和自此以后人们对奥巴马总统任期的希望变得渺茫，是推动#占领运动发展的两个因素。他们创造了一种环境，让许多人感到被欺骗和受委屈——克里斯蒂安·福克斯对420多名#占领运动人士的调查发现，他们的动机包括反对不公正和不平等、金融和政治腐败、紧缩政策等（Fuchs 2014c：50-61）。但这些人中有许多人也已经历过围绕一个共同的事业（是的，我们可以）或其他的集体动员，也经历过这种可以通过在线网络或现场进行动员的方式。2011年初，从突尼斯到开罗解放广场，从冰岛到希腊再到西班牙，最后整个欧洲都掀起了一场具有强大影响力的占领运动（Castells 2012）。

之前我们在第三章讨论过这种社交媒体的推动力，那就是来自加拿大的文化干扰组织 Adbusters。2011 年 7 月 13 日，Adbusters 在其网站上发布了一篇题为"#占领华尔街：革命策略的转变"的檄文，一共 500 字。"你们准备好迎接解放广场的时刻了吗？"——它用这句话开始。"9 月 17 日，涌入曼哈顿中心区，搭建帐篷、厨房、和平路障，占领华尔街。"这里有必要在一开始就详细引用它的基调，并注意在运动开始时对特定目标群体的呼吁：

> 好吧，你们这 9 万救赎者、叛逆者和激进分子：
>
> 世界范围内革命性的转变正在进行中，这预示着美好的未来……这个新运动的美妙之处，以及这个新运动激动人心的地方，就在于它简单的务实性：我们在各种实体聚会和虚拟集会中互相交谈……我们瞄准一个目标，就是要唤醒想象力，一旦这一目标得以实现，将推动我们走向未来波澜壮阔的民主之路，然后我们会毫不犹豫地将这一行动的象征意义推到广场中央。
>
> 是时候使用这一新兴战略来对付我们民主制度中最大的腐败者了：华尔街，美国的金融罪恶之城。
>
> 9 月 17 日，我们希望看到 2 万人涌入曼哈顿下城，搭建帐篷、厨房、和平路障，占领华尔街几个月。一旦到了那里，我们将以多种声音不断地重复一个简单的要求。
>
> 塔里尔广场抗议活动的成功在很大程度上是因为埃及人民直截了当地发出了最后通牒——穆巴拉克必须下台！他们一遍又一遍地呼吁，直到他们获胜。按照这个模式，我们同样简单的要求是什么？
>
> 到目前为止，我们听到的最令人兴奋的候选人是一位核心人物，他解释了为什么美国政治体制目前不值得被称为民主：我们要求巴拉克·奥巴马任命一个总统委员会，负责结束金钱对我们在华盛顿的代表的影响。现在应该是实现真正的民主的时候了，而不是由利益集团继续把持政治。如果没有真正的民主，我们就完蛋了。（Adbusters 2011）

从曼哈顿下城的祖科蒂公园到基多、柏林和墨尔本,从首尔到阿布贾,#占领运动自然演变成了一场运动,这凸显了共享公共言论空间和城市空间的重要性。但这也是对符号和抽象概念进行创造和挑战的运动。麦肯兹·沃克(McKenzie Wark)指出,华尔街是美国金融界的代名词,是一个比喻,也是一个抽象概念,并不局限于特定的实体街道本身——而实际占领的也不是华尔街实体本身(Wark 2012)。华尔街无论是作为权力中心的既定叙事,还是作为#占领运动的反叙事,都可以从这个抽象概念中获得意义。参加运动的人们占据了战略要地,并将其作为讨论、教育、组织和示威的基地。所以,虽然在现场参与占领华尔街运动的人们至关重要,但由于社交媒体的运用,它还是颠覆了之前此类运动中的传统叙事模式,并创造了一种新的叙事模式。尤其值得一提的是,#占领运动带来的故事启发性地利用了个人与公众融合的社交媒体逻辑。这是一场以特定类型的互文性文本为核心的运动,在传播其中心思想的过程中,这种文本模式非常简洁而且有效。

当然,其中一个文本就是"占领"(Occupy)这个关键词,不管有没有"#"标签。值得注意的是,Adbusters最初呼吁采取行动的时候,不仅在博客文章的标题中命名了这场运动,而且实际上是用标签命名的。"占领"这个词具有无限的适应性——从最早开始的"占领华尔街",到调侃"占领芝麻街",到后来被改编为对美国总统候选人米特·罗姆尼(Mitt Romney)批评该节目的公共广播公司的尖锐回应,再到进入太空:一颗星星控制了地球上99%的可见光资源——#占领太阳(#Occupythesun)。占领公民而非占领军的形象在许多不同的背景下产生了不同的共鸣。它从丰富的视角呼应了民权运动、反战运动、劳工运动、妇女选举权、政府下台(1989年的东欧剧变),等等。占领的概念与抗议和非暴力反抗的多重历史及轨迹有关,这使它既具有合法性,又容易理解。

"占领太阳"的呼吁被忽视,这也影响了这场运动的另一个关键的互动文本——口号"我们是99%",这一口号在社交媒体平台上传播,并从社交媒体平台传播到其他形式的媒体。1%的人口控制了99%的全球财富的想法很简单,这很容易呼应和适应新的场域,因为它通过思想和各种机构传播。这种参与共享的个人表达是更广泛政治运动的一部分,但协调组织相对较少，这就是伯内特和瑟格伯格（Bennett of Segerberg 2012）所说的网络链接式行动。在 Tumblr 原创同名博客上，人们收集了数百张个人照片，照片上的人陈述了自己的处境，并认为自己就是那 99% 的人（http://wearethe99percent.tumblr.com/archive）。他们展示了每个参与者如何能够采纳这个想法，并根据他们自己所处境遇和主观感觉进行了改编。比如：

一个年轻人把这段文字举在面前：

我今年 22 岁。一年前，我在一次徒步旅行中扭伤了脚踝。我失业了，没有保险，欠下了 28000 美元的医疗债务。我的医疗债务毁了我的信用，我找不到工作，也申请不到任何形式的贷款。甚至连工作都要进行信用调查，这限制了我的工作场所……我就是那 99% 的人。

一个大约 7 岁的男孩对着镜头举起这段文字：

我的妈妈是个单亲妈妈，她没有工作。我们每天都在为生存而挣扎。由于学校贷款和税收，她负债累累。我们是 99%！！

一位年长的男子讲述了他的故事：

我们是一对靠社会保障生活的老夫妇，这是 40 多年来向社会保障体系缴费所获得的。现在国会想通过削减我们的福利来节省开支……我们是 99% 的人。

一个更年轻的女人这样分享她的故事：

单身母亲，研究生，失业，我去年缴的税比通用电气公司还多。我是 99%。占领华尔街！9 月 17 日。

这个 Tumblr 的帖子变成了一个分享个人故事和公开表达支持占领运

动的空间——支持其他人分享他们的故事，支持占领华尔街及其参与者。每一个独立的故事，都以同样的形式被讲述人记录下来，大多数情况下是自拍——尽管其主题并不总是可识别的——这说明了个人交流和公共传播融合的社交媒体逻辑，因为每个个体故事都具有公共性质，是更宽泛更高层面上政治叙事的一部分。

在这个意义上说，"占领+地点"的声明，"#占领"的标签，以及口号"我们是99%"都是第三章所探讨的网络模因。每一个故事都是分享、基于规则的网络互文的表征（representation），它们不仅被采纳，也同时被其他人改编，因此生成更多意义。杰尔包多（Gerbaudo 2012）强调了Adbusters最初创造的专业化的占领图像与后来的个人故事"我们是99%"之间的区别。Adbusters是一家设计公司，在为广告活动和时尚杂志创作图像方面拥有数十年的经验。它所设计的最初的符号，是华尔街公牛雕像上芭蕾舞演员的标志性画面——利用这一语境呼吁这类行动，并将行动号召置于可追溯到20世纪90年代末和21世纪初的"占领街道"反资本主义嘉年华和反全球化运动的历史背景中（Jordan 1998，McKay 1998，Meikle 2002）。相比之下，"我们是99%"的美感来自自拍和手绘便条，这种并不专业的个体表达方式被广泛分享。而这些传播方式还有一个重要的共同点，即每个互动文本都有一个强大而简单的主题，很容易转化到新的语境——占领尼日利亚，占领柏林——每个文本都可以在用户和语境的分布式网络中从一个点传播到另一个点。

交互式创意战术——"科尼2012"[①]

2012年3月5日，30分钟的视频《科尼2012》（*Kony 2012*）被上传

[①] 《科尼2012》是一部通过YouTube传播的半纪实性纪录片，影片的目的是曝光一个准军事组织的领导人科尼。科尼已经被海牙国际刑事法庭起诉，但是基于国际法惯例，嫌疑人尚未判刑之前是不允许被曝光的，因此纪录片拍摄团队即"看不见的孩子"发起了一场呼吁曝光科尼的运动。这场运动在本书中也被称为"科尼2012"。——译者注

到 YouTube。在网上上映一周，这部电影就拥有了 1 亿次的播放量。《科尼 2012》是一部行为主义运动式电影，围绕着社交媒体对分享和可见性的启示而制作。这部电影在几天内就获得了意想不到的、现实中从未拥有过的关注度。皮尤研究中心调查发现，该片上映几天里，近 60% 的美国年轻人都知道这个视频（Rainie et al. 2012）。《科尼 2012》是由"看不见的孩子"（Invisible Children）制作的。"看不见的孩子"是美国一个非营利组织，成立于 2004 年，旨在发动和组织公众支持行动，以阻止约瑟夫·科尼（Joseph Kony）的活动，科尼是一个名为"上帝抵抗军"（Lord's Resistance Army，LRA）的准军事组织的领导人，他于 2005 年 7 月被海牙国际刑事法庭（ICC）以多项反人类罪和战争罪起诉。

这部电影的目的是"让科尼出名"（make Kony famous）。这场运动奇特地颠覆了媒体名人的文化逻辑，该运动旨在将约瑟夫·科尼变成名人，以最大限度地提高公众意识，从而向美国政府施加压力，迫使其追捕他。这一宣传活动围绕着社交媒体为思想、图像、情感、观点的传播和分享提供的支持而展开。这部电影展示了"看不见的孩子"早期的竞选活动和游说努力，通过围绕社交媒体的视觉数据库构建的场景，将其竞选活动在 Facebook 上的增长图像用作关键视觉指标，通过其 Facebook 上的嵌入式视频链接在电影中早期游说活动的存档镜头。《科尼 2012》以一段 90 秒的蒙太奇图像和剪辑开始，从太空中看到的地球镜头，到展示社交媒体图片：YouTube 视频片段显示一个孩子在海地地震现场获救，一名年轻女子在听力学诊所第一次听到自己的声音，一个孩子学习骑自行车，祖父母和孙辈分享视频聊天和点击"分享"按钮。导演杰森·罗素（Jason Russell）的画外音是这样开头的：

现在，在 Facebook 上的人比 200 年前地球上的人还多。人类最大的渴望是找到归属感和拥有社会联系。现在，我们看到了彼此，听到了彼此，分享着我们的爱，这提醒我们，我们拥有很多共同之处。这种新的社会联系方式正在改变世界的运行方式。各国政府都正在努力跟上这一趋势，老一辈人却对此表示担忧。人类的处世原则已经变了。

在一个有问题的举动中，这部电影大量使用了杰森·罗素5岁的儿子加文（Gavin）作为观众的代理人。罗素通过向他儿子解释有关科尼及其组织的问题来向观众解释，什么叫上帝抵抗军，由此转移了人们对被上帝抵抗军迫害的儿童的注意力。路易斯·莫雷诺·奥坎波（Luis Moreno Ocampo）是海牙国际刑事法庭的检察官，他随后接受了媒体采访，由此科尼被置于一个适当的国际司法背景下。观众因而得知，科尼是2005年7月第一个被国际刑事法庭以反人类罪起诉的人。奥坎波和加文随后都表示，解决方案是"阻止"科尼。随后罗素告诉儿子加文："这里有一个最大的问题，你想知道阻止科尼意味着什么吗？没人知道他是谁吧？"而加文却说他知道科尼是谁；他可以在他爸爸给他的照片中看到科尼。罗素否定了他儿子的说法："他并不出名。他原本是不可见的。约瑟夫·科尼是隐形的。"罗素在画外音中说，"解决办法就是让科尼可见"。没有比这更明显的例子了，可见性问题在社交媒体环境中是多么重要——从制作人的名字到纪录片的整体布局和策划，以及社交媒体上文本的撰写都围绕着这些问题展开。可见性是整部影片的核心或者说就是全部。在某种程度上，这也是这部影片的失败之处，因为分享这部电影的人比预期的要多，这让"看不见的孩子"的拍摄活动接近失控。而最终，"看不见的孩子"在2014年12月宣布，由于无法获得继续拍摄的资金，它将结束这一呼吁让科尼可见的运动。

除了1亿次的点击量外，对这部电影账号潮水般的访问和引用还几乎导致Facebook和Twitter瘫痪，同时它还被世界各地主要的知名新闻媒体转载。这部电影引起的巨大关注正是沃克所说的"诡异的全球媒体事件"的最好例子：

> 只要是在某个特定地点发生的重要事件，都是有迹可循的，都是该地点与世界沿着某种惯性连接起来的结果。通过事件的传播连接形成的世界并不是全球分布的，而是统一成一个整体。它之所以诡异，

皆因无论它发生的地点还是方式，都不可预料，充满了惊奇。（Wark 2012：208）

《科尼 2012》很好地说明了这种特殊的媒体现象。这是一个媒体事件，因为它不是在实体空间发生的，而是在数字化的网络空间发生的。这是一个全球性的媒体事件，它设置了全世界媒体的新闻议程：从 BBC 和《卫报》到《纽约时报》的头版报道，再到澳大利亚——这部电影在该国主要的电视网播出；另外还有整个非洲，在那里它激发了很多争议和愤怒。这是一个奇特的全球媒体事件，它不可预测的新奇性和意外喷涌的点击量，使它背离了正常的新闻叙事框架。该影片上映两周后，导演兼银幕旁白杰森·罗素被拍到在圣迭戈的交通高峰期赤身裸体地用拳头捶打街道，相关视频在互联网上疯传，此时它已经偏离了运动发起者的初衷，因此越发诡异。由此，正如我们在第五章所提到的，媒体的可见性带来的恶果显而易见。

"科尼 2012"运动的"掩护黑暗"（Cover The Night）活动敦促世界各地的支持者在他们的小镇上张贴科尼的海报、贴纸和涂鸦。对于支持者来说这可能是一个挑战，他们要创造、合作和分享他们所能想像到的最新奇、最令人惊讶和最有力的回应。但这部影片并没有呼吁支持者创造他们自己的文本、战术、战略和网络渠道，而是提供了一个可供购买产品的名单——海报、贴纸、庭院标牌和带有唯一 ID 号码的手镯，凭这个手镯上的 ID 号码可以在活动网站上访问"让科尼出名的使命"（The mission to make Kony famous）。罗素解释说，"你所需要的一切都在一个叫作 Action Kit 的盒子里"。而影片没有提到这个盒子的价格是 30 美元。

"科尼 2012"运动说明了可见性及其可见事物在社交媒体中的重要性和中心地位。正如我们在第五章中看到的，社交媒体带来了新的可见性、新的机会和要求，以及"监控"和"被监控"，表演和展示，并与我们新看到的人联系，而我们自己反过来也变得更加可见。"科尼 2012"运动案例是对新生的分布式公民身份的一次壮观的召唤，但它也表现出了强制可见性或激进透明的政治的可能性、局限性和危险。它还表明，使用社交媒体行动主义的消费模式并不一定会转化为广泛的行动。"购买我们的行动工具包"并不是最适合这样一个场域的主张，在这个场域中，协调不是我们必须被动服从的东西，而是我们必须主动做的事情。媒体政治、互联网行动主义、交互式创意、合作与协同制作、协同创造与共享，更适合于公共传播和个人交流融合的场域。在这个场域中，人们不仅分享链接，而且共同创造并实现这种融合的潜力。

交互式创意战略——比特币

在 2015 年撰写本文时，比特币是最知名的加密货币。加密货币是金融交易的实验性媒介，通过它可以挖掘数字硬币或唯一的数字标识符，或者通过耗费非常高的计算机处理能力来破解复杂的数学问题，从而释放硬币。这类标识符比较有限的数量，以及找到它们所需的大量算法等劳动，造成了这些虚拟货币的稀缺性，由此产生了它的价值。这些加密货币的模板已被重新混合成许多变体，如 Sexcoin、Scotcoin 或 KanyeWest 主题的 Coinye。2014 年 2 月，牙买加国家雪橇队成功入围俄罗斯索契冬奥会，此前支持者通过基于神烦狗的加密货币 Dogecoin 筹集了 3 万美元的捐款（很多虚拟币，非常规的货币，哇！）。这种虚拟货币的混合表明，比特币本身已经成为一种网络模因。

但比特币也是一种分布式、协作式的创新尝试，它不仅要开发一种新的货币或交换媒介，而且要开发一种全新的金融体系——一种既独立于现有的全球银行基础设施，也独立于支撑这些基础设施运营的各国政府。在 # 占领运动呼吁金融结构改革的地方，比特币实际上实施了一项改革。在这一点上，比特币是一种激进的策略，旨在巩固一种新的法则，以代替在此之前似乎已经确定了的法则。与此同时，最重要的是我们要认识到，挖比特币也是一个相当高端的实践，需要对数学和密码学有深入了解，还要求越来越多的专用、定制的计算机挖矿设备具有更高的处理能力，以释放新的比特币区块。无论如何，比特币和其他加密货币都是对现有社会和金融体系的挑衅——这种挑衅分布在网络、责任和空间性方面。

技术可以被理解为一种将秩序强加于社会环境、解决争论、消除竞争可能性的方式。用布鲁诺·拉图尔（Bruno Latour 1991）的话说，技术可以"使社会持久"。正如兰登·温纳（Langdon Winner）指出的："设备或系统的设计或安排中的特定特征可以为在特定环境中建构权力和权威模式提供方便的手段。"（Winner 1986：38）出于这个原因，我们需要问谁会从任何特定的技术解决方案中受益？它要解决的问题是什么？它在解决问题的过程中隐含或引发了哪些社会后果？因此，如果我们要理解比特币对分布式公民身份的发展所做的贡献，我们就要问一下它提出了什么问题，以及它将如何解决这个问题。

比特币是一种以点对点为基础进行数字交易或支付的系统，不需要像银行这样的第三方来为交易提供担保。正如其神秘的发明人中本聪（Satoshi Nakamoto）在最初的提议中所说的那样，比特币是"一个不依赖于信任而依赖于互相监督的电子交易系统"（Nakamoto 2008：8）。比特币试图解决"重复消费"的问题。数字"货币"的对等交换可以由交换中的任何一方重复进行，而无须以某种方式验证双方有没有通过交换已经使用过的硬币来敲诈对方。比特币系统依靠"工作证明"（proof-of-work）来确保真实性和一次性消费。电脑在释放加密货币时所消耗的处理能力会被编码到该货币中，就像它所涉及的每一个后续交易一样。

但正如大卫·哥伦比亚（David Golumbia 2015）所言，比特币试图解决的问题揭示出，该系统体现并实际上编码了某些自由主义反政府思想。它提出了解决银行问题的方案，并延伸到税收和管理银行的政府。但该系统建立在完善点对点交易（双倍消费）技术问题基础之上，而不是建立在对金融体系的政治分析基础之上。引发 2008 年全球金融危机的银行迫切需要这样的政治分析，但比特币只提供了技术层面的系统解决方案。它还在不知不觉中显示出其试图破坏监管和信任体系的重要性。因为没有政府的监管，比特币"特别容易出现囤积、抛售、衍生和操纵现象，这是所有缺乏中央银行控制的工具的特征"（Golumbia 2015：123）。

自由主义者的态度始终贯穿在互联网文化中。1996 年，约翰·佩里·巴洛（John Perry Barlow）在其文章《网络空间独立宣言》（"Declaration of the Independence of Cyberspace"）中表达了最深刻的思想。该文章（Barlow 1996）把政府称作过去的技术，并告诉它们，在互联网这个"思维的新家园"里，政府是不受欢迎的，这是对互联网一些最持久误解的核心根源（其中一直持续的误解就是互联网是不受监管的）。它阐明了一种世界观，用罗纳德·里根（Ronald Reagan，美国前总统）的话说，政府才是问题所在，它既是怀旧的，又是未来主义的。

作为对这种自由主义立场的反击，泰拉诺瓦（Terranova）和富马佳利（Fumagalli）（2015）提出，可以将其他价值观编码到替代性加密货币中，由此抗拒比特币本身包含的内在政治逻辑：

> 比特币编码了自由主义密码和朋克社会的核心价值观：拒绝国家控制和大公司的统治；支持匿名或至少是假名；部署没有中央控制的对等架构；不信任主观关系，目的是通过客观机制最大限度地减少人类与社会因素的影响。（Terranova & Fumagalli 2015：154）

他们描述了一种名为Commoncoin的加密货币，该货币将拒绝比特币的工作证明元素及其对现有金融机制稀缺性的承认。相反，Commoncoin将开发基于合作的加密方式，以建立价值。它不记录赚来的钱和花来的钱，而是记录在网络中做出的贡献和获取的贡献，从而将重点放在公共领域而不是个人（Individual）身上。Commoncoin将利用社交媒体的功能（他们提到"社交插件、标签、评论框"，见 Terranova & Fumagalli 2015：156），以便其用户能够发展和表达与现有金融系统用户不同的价值观。无论普通币项目是否能够启动，它都指向了正在进行的实验和探索，以开发能够重新分配权利和责任的互动创新战略。比特币本身也强调了这样一个事实，即尽管分布式公民身份是可能的，而且正在出现，但没有理由认为它需要其他更多力量的推动。

交互式创意网络——diaspora*平台

分布式社交平台diaspora*将自己标榜为"由你控制的在线社交世界"。diaspora*平台由独立运行和维护的服务器组成，每个服务器都是一个被称为pod的节点,每个节点都运行免费的Diaspora软件(diaspora*是社交媒体平台的名称,字母d小写,加一个星号;Diaspora是它的软件名称,字母d大写,没有星号)。任何有能力运营一个pod的人都可以启动一个pod,并且该pod的用户可以在整个diaspora*网络中与他人联系。该网络还以拒绝广告和使用源代码开发和设计原则为标志。具体来说,它使用的自由软件模型起源于1985年,由理查德·斯托尔曼(Richard Stallman)发明(Stallman 2003),通过它,用户可以自由修改和完善代码,但不允许进行个人专有的修饰或开发专门的版本(如俗话所说,它的言论自由是免费的,啤酒却不能免费[①])。Diaspora软件系统采用了其他社交媒体的一些常见功能,比如使用话题标签和点赞(在这个例子中<3)的功能。它还开创了其他功能,谷歌+的圈子功能就被视为源自diaspora*的某些方面,用户可以通过它向自定义列表或所有联系人的圈子发送帖子——比如只向亲戚或同事发布内容(见http://wiki.diasporafoundation.org/FAQ_for_users)。

diaspora*项目始于2010年,旨在创建一种运作方式与Facebook商业数据挖掘网络不同的社交媒体工具。diaspora*用户不会将他们的个人数据提交给Facebook的服务器,而是将其保存在自己的设备上或可信联系人的设备上。与Facebook的专有代码和算法不同,diaspora*将拥有自己的源代码,它不仅允许用户看到它是如何工作的,而且如果他们能看到对其代码的有用破解,还能改进它。这将是本克乐(Benkler 2006)所称的同行进行技术生产的一个例子。它不会有广告,不会有不断变化的隐私政策。众筹网站Kickstarter为开发该软件打算筹集1万美元,结果筹集到了20万美元。就连马克·扎克伯格也在接受《连线》杂志采访时表示,他已经向diaspora*项目捐款(Nussbaum 2010, Single 2010)。

所有这些关注都提高了人们的期望。该软件的最初版本很混乱。就在diaspora*背后的四名学生试图开启他们人生事业的大门时,那些大型垄断

[①] 意思是公共领域是可以随意改动的,牵涉到个人知识产权领域却不能染指。——译者注

社交媒体公司仍在继续前进。谷歌＋的圈子功能于2011年问世，占据了diaspora*试图用自己的方式来争取用户的大部分地盘。伊利亚·日托米尔斯基（Ilya Zhitomirskiy），diaspora*四位创始人之一，于2011年11月自杀（Liu 2012）。第二年，其余创始人退了出来，把项目交给其技术社群继续开发。2015年5月，他们发布了一个重要的新软件；至2015年7月，diaspora*的开发还在继续。2014年，类似的不喜欢广告的社交媒体工具Ello发布时，人们曾一度兴奋不已，这或许给diaspora*发展社区注入了新的活力，因为Ello一开始似乎就是diaspora*一个潜在的竞争对手。

运营着diaspora*网络和支撑该网络的Diaspora软件的基金会网站列出了三个关键原则：去中心化、自由和保护隐私（https://diaspora-foundation.org）。第一个原则实际上更接近于分布式，而不是去中心化。因为没有任何主要的集线器，而且软件允许任何人运行自己的服务器并将其连接到整个网络。由于网络分布在这些pod中没有一个比其他的更位于中心位置，这种结构确保了网络的持续独立性。第二项原则是自由，尤其与diaspora*鼓励使用匿名用户名有关，这与Facebook和谷歌坚持使用实名形成鲜明的对比，后者在商业模式的数据挖掘中要求用户使用一致身份。至于第三个原则保护隐私，该系统被设计为每个用户不仅拥有自己的数据和内容并对其负责，而且能够选择谁看到他们并对这些内容做什么。

自2010年11月人们就可以加入diaspora*，但在2015年7月写这篇文章的时候，该项目只成功拥有相对少量的用户。每个pod的用户数量只能估计，因为信息不是全部公开的，但有一个pod的统计数据表明，整个网络的个人账户数低于40万个，其中许多可能是"僵尸"账户（https://diasp.eu/stats.html）。相比之下，Facebook在2015年3月向股东发布的季度报告称，其月活跃用户为14.4亿，其中9.36亿是日活跃用户。大型商业社交媒体公司的数据库商业模式意味着，那些已开发出最大数据库的公司很难与之竞争或被取代。

迈克尔·西曼（Michael Seemann 2015）将diaspora*与WhatsApp做了比较。他认为，后者的成功是建立已有的社交网络——每个用户通讯录的基础之上。要创建一个账户，用户需要允许应用程序访问他们手机上的通讯录。新用户打开 WhatsApp 后，会立即看到一份他们已经认识并且在使用 WhatsApp 的人的名单，他们可以通过该名单联系这些人。西曼写道，所有这些通讯录都已经是一个分布式的社交网络：WhatsApp 只是在上面添加了一层软件，让网络内的用户彼此可见。但是，diaspora* 注重隐私，这使得你很难找到想要交流的其他用户。西曼认为，解决办法是保持数据开放，让其他人也能使用，好比谷歌在网络上建构了自己的索引目录，但不阻止其他搜索引擎搜索网络一样。而 WhatsApp 和 diaspora* 都没有做到这一点。

梅特卡夫定律（Metcalfe's Law）指出，通信网络连接的用户或设备越多，其价值就会急剧上升，这是使人们与最大网络联系在一起的网络效应的来源。在某种程度上，网络或许已成为强制性的存在，就像接入互联网和使用电话联络已经成为日常生活的一部分，而不仅仅是美好的东西。如果其他人都在用 Facebook，那就更难转用 diaspora* 或 Facebook 的其他竞争对手。一个用户可能花了数年时间才在 Facebook 上建立起自己的社交网络，以便与生活中各方面的人建立联系。显然此时再切换到一个新的社交网络，并试图说服你的 Facebook 好友和你一起切换，几乎是不可能的。因为网络链接的捆绑效应非常强大，相应的锁定及转换成本巨大，这是非常现实的问题（尽管网络效应也可以在当代媒体环境中迅速建立起来——想想 Facebook 决定收购 WhatsApp 和 Instagram，而不是与它们竞争，这就是对这些平台已经建立起来的网络效应的认可）。

不过，diaspora* 证明了在分布式模式下建立一个非商业、非专有的社交媒体网络是可能的，它还没有成功并不意味着这样的网络就不能成功。其他网络工具也在争创分布式或联合式的社交媒体平台（在我写这篇文章的时候，示例就有包括 Friendica、Crabgrass、Maidsafe、Lorea 等）。在这里这种分布式社交媒体平台承担了一个重要的使命，也是我们理解新兴分布式公民身份的一个重要案例。它的作用应该参照蒂姆·伯纳斯－李在 2010 年发出的警告来看待。伯纳斯－李在《科学美国人》（*Scientific American*）中写道，在他创建第一个网站 20 年后，他注意到，社交媒体平台利用网络的开放标准取得了成功，但现在，在建立中央网络时却颠覆了这种开放性:"一旦你将数据输入其中一个服务站点,你就无法在另一个站点上轻易使用它们。这时候每个站点都是一个筒仓,是与其他站点隔离开的"(Berners-Lee 2010:82)。这样的"筒仓"发展得越多,规模最大、访问量最大的网站采用"筒仓"的方式就越多,网络因此不再会变得越普及,未来的创新者就越难以利用同样的开放性,而之前正是这种开放性很容易让"筒仓"站点占据垄断地位。由于网络太重要,太有价值了,不能再让少数几家公司按照自己的设想来改造它。

结　论

上面的每个案例研究都有其局限性,当然,也有其批评者。如果用一种并非准确的描述来形容的话,某种程度上而言,#占领运动受到了广泛(如果不是准确的话)批评,批评者指责它缺乏明确的目标并且未能实现这些目标。"科尼2012"运动很快达到顶峰,并成为自己成功的牺牲品,其意想不到的传播速度和知名度使得其创建者受到了与原主角约瑟夫·科尼同样的关注和审查,并分散了支持者对该运动原定高潮日行动的注意力。另外,比特币和其他加密货币尚未被广泛接受,因为它易受波动性和不安全性的影响,并在某种程度上受到其早期使用者的非法和犯罪行为的影响。而到目前为止,如前所述的第四个案例 diaspora* 也并没有获得足够多的用户。

然而,通过这些研究,我们毕竟已经发现了一种新形态的公民身份的轮廓——一种分布式公民身份,其特征是创造性、共享性和可见性,具有新兴的交流伦理意识,通过网络、责任和空间分布。#占领运动是一个典型的分布式网络运动,它有无数个连接点,却没有中央监督或控制中心。在实际现场的集会中,它强调反对特权,赞同分布式的集会参与模式,这一运动在全球范围内得到了响应和配合。"科尼2012"运动试图将行动和参与权下放给主要由中小学生和大学生构成的支持者,这些支持者集中在不同的分布式网络中,尽管它强调这些人的作用,但这一作用因为预先包装了价值30美元的Action Kit而被削弱,Action Kit包括贴纸、模板和海报:这引发了中心和分布之间的紧张关系,而显然这对中心不利。在呼吁全世界的人们认识到他们有责任参与解决某个特定的地方问题时，对"科尼2012"运动的关注可谓将分布式的公民身份激活了。比特币和其他加密货币都是分布式项目，用户、项目发起人和投资人在不断变化的实践联盟中聚集在一起，形成了一整套社会关系，在这套社会关系中，价值的确立有别于既有的金融体系。而diaspora*平台包括一个拥有无数分布式服务器的全球网络，每台服务器都运行一个通用的软件系统，都与其他服务器相连，但同时每台服务器都是自治和独立的——不仅在网络拓扑或物理空间是分布式的，而且在道德和责任方面是分布式的，而这正是diaspora*要从硅谷的权利中夺回的东西。由此我们看到，以上每一个案例都勾勒出社交媒体场域中一种新兴公民形式的轮廓——这一轮廓的特征并非从文化的角度描述我们是谁，而是从网络媒体的角度描述我们在做什么。

结　语

　　社交媒体吸引和激发了数百万人的注意力和想象力，它同时还收集了这些人的个人信息，并将这些人的日常生活转化为商业数据。这本书试图在社交媒体的创意和商业化这两个极端之间游走，在承认社交媒体带来乐趣和令人兴奋的创意的同时，也仔细审视它们存在的问题。我们之前从未遇到过地球上五分之一的人使用同一个链接数据库来展示自己并互相观察的情况，这实在很奇妙，很令人困扰，当然也很危险。

　　本书自始至终都认为当代媒体环境最突出的特征是内容、云计算和传播的融合。所有形式的媒介内容如今都数字化了，计算机成为体验这些内容默认的方式，而无论是内容还是体验，都可以在各种规模的网络上传播。新老媒体行业都在探索这种融合的可能性。社交媒体是建立在所有这些可能性之上的媒体产业。它们的技术基础和可供性、它们的商业模式以及受众接受和适应它们的独特方式，都因为融合而成为可能。

　　正如我们在前面章节中所看到的，社交媒体的关键元素是公共传播与个人交流的融合。这给我们深入了解这二者带来了挑战。我们对各种公共传播体系及其技术、经济、文化和文本形式的理解，在很大程度上仍然采用 20 世纪的广播电视范式。它仍然假设意义的生产是被赋权了的，并将其传播给分散的但同时存在的观众。它仍然假设意义是为销售而产生的，而且是倾向于主动公开的。它假设媒体行业生产和传播文本（想法和图像，故事和歌曲）是给那些能听不会说、能读不会写的观众。它假定成功的传播可以量化——受众越多，意义就越重大。它假设坐在家里看电视的用户对其他所有人都不可见。它假设共享传播的公共品质为生产者和监管者带来特定的责任——这些责任的大小由标准和品味、风险和危害、文化期望的界定和满足（如果不能满足就会受到挑战）等因素决定。关于媒介审查和使用的争论，关于在稀缺的公共言论中如何限制言论尺度，关于声音和制作者的许可和认证的争论,所有这些都取决于媒体的公共品质。而所有这些关于传统媒体的假设都因其与个人交流形式的融合而受到挑战。

我们认为我们对个人交流的了解也需要重新审视,因为它已经与公共传播融合了。意义的给予和获取,试图施加影响或者取得共识的尝试,遵循表达习惯和保持好奇心,一对一交流中意想不到的惊喜或伤害,友谊和爱(或者恨)——所有这些现在都可以被其他人看到,重构我们希望为观众表演的自我,而观众可能会喜欢另一种的表演。由此不仅会改变我们的理解,也会改变我们展示自己的方式。如果我们的自我是一系列的表演,那么我们选择表演的自我——我们的行为——就可能会改变。向错误的接收者发送错误信息的风险是如此之高:不是点击错误的电子邮件地址的风险,而是在错误的舞台上表演的风险。它可能涉及由马威克(Marwick 2013a)讨论的那些"安全工作"(Safe For Work)角色的出现,也可能会出现更多像4chan这样的特权匿名空间,或者像Snapchat这样被认为是短暂的参与系统。

那些为了利用融合的各种可能性而出现的社交媒体公司往往对创建自己的内容不太感兴趣。别人会这么做的。它们是计算机公司、软件企业,它们找到了将人与信息连接起来的新方法——从谷歌的"组织世界信息"(orgnizing the world's information)项目,到苹果的iTunes商店对内容产业的颠覆,再到Spotify对商店这一概念的颠覆。社交媒体代表了一种新的媒体生产方式,内容通过媒介公司共享和传播,而不是由媒介公司编写和制作,这在某种意义上是寄生的。这也是关于社交媒体和无偿劳动的争论不够准确的一个方面,因为社交媒体平台的用户并没有被征召去无偿制作电视剧或电影。

就像我们在第二章看到的那样,关于这个新的共享行业的一个警告是它选择的呈现和保留其商业身份的方式。比如汽车行业通常相当开放,因为它所有项目的目标很明确,即为了盈利而制造和销售汽车。但共享行业通常不会明确公开其项目是制作和销售其用户的数据,相反,它混淆和回避,躲藏在其实际上应当承担的使命背后,其使命是促进全球互联,通过分享使人们的生活更充实。

在社交媒体的融合空间里，新闻报道需要重新考虑其责任和权威性。比如谁对谁负责，什么样的权威才重要？作为非选举产生的民主的保护者，新闻媒体的第四权理想在20世纪晚期已经难以为继，彼时全球最具影响力的新闻机构几乎都已经被庞大的传播集团并购或收购，其盈利动机和运营方式发生了变化，新闻机构与其信息监管机构的角色格格不入。进入21世纪，这一点得到凸显，英国小报的电话窃听丑闻不仅揭示了新闻界与第四权理想的距离越来越远，还揭示了数字通信技术的迅猛发展如何使用户受到掠夺性组织的监控（这桩丑闻及其后果，参见Fenton 2012和Barnett 2013）。

随着越来越多的人通过社交媒体平台获取新闻，这些平台的运营商在某些情况下成为争夺市场份额和用户注意力的有力竞争者，无论其身份定位，还是具体运作方式，以及自我标榜，都没有给应该扮演的第四权角色留下任何空间，因此，谁对公共领域的辩论负责，谁应该提供有关公众重要和关切事项的信息？Facebook的信息流是受算法控制的，它通过技术加权在促使用户披露并分享更多信息的过程中将他们的个人信息卖给广告商。这种诱使用户做出回应，以便更好地包装用户进行销售的机制，与作为公共服务信息提供者的机制是不兼容的。既然责任对传统新闻行业来说是一个不可回避的问题，那么社交媒体行业也不能回避这个问题。

在社交媒体环境中，权威的内涵也发生了变化。目前传统新闻行业面临的最大问题之一是还在依赖地位高的权威人士作为信息来源，这导致新闻被描述为"负面的"、"脱离现实的"、"技术性的"和"官方的"（Schudson 1995：9）。在数字媒体环境下，新型的权威出现了——率先分享的是时间权威（自电报出现以来至关重要，但现在分布更广），以及在事发现场的空间权威。而这二者都不一定意味着对新闻的判断力或洞察力，也不一定意味着新闻就一定是准确或真实的。新闻环境中一种新型参与者也宣称他们有话语权。公民新闻是对在公共场合讲述非虚构故事权利的合法再分配。但这也创造了一种新的需要，即专业记者补充——有时是纠正——非专业记者报道的需要。

第三章对网络模因的讨论表明，思想可以通过社交媒体从一个语境转

158　社交媒体：传播交流、分享及可见性

移到另一个语境，并获得新的诠释，但也可能在这个过程中丢失一些原意。模因是测定人们在社交媒体上如何交流的一个重要指征。一个网络模因可能并不来源于单一的原创者，但是会被许多人用来通过分享和诠释以及再创改编的过程来表达他们的思想。网络模因是一个跨网络创造和分享意义的协作过程。正如我们在第六章所探讨的，从 Adbusters 到"我们是 99%"的网络模因在 # 占领运动的过程中发挥了重要作用。我们通过社交媒体创造和分享想法及图像的方式，将是数字媒体网络中发展任务新形式的公民身份的核心。随着社交媒体在人们的日常生活中越来越常见，用户和其他媒体使用和适应它们的方式也将发生变化。随着我们在当今这种社交媒体环境中变得更有读写能力（literate）和经验，我们将制定应对策略，这一策略便是社交媒介素养的建构。

社交媒介素养

在 21 世纪，读写能力意味着什么？大学的人文和社会科学教育在培养学生的媒介素养方面发挥了什么作用？毕竟，长期以来，这种教育的目的之一就是培养学生的媒介素养，以及他们在获得学位后继续这种媒介素养的能力。我希望这个问题能在某种程度上与任何可能阅读本书的人产生联系。对于学术著作的作者来说，唤起普通读者的兴趣也是职责所在，但我非常确定，大多数阅读这本书的人都是身在大学的人士，无论是作为研究人员、学生还是教师。

有关媒介素养的争论可以是公民性的——它使人们能够参与政治和社会进程，比如投票；也可以是经济性的——它使人们能够从事各种职业填补各种职位；也可以是个人的——它使人们能够发展终身学习和参与文化建构的能力（Livingtone et al. 2008）。但在 21 世纪，随着网络数字媒体越来越多地嵌入公民经济和生活的方方面面，媒介素养必须被理解为比阅读印刷文本和生产书面文字更广泛的能力。媒介素养和信息素养的问题变得越来越重要，而社交媒体的兴起将这二者联系在了一起。

媒介素养的重要性可以从一些特定机构的作用中看出来。例如，在

英国，根据 2003 年的《通信法案》(Ofcom n.d.)，通信管理局有促进媒介素养的法定义务；BBC 有一项重要的媒介素养策略，以帮助它履行现行章程中的特定公共服务义务 (BBC 2013)。但是，在大学教育中如何发展和强化新形式的媒介素养呢？从文献中可以清楚地看出，关于媒介素养的学术和政策辩论通常集中在小学和中学课程阶段。但是，从现成更成熟的媒介素养形式来看，在高等教育阶段，媒介素养和信息素养还有发展到更高水平的空间。就像大卫·冈特利特（David Gauntlett 2011b）所建议的那样，谈论教授媒介素养并不是"高人一等"。如果我们不在世界上众多大学的媒体课程中教授媒介素养，那么我们又能教授什么呢？如果我们教授这些课程，那么我们所思考的媒介素养到底包含着什么意义呢？

当我们研究 21 世纪的网络数字通信环境时，我们需要重新评估对这一环境所需技能的理解。自 20 世纪 70 年代以来，媒介素养一直是媒体专业学位课程中受到追捧的课程，是新闻或电影相关课程的一部分。这些学科提供给学生的，一部分是基于批判性读写能力的发展，使他们能够解释复杂的多模态文本，并参与意识形态和权力问题的讨论。另一个完全不同的部分是，它们提供的是基于前现代工业化时期惯用的职业技能培训。这两部分可以着重被理解为广义上的阅读和写作。因此，媒体专业的学生被教导通过符号学、话语分析和体裁研究（genre studies）等方法，或者通过各种批判理论和文化研究视角来探讨媒体文本、受众、产业和技术与各种批判和文化理论的结合，学习如何阅读。尽管它们不一定总是在相同的课程中，也不总是达到相同的比例，但也是通过各种生产技术和特定传媒产业的工艺技能培训来教导学生学习媒体写作的。这种培训可能是专业性的，由特定的行业机构认证；也可能是教育性的，旨在补充课程中其他地方需要完成的阅读量。

媒介教育的阅读和写作方法都是在特定的传播环境中——20 世纪的大众媒体范式中发展起来的。这建立在我们称之为文本集中生产的广电传播模式的基础上，它以单向的方式传播给不同规模的、分散的、基本上是同时观看的观众。它是围绕各种稀缺性（包括专业知识的稀缺性）构建起来的一种模式。在这一媒介场域中，一个非常突出的议题是媒介素养的话语具有一种保护性的视角。例如，波特（Potter）的教科书《媒介素养》（*Media Literacy*）就建议学生们"要警惕那些媒介中会让你变得迟钝的因素"（Potter 1998：369）。的确，对这种暗箱魔法的防御是必要的："广告商正是依靠这一点，在你的防御机制还没有警醒的情况下，就将它们的意念输入你的潜意识"（p. 369）。从这个角度来看，媒介素养带有一种自我保护的气质，它使得即便是弱小的个体也能通过灵活运用他们对法兰克福学派的阅读或他们对体裁的认识来战胜更强大的对手。

相比之下，信息素养则是使学习者能够处理丰富的信息——梳理、检索和判断来源越来越多的信息。它包括搜索和检索技能，识别来源和权威性，检查事实根据，判断信息准确性及其关联性的能力（Rheingold 2012：77-109 在他的信息素养分类法中将其列为"垃圾检测"）。媒介素养的概念起源于英语和社会学，而信息素养则发源于图书馆学和信息技术（Marcum 2002，Hobbs 2006）。在实践中，就像当前媒体场域中的其他事物一样（Meikle & Young 2012），这些情形正在融合中。

新兴的社交媒体场域具有连续性和变革性的特点。连续性，是指传统的媒体产业和传播系统仍然占据着千百万人日常生活的中心地位。例如，英国成年人每天看广播电视的时间平均仍为 3 小时 40 分钟（Ofcom 2015a：39）。变革性，是指随着文化表现方式的数字化和网络化，其生产和分布方式、文本系统和习惯、商业模式和监管方法也都在不断变化。有关英国成年人媒介使用的调查报告显示，英国人平均每天花两个多小时同时使用多种媒体参与交流活动——比如一边打电话一边看电视——这是他们每天花 11 个小时以上进行交流的一部分，如今这 11 个小时又被挤压到了每天 9 个多小时，在这 9 个小时里人们可以通过社交媒体同时处理很多种事务（Ofcom 2014：44）。

多年来，人们已经认识到社交媒体的连续性和变革性对大学媒介教育的挑战，但似乎往往只是通过在现有学位课程中加入数字媒体模块来应对。其实，真正有效的应对挑战的办法是重新思考媒介素养的基本功能。仅仅增加阅读不同类型的数字媒体（例如，关于视频游戏中的性别刻板印象这一常见的本科毕业论文主题）或数字媒体写作（例如，关于网页制作和设计的模块）等是不够的。相反，网络数字媒体的广泛应用和适应配置既促成了新的媒介素养，又对其提出了要求，并增加了写作和阅读的维度。有关社交媒介素养教育的呼吁日益高涨。

但人们不是已经成为具有读写能力的社交媒体用户了吗？当然，每天使用Facebook、YouTube、Instagram、Twitter，已经成为数亿人的第二天性，但媒介素养不仅仅只是指人们日常读写的能力。我们不能接受这样的假设，即在数字媒体环境中长大的人天生就对这些媒体的使用及其后果了如指掌（Buckingham 2003）。这种对"数字原住民"的世代幻想是没有用的，因为它忽略了媒介素养的问题。例如，当英国通信管理局在2014年8月发布关于英国通信行业的年度报告时，媒体以一种极具误导性的方式报道了一个关键发现，称"平均6岁的儿童比45岁的成年人更了解数字技术"（Garside 2014）。但这项研究实际上只测试了儿童和成年人是否听说过特定的数字产品和服务，而不是他们能否以理性的方式理解这些产品和服务。

每当我们听到类似关于"数字原住民"的故事（这非常典型）时，我们应该回想一下，前几代人都是在书籍的包围下长大的，但他们的文化水平参差不齐。媒介素养涉及非常广泛的技能，每一种技能都能发展到非常不同的水平。所以，正如老一辈人被教导阅读和写作时，虽然都有共同的阅读书目和写作模板［比如《荒原》（*The Waste Land*）］，却最终拥有不同的写作水平。同理，不是每个人都能在社交媒体上表现出一样的天赋、才华和潜能。2013年12月，我的一名本科生在班级博客中写道："我似乎发现，我大部分时间都在Ask Yahoo上寻找答案，它们并不总是正确的，但它们通常是最容易得到的答案。"

社交媒介素养是指社交媒体在其内容、云计算、传播的实践和概念化语境，以及媒介数字化带来的公共传播与个人交流相结合的媒介环境中，人们具备的媒介素养和信息素养。社交媒介素养不仅仅是学习如何使用特定的专有软件或设备。所以，它并不是关于为Facebook或YouTube训练"更好"的用户。这与教育的技巧和技能培养也不是一回事。我们这里讨论的不是如何使用 PowerPoint 或 Excel 并通过考试，也不仅仅是保护人们免受社交媒体带来的风险，或者警告他们不要把家庭地址等隐私信息放在 Facebook 上，或者把裸照传到 iCloud 上（尽管这些已经发生或者正在发生并且都是需要吸取的教训）。

社交媒介素养的组成结构应该是这样的：

1. 获取、解释和评估被传播素材的素养：这些能力广泛涉及网络数字环境中的阅读。它们是关于能够发现并理解思想的能力，包括浏览和创造意义的能力。它们需要用户理解软件、算法和数据库在塑造社交媒体语境的过程中的作用。

2. 再创改编、组织和写作的能力：这些能力广泛涉及网络数字语境中的写作和改编。它们是多模态的——包括再创改编图片，加工创作已有歌曲，写博客。"组织"是指重组为自己和他人创建的所有原材料——制作标签和引导话题，对播放列表和频道进行编排，以及制约社交媒体中的犯规冲动等。

3. 进行合作和分享的能力：这些能力广泛涉及与他人的互动。在第二章所探讨的分享的大部分用途，包括从出版到宣传，从交流到交融都适用于这里；我在这里排斥了"分享感"一说，因为那实质上是"营销"的委婉说法。这些能力也是将个人交流与公共传播结合在一起的一种能力，是将线下社交融入社交媒体或者说融入线上社交的能力。

我把这本书作为对社交媒介素养发展的一个小小的贡献。社交媒介素养之所以重要，有着与其他类型的素养同样复杂的原因——它是出于维护公共利益的考虑，因为它使人们能够更好地参与到有关公共意义的辩论中，并解决问题；它可以协助社会做出政治决策并贡献智谋；它可以对一系列社区（包括但不限于当地的实体社区）做出贡献并产生归属感。它也有着很重要的经济原因，因为它提供了对当代创意产业部门至关重要的一种能力（这可能使其工作人员能够掌握对涉及知识产权的问题进行重新谈判的方法）。最重要的是这与个人原因有关。社交媒介素养使人们能够以各种方式发挥其创造力；能够分享和协作，从而在网络中通过社交实现个体的社会化。它使人们能够更好地平衡数字网络世界与现实中的兴奋和快乐，以及在个人交流和公共传播融合的社交媒体环境中，规避由其随时可见性带来的风险。

参考文献

Abad-Santos, A. (2013) 'Reddit's "Find Boston Bombers" Founder Says "It Was a Disaster" but "Incredible"', *The Atlantic Wire*, 22 April, <www.thewire.com/national/2013/04/reddit-find-boston-bombers-founder-interview/64455>, accessed 24 July 2015.

Ackerman, S. and Ball, J. (2014) 'Optic Nerve: Millions of Yahoo Webcam Images Intercepted by GCHQ', *The Guardian*, 28 February, <www.theguardian.com/world/2014/feb/27/gchq-nsa-webcam-images-internet-yahoo>, accessed 24 July 2015.

Adbusters (2011) '#OCCUPYWALLSTREET: A Shift in Revolutionary Tactics', 13 July, <www.adbusters.org/blogs/adbusters-blog/occupywallstreet.html>, accessed 24 July 2015.

Allan, S. (2009) 'Histories of Citizen Journalism' in S. Allan and E. Thorsen (eds) *Citizen Journalism: Global Perspectives*, New York: Peter Lang, pp. 17–31.

Allan, S. (2013) *Citizen Witnessing*, Cambridge: Polity.

Allan, S. and Thorsen, E. (eds) (2009) *Citizen Journalism: Global Perspectives*, New York: Peter Lang.

Allen, M. (2013) 'What Was Web 2.0? Versions as the Dominant Mode of Internet History', *New Media & Society*, vol. 15, no. 2, pp. 260–275.

Alt, E. (2009) 'If Homer's Odyssey Was Written on Twitter', Holy Taco, 5 April, <www.holytaco.com/if-homers-odyssey-was-written-twitter>, accessed 24 July 2015.

Anderson, B. (1991) *Imagined Communities* (revised edition), London: Verso.

Andrejevic, M. (2012) 'Ubiquitous Surveillance' in K. Ball, K.D. Haggerty and D. Lyon (eds) *The Routledge Handbook of Surveillance Studies*, London: Routledge, pp. 91–98.

Ang, I. (1991) *Desperately Seeking the Audience*, London: Routledge.

Appadurai, A. (1996) *Modernity at Large: Cultural Dimensions of Globalization*, Minneapolis, MN: University of Minnesota Press.

Arvidsson, A. (2006) '"Quality Singles": Internet Dating and the Work of Fantasy', *New Media & Society*, vol. 8, no. 4, pp. 671–690.

Arvidsson, A. and Colleoni, E. (2012) 'Value in Informational Capitalism and on the Internet', *The Information Society*, vol. 28, no. 3, pp. 135–150.

Atton, C. (2002) *Alternative Media*, London: Sage.
Atton, C. (ed.) (2015) *The Routledge Companion to Alternative and Community Media*, London: Routledge.
Barbrook, R. and Cameron, A. (1995) 'The Californian Ideology', <www.hrc.wmin.ac.uk/theory-californianideology-main.html>, accessed 24 July 2015.
Barlow, J.P. (1996) 'A Cyberspace Independence Declaration', Electronic Frontier Foundation <https://projects.eff.org/~barlow/Declaration-Final.html>, accessed 24 July 2015.
Barnett, S. (2013) 'Leveson Past, Present and Future: The Politics of Press Regulation', *The Political Quarterly*, vol. 84, no. 3, pp. 353–361.
Barthes, R. (1981) *Camera Lucida: Reflections on Photography*, London: Vintage.
Baym, N.K. (2010) *Personal Connections in the Digital Age*, Cambridge: Polity.
Baym, N.K. (2011) 'Social Networks 2.0' in M. Consalvo and C. Ess (eds) *The Handbook of Internet Studies*, Malden, MA: Blackwell, pp. 384–405.
BBC (British Broadcasting Corporation) (2013) *BBC Media Literacy Strategy*, <www.bbc.co.uk/learning/overview/about/assets/bbc_media_literacy_strategy_may2013.pdf>, accessed 24 July 2015.
BBC Trending (2015) 'Russia's (Non) War on Memes', *BBC News*, 16 April, <www.bbc.co.uk/news/blogs-trending-32302645>, accessed 24 July 2015.
Bell, E. (2015) 'The Rise of Mobile and Social News – And What it Means for Journalism' in N. Newman with D.A. Levy and R.K. Nielsen (eds) *Reuters Institute Digital News Report 2015: Tracking the Future of News*, Oxford: Reuters Institute for the Study of Journalism, pp. 88–91.
Bellamy, R. (2008) *Citizenship*, Oxford: Oxford University Press.
Benjamin, W. (1978) [1934] 'The Author as Producer' in *Reflections*, New York: Harcourt Brace Jovanovich, pp. 220–238.
Benkler, Y. (2006) *The Wealth of Networks*, New Haven, CT: Yale University Press.
Benkler, Y. (2012) 'Sharing Nicely: On Shareable Goods and the Emergence of Sharing as a Modality of Economic Production' in M. Mandiberg (ed.) *The Social Media Reader*, New York: New York University Press, pp. 17–23.
Bennett, W.L. and Segerberg, A. (2012) 'The Logic of Connective Action', *Information, Communication & Society*, vol. 15, no. 5, pp. 739–768.
Bentham, J. (2002) 'The Penitentiary Panopticon or Inspection House' in T.Y. Levin, U. Frohne and P. Weibel (eds) *CTRL [Space]*, Cambridge, MA: MIT Press, pp. 114–119.
Bercovici, J. (2010) 'Who Coined "Social Media"? Web Pioneers Compete for Credit', *Forbes*, 9 December, <www.forbes.com/sites/jeffbercovici/2010/12/09/who-coined-social-media-web-pioneers-compete-for-credit>, accessed 24 July 2015.
Berners-Lee, T. (1999) *Weaving the Web*, London: Orion Business Books.
Berners-Lee, T. (2010) 'Long Live the Web', *Scientific American*, December, pp. 80–85.

Bilton, N. (2011) 'Masked Protesters Aid Time Warner's Bottom Line', *New York Times*, 28 August, <www.nytimes.com/2011/08/29/technology/masked-anonymous-protesters-aid-time-warners-profits.html>, accessed 24 July 2015.

Bird, S.E. and Dardenne, R.W. (1997) [1988] 'Myth, Chronicle and Story: Exploring the Narrative Qualities of News' in D. Berkowitz (ed.) *Social Meanings of News*, Thousand Oaks, CA: Sage, pp. 333–350.

Blackmore, S. (1999) *The Meme Machine*, Oxford: Oxford University Press.

Bogost, I., Ferrari, S. and Schweizer, B. (2011) 'Newsgames: An Introduction' in G. Meikle and G. Redden (eds) *News Online: Transformations and Continuities*, Basingstoke: Palgrave Macmillan, pp. 84–98.

Bolaño, C.R.S. and Vieira, E.S. (2015) 'The Political Economy of the Internet: Social Networking Sites and a Reply to Fuchs', *Television & New Media*, vol. 16, no. 1, pp. 52–61.

Boorstin, D. (1992) [1961] *The Image*, New York: Vintage.

Bourdieu, P. (1991) *Language and Symbolic Power*, Cambridge: Polity.

Bourdieu, P. (1998) *On Television*, New York: The New Press.

Boyce, G. (1978) 'The Fourth Estate: The Reappraisal of a Concept' in G. Boyce, J. Curran and P. Wingate (eds) *Newspaper History: From the Seventeenth Century to the Present Day*, London: Constable, pp. 19–40.

boyd, d. (2006) 'Friends, Friendsters, and MySpace Top 8: Writing Community Into Being on Social Network Sites', *First Monday*, vol. 11, no. 12, <http://firstmonday.org/htbin/cgiwrap/bin/ojs/index.php/fm/article/view/1418/1336>, accessed 24 July 2015.

boyd, d. (2008) 'Facebook's Privacy Trainwreck: Exposure, Invasion and Social Convergence', *Convergence*, vol. 14, no. 1, pp. 13–20.

boyd, d. (2011) 'Social Network Sites as Networked Publics: Affordances, Dynamics, and Implications' in Z. Papacharissi (ed.) *A Networked Self: Identity, Community, and Culture on Social Network Sites*, London: Routledge, pp. 39–58.

boyd, d. (2014) *It's Complicated: The Social Lives of Networked Teens*, New Haven, CT: Yale University Press.

boyd, d. and Ellison, N.B. (2008) 'Social Network Sites: Definition, History, and Scholarship', *Journal of Computer-Mediated Communication*, vol. 13, no. 1, pp. 210–230.

boyd, d. and Crawford, K. (2012) 'Critical Questions for Big Data: Provocations for a Cultural, Technological, and Scholarly Phenomenon', *Information, Communication & Society*, vol. 15, no. 5, pp. 662–679.

Braun, J. and Gillespie, T. (2011) 'Hosting the Public Discourse, Hosting the Public', *Journalism Practice*, vol. 5, no. 4, pp. 383–398.

Brautigan, R. (1970) [1967] *The Pill Versus the Springhill Mining Disaster*, London: Jonathan Cape.

Brecht, B. (1993) [1932] 'The Radio as an Apparatus of Communication' in N. Strauss (ed.) *Radiotext(e)*, New York: Semiotext(e), pp. 15–17.

Bruns, A. (2005) *Gatewatching: Collaborative Online News Production*, New York: Peter Lang.

Bruns, A. (2011) 'News Produsage in a Pro-Am Mediasphere: Why Citizen Journalism Matters' in G. Meikle and G. Redden (eds) *News Online: Transformations and Continuities*, Basingstoke: Palgrave Macmillan, pp. 132–147.

Bruns, A. and Burgess, J. (2012) 'Researching News Discussion on Twitter', *Journalism Studies*, vol. 13, nos. 5–6, pp. 801–814.

Bucher, T. (2013) 'The Friendship Assemblage: Investigating Programmed Sociality on Facebook', *Television & New Media*, vol. 14, no. 6, pp. 479–493.

Buckingham, D. (2003) *Media Education: Literacy, Learning and Contemporary Culture*, Cambridge: Polity.

Burgess, J. (2013) 'YouTube and the Formalisation of Amateur Media' in D. Hunter, R. Lobato, M. Richardson and J. Thomas (eds) *Amateur Media: Social, Cultural and Legal Perspectives*, New York: Routledge, pp. 53–58.

Burgess, J. and Green, J. (2009) *YouTube*, Cambridge: Polity.

Burns, A. (2015) 'In Full View: Involuntary Porn and the Postfeminist Rhetoric of Choice' in C. Nally and A. Smith (eds) *Twenty-First Century Feminism: Forming and Performing Femininity*, Basingstoke: Palgrave Macmillan, pp. 93–118.

Campbell, J. (1949) *The Hero with a Thousand Faces*, London: Paladin.

Carey, J. (1989) *Communication as Culture*, New York: Routledge.

Carr, N. (2014) 'The Manipulators: Facebook's Social Engineering Project', *Los Angeles Review of Books*, 14 September, <http://lareviewofbooks.org/essay/manipulators-facebooks-social-engineering-project>, accessed 24 July 2015.

Castells, M. (1998) *End of Millennium*, Oxford: Blackwell.

Castells, M. (2001) *The Internet Galaxy*, Oxford: Oxford University Press.

Castells, M. (2004) *The Power of Identity* (second edition), Oxford: Blackwell.

Castells, M. (2009) *Communication Power*, Oxford: Oxford University Press.

Castells, M. (2012) *Networks of Outrage and Hope*, Cambridge: Polity.

Chandler, A. and Neumark, N. (eds) (2005) *At a Distance: Precursors to Art and Activism on the Internet*, Cambridge, MA: MIT Press.

Chen, A. (2011) 'How a 14-Year-Old Girl Became an Unwilling Internet Pin-Up', Gawker, 23 September <http://gawker.com/5843355/how-a-14-year-old-girl-became-an-unwilling-internet-pin-up>, accessed 24 July 2015.

Chen, A. (2012) 'Unmasking Reddit's Violentacrez, the Biggest Troll on the Web', Gawker, 12 October <http://gawker.com/5950981/unmasking-reddits-violentacrez-the-biggest-troll-on-the-web>, accessed 24 July 2015.

Cheung, C. (2007) 'Identity Construction and Self-Presentation on Personal Homepages: Emancipatory Potentials and Reality Constraints' in D. Bell and B.M. Kennedy (eds) *The Cybercultures Reader* (second edition), London: Routledge, pp. 273–285.

Coleman, G. (2014) *Hacker, Hoaxer, Whistleblower, Spy: The Many Faces of Anonymous*, London: Verso.

Connery, B.A. (1997) 'IMHO: Authority and Egalitarian Rhetoric in the Virtual Coffeehouse' in D. Porter (ed.) *Internet Culture*, London: Routledge, pp. 161–179.

Crawford, K. (2011) 'News to Me: Twitter and the Personal Networking of News' in G. Meikle and G. Redden (eds) *News Online: Transformations and Continuities*, Basingstoke: Palgrave Macmillan, pp. 115–131.

Crawford, K. (2012) 'Four Ways of Listening with an iPhone' in L. Hjorth, J. Burgess and I. Richardson (eds) *Studying Mobile Media: Cultural Technologies, Mobile Communication, and the iPhone*, New York: Routledge, pp. 213–228.

Critical Art Ensemble (1994) *The Electronic Disturbance*, New York: Autonomedia.

Critical Art Ensemble (1995) *Electronic Civil Disobedience and Other Unpopular Ideas*, New York: Autonomedia.

Curran, J. and Seaton, J. (2010) *Power without Responsibility: The Press, Broadcasting, and New Media in Britain* (seventh edition), London: Routledge.

David, M. (2010) *Peer to Peer and the Music Industry: The Criminalization of Sharing*, London: Sage.

Dawkins, R. (1976) *The Selfish Gene*, Oxford: Oxford University Press.

Dayan, D. (2009) 'Sharing and Showing: Television as Monstration', *Annals of the American Academy of Political and Social Science*, September, vol. 625, pp. 19–31.

Debord, G. and Wolman, G. (2009) [1956] 'Directions for the Use of Détournement' in D. Evans (ed.) *Appropriation*, London: Whitechapel Gallery, pp. 35–39.

Deleuze, G. (1992) 'Postscript on the Societies of Control', *October*, no. 59, pp. 3–7.

Delwiche, A. and Henderson, J.J. (2013) 'Introduction: What Is Participatory Culture?' in A. Delwiche and J.J. Henderson (eds) *The Participatory Cultures Handbook*, New York: Routledge, pp. 3–9.

DCMS (Department for Culture, Media and Sport [UK]) (2001) *Creative Industries: Mapping Document 2001*, London: Department for Culture, Media and Sport.

Dery, M. (1993) *Culture Jamming: Hacking, Slashing and Sniping in the Empire of Signs*, Westfield, NJ: Open Magazine Pamphlet Series no. 25.

Dery, M. (1996) *Escape Velocity: Cyberculture at the End of the Century*, New York: Grove Press.

Deuze, M. (2007) *Media Work*, Cambridge: Polity.

Douglas, N. (2014) 'It's Supposed to Look Like Shit: The Internet Ugly Aesthetic', *Journal of Visual Culture*, vol. 13, no. 3, pp. 314–339.

Downey, G.J. (2014) 'Making Media Work: Time, Space, Identity, and Labor in the Analysis of Information and Communication Infrastructures' in T. Gillespie, P.J. Boczkowski and K.A. Foot (eds) *Media Technologies*, Cambridge, MA: MIT Press, pp. 141–165.

Downing, J. with Ford, T.V., Gil, G. and Stein, L. (2001) *Radical Media: Rebellious Communication and Social Movements*, Thousand Oaks, CA: Sage.

Duggan, M. and Smith, A. (2013) '6% of Online Adults are Reddit Users', Pew Internet Project, 3 July, <www.pewinternet.org/2013/07/03/6-of-online-adults-are-reddit-users>, accessed 24 July 2015.

Duncombe, S. (1997) *Notes from Underground: Zines and the Politics of Alternative Culture*, London: Verso.

Economist (2014) 'How Guy Fawkes Became the Face of Post-Modern Protest', 4 November, <www.economist.com/blogs/economist-explains/2014/11/economist-explains-3>, accessed 24 July 2015.

Eggers, D. (2014) *The Circle*, London: Hamish Hamilton.
Ellison, N.B. and boyd, d.m. (2013) 'Sociality through Social Network Sites' in W.H. Dutton (ed.) *The Oxford Handbook of Internet Studies*, Oxford: Oxford University Press, pp. 151–172.
Elmer, G. (2002) 'Consumption in the Network Age: Solicitation, Automation, and Networking', *Convergence*, vol. 8, no. 1, pp. 86–99.
Enzensberger, H.M. (2003) [1970] 'Constituents of a Theory of the Media' in N. Wardrip-Fruin and N. Montfort (eds) *The New Media Reader*, Cambridge, MA: MIT Press, pp. 261–275.
Ericson, R.V., Baranek, P.M. and Chan, J.B.L. (1989) *Negotiating Control: A Study of News Sources*, Milton Keynes: Open University Press.
erik [hueypriest] (2013) 'Reflections on the Recent Boston Crisis', blog.reddit, 22 April, <www.redditblog.com/2013/04/reflections-on-recent-boston-crisis.html>, accessed 24 July 2015.
Ess, C. (2014) *Digital Media Ethics*, second edition, Cambridge: Polity.
Esteves, V. and Meikle, G. (2015) 'LOOK @ THIS FUKKEN DOGE' in C. Atton (ed.) *The Routledge Companion to Alternative and Community Media*, London: Routledge, pp. 561–570.
Evans, H. (1978) *Pictures on a Page*, London: Pimlico.
Facebook, Inc. (2013) *Annual Report 2012*, <http://investor.fb.com/annuals.cfm>, accessed 24 July 2015.
Facebook, Inc. (2015) *Form 10-K (Annual Report)*, 29 January, <http://investor.fb.com/financials.cfm>, accessed 24 July 2015.
Fairclough, N. (1995) *Critical Discourse Analysis*, London: Longman.
Fairclough, N. (2003) *Analysing Discourse: Textual Analysis for Social Research*, London: Routledge.
Feifer, J. (2013) 'Obama's Funeral Selfie Is a Fitting End to My Tumblr – Selfies at Funerals', *The Guardian*, 11 December, <www.theguardian.com/commentisfree/2013/dec/11/obama-funeral-selfie-tumblr-mandela-teens>, accessed 24 July 2015.
Fenton, N. (2012) 'Telling Tales: Press, Politics, Power, and the Public Interest', *Television & New Media*, vol. 13, no. 1, pp. 3–6.
Fiske, J. (1990) *Introduction to Communication Studies* (second edition), London: Routledge.
Foucault, M. (1977) *Discipline and Punish*, Harmondsworth: Penguin.
Foucault, M. (1980) 'The Eye of Power' in C. Gordon (ed.) *Power/Knowledge: Selected Interviews and Other Writings 1972–1977*, Brighton: Harvester Press, pp. 146–165.
Fowler, R. (1991) *Language in the News*, London: Routledge.
Frasca, G. (2004) 'Videogames of the Oppressed: Critical Thinking, Education, Tolerance, and Other Trivial Issues' in P. Harrigan and N. Wardrip-Fruin (eds) *First Person: New Media as Story, Performance, and Game*, Cambridge, MA: MIT Press, pp. 85–94.
Fuchs, C. (2011) 'An Alternative View of Privacy on Facebook', *Information*, vol. 2, no. 1, pp. 140–165.

Fuchs, C. (2014a) *Digital Labour and Karl Marx*, London: Routledge.
Fuchs, C. (2014b) *Social Media: A Critical Introduction*, London: Sage.
Fuchs, C. (2014c) *OccupyMedia! The Occupy Movement and Social Media in Crisis Capitalism*, Winchester: Zero Books.
Fuchs, C. (2015a) 'Baidu, Weibo and Renren: The Global Political Economy of Social Media in China', *Asian Journal of Communication*, DOI:10.1080/01292986.2015.1041537.
Fuchs, C. (2015b) 'Against Divisiveness: Digital Workers of the World Unite! A Rejoinder to César Bolaño', *Television & New Media*, vol. 16, no. 1, pp. 62–71.
Galtung, J. and Ruge, M.H. (1965) 'The Structure of Foreign News', *Journal of Peace Research*, vol. 2, no. 1, pp. 64–91.
Gans, H.J. (1979) *Deciding What's News*, New York: Pantheon.
Gans, H.J. (2009) 'Can Popularization Help the News Media?' in B. Zelizer (ed.) *The Changing Faces of Journalism: Tabloidization, Technology and Truthiness*, New York: Routledge, pp. 17–28.
Garrett, P. and Bell, A. (eds) (1998) *Approaches to Media Discourse*, Oxford: Blackwell.
Garside, J. (2014) 'Ofcom: Six-year-olds Understand Digital Technology Better than Adults', *The Guardian*, 7 August, <www.theguardian.com/technology/2014/aug/07/ofcom-children-digital-technology-better-than-adults>, accessed 24 July 2015.
Gauntlett, D. (2011a) *Making is Connecting*, Cambridge: Polity.
Gauntlett, D. (2011b) *Media Studies 2.0, and Other Battles around the Future of Media Research*, self-published Kindle e-book.
Gellman, B. and Poitras, L. (2013) 'U.S., British Intelligence Mining Data from Nine U.S. Internet Companies in Broad Secret Program', *Washington Post*, 7 June, <www.washingtonpost.com/investigations/us-intelligence-mining-data-from-nine-us-internet-companies-in-broad-secret-program/2013/06/06/3a0c0da8-cebf-11e2-8845-d970ccb04497_story.html>, accessed 24 July 2015.
Gerbaudo, P. (2012) *Tweets and the Streets: Social Media and Contemporary Activism*, Pluto: London.
Gibson, W. (1984) *Neuromancer*, London: HarperCollins.
Gibson, W. (1986) 'Burning Chrome', collected in (1995) *Burning Chrome and Other Stories*, London: HarperCollins.
Gillespie, T. (2010) '"The Politics of "Platforms"', *New Media & Society*, vol. 12, no. 3, pp. 347–364.
Gillespie, T. (2014) 'The Relevance of Algorithms' in T. Gillespie, P.J. Boczkowski and K.A. Foot (eds) *Media Technologies*, Cambridge, MA: MIT Press, pp. 167–193.
Godwin, M. (1994) 'Meme, Counter-meme', *Wired*, 2.10, <http://archive.wired.com/wired/archive/2.10/godwin.if.html>, accessed 24 July 2015.
Goffey, A. (2008) 'Algorithm' in M. Fuller (ed.) *Software Studies: A Lexicon*, Cambridge, MA: MIT Press, pp. 15–20.
Goffman, E. (1959) *The Presentation of Self in Everyday Life*, London: Penguin.
Goggin, G. (2006) *Cell Phone Culture*, New York: Routledge.
Goggin, G. (2011) *Global Mobile Media*, New York: Routledge.

Goggin, G. (2012) 'The iPhone and Communication' in L. Hjorth, J. Burgess and I. Richardson (eds) *Studying Mobile Media: Cultural Technologies, Mobile Communication, and the iPhone*, New York: Routledge, pp. 11–27.

Goggin, G. (2014) 'Facebook's Mobile Career', *New Media & Society*, vol. 16, no. 7, pp. 1068–1086.

Goggin, G. and Hjorth, L. (eds) (2014) *The Routledge Companion to Mobile Media*, London: Routledge.

Goldsmith, B. (2014) 'The Smartphone App Economy and App Ecosystems' in G. Goggin and L. Hjorth (eds) *The Routledge Companion to Mobile Media*, New York: Routledge, pp. 171–180.

Golumbia, D. (2015) 'Bitcoin as Politics: Distributed Right-Wing Extremism' in G. Lovink, N. Tkacz and P. de Vries (eds) *MoneyLab Reader: An Intervention in Digital Economy*, Amsterdam: Institute of Network Cultures, pp. 118–131.

Green, J. and Jenkins, H. (2011) 'Spreadable Media: How Audiences Create Value and Meaning in a Networked Economy' in V. Nightingale (ed.) *The Handbook of Media Audiences*, Malden, MA: Blackwell, pp. 109–127.

Green, N. and Haddon, L. (2009) *Mobile Communications*, Oxford: Berg.

Greenwald, G. (2014) *No Place to Hide: Edward Snowden, the NSA, and the U.S. Surveillance State*, New York: Metropolitan Books.

Greenwald, G. and MacAskill, E. (2013a) 'NSA Prism Program Taps in to User Data of Apple, Google and Others', *The Guardian*, 7 June, <www.theguardian.com/world/2013/jun/06/us-tech-giants-nsa-data>, accessed 24 July 2015.

Greenwald, G. and MacAskill, E. (2013b) 'Boundless Informant: The NSA's Secret Tool to Track Global Surveillance Data', *The Guardian*, 11 June, <www.theguardian.com/world/2013/jun/08/nsa-boundless-informant-global-datamining>, accessed 24 July 2015.

Greenwald, G., MacAskill, E., Poitras, L., Ackerman, S. and Rushe, D. (2013) 'Microsoft Handed the NSA Access to Encrypted Messages', *The Guardian*, 12 July, <www.theguardian.com/world/2013/jul/11/microsoft-nsa-collaboration-user-data>, accessed 24 July 2015.

Gregg, M. (2011) *Work's Intimacy*, Cambridge: Polity.

Grossman, L. (2006) 'You – Yes, You – Are TIME's Person of the Year', *Time*, 25 December, <http://content.time.com/time/magazine/article/0,9171,1570810,00.html>, accessed 24 July 2015.

Guertin, C. and Buettner, A. (2014) 'Introduction: "We Are the Uninvited"', *Convergence*, vol. 20, no. 4, pp. 377–386.

Hall, S. (1981) 'The Determinations of News Photographs' in S. Cohen and J. Young (eds) *The Manufacture of News* (revised edition), London: Constable, pp. 226–243.

Hansen, A. and Machin, D. (2013) *Media and Communication Research Methods: An Introduction*, Basingstoke: Palgrave Macmillan.

Harding, J. (2015) 'Future of News', BBC, 28 January, <www.bbc.co.uk/news/magazine-30933261>, accessed 24 July 2015.

Harding, L. (2014) 'Footage Released of Guardian Editors Destroying Snowden Hard Drives', *The Guardian*, 31 January, <www.theguardian.com/uk-news/2014/

jan/31/footage-released-guardian-editors-snowden-hard-drives-gchq>, accessed 24 July 2015.
Hartley, J. (1999) *Uses of Television*, London: Routledge.
Hartley, J. (2000) 'Communicative Democracy in a Redactional Society: The Future of Journalism Studies', *Journalism: Theory, Practice and Criticism*, vol. 1, no. 1, pp. 39–48.
Hartley, J. (2008) *Television Truths*, Malden, MA: Blackwell.
Hartley, J. (2009) *Uses of Digital Literacy*, St. Lucia: University of Queensland Press.
Hartley, J. (2012) *Digital Futures for Cultural and Media Studies*, Oxford: Wiley-Blackwell.
Hartley, J., Potts, J., Cunningham, S., Flew, T., Keane, M. and Banks, J. (2013) *Key Concepts in Creative Industries*, London: Sage.
Hartley, J. (ed.) (2005) *Creative Industries*, Malden, MA: Blackwell.
Hermida, A., Fletcher, F., Korell, D. and Logan, D. (2012) 'Share, Like, Recommend', *Journalism Studies*, vol. 13, nos. 5–6, pp. 815–824.
Hindman, M. (2009) *The Myth of Digital Democracy*, Princeton, New Jersey: Princeton University Press.
Hinton, S. and Hjorth, L. (2013) *Understanding Social Media*, London: Sage.
Hjorth, L. (2012) 'iPersonal: A Case Study of the Politics of the Personal' in L. Hjorth, J. Burgess and I. Richardson (eds) *Studying Mobile Media: Cultural Technologies, Mobile Communication, and the iPhone*, New York: Routledge, pp. 190–212.
Hjorth, L., Burgess, J. and Richardson, I. (2012) 'Studying the Mobile: Locating the Field' in L. Hjorth, J. Burgess and I. Richardson (eds) *Studying Mobile Media: Cultural Technologies, Mobile Communication, and the iPhone*, New York: Routledge, pp. 1–7.
Hjorth, L., Wilken, R. and Gu, K. (2012) 'Ambient Intimacy: A Case Study of the iPhone, Presence and Location-based Social Media in Shanghai, China' in L. Hjorth, J. Burgess and I. Richardson (eds) *Studying Mobile Media: Cultural Technologies, Mobile Communication, and the iPhone*, New York: Routledge, pp. 43–62.
Hjorth, L. and Arnold, M. (2013) *Online@AsiaPacific: Mobile, Social and Locative Media in the Asia-Pacific*, New York: Routledge.
Hjorth, L. and Khoo, O. (eds) (2015) *The Routledge Handbook of New Media in Asia*, New York: Routledge.
Hobbs, R. (2006) 'Multiple Visions of Multimedia Literacy: Emerging Areas of Synthesis' in M.C. McKenna, L.D. Labbo, R.D. Kieffer and D. Reinking (eds) *International Handbook of Literacy and Technology, Volume II*, Mahwah, NJ: Lawrence Erlbaum Associates, pp. 15–28.
Hodge, R. and Kress, G. (1993) *Language as Ideology*, London: Routledge.
ITU (International Telecommunication Union) (2015) 'The World in 2015: ICT Facts and Figures' <www.itu.int/en/ITU-D/Statistics/Documents/facts/ICTFactsFigures2015.pdf>, accessed 24 July 2015.
Jäger, S. (2001) 'Discourse and Knowledge: Theoretical and Methodological Aspects of a Critical Discourse and Dispositive Analysis' in R. Wodak and M. Meyer (eds) *Methods of Critical Discourse Analysis*, London: Sage, pp. 32–62.

Jenkins, H. (2003) 'Quentin Tarantino's Star Wars? Digital Cinema, Media Convergence, and Participatory Culture,' in D. Thorburn and H. Jenkins (eds) *Rethinking Media Change*, Cambridge, MA: MIT Press, pp. 281–312.

Jenkins, H. (2008) [2006] *Convergence Culture* (updated edition), New York: New York University Press.

Jenkins, H. (2009) 'What Happened before YouTube' in J. Burgess and J. Green *YouTube*, Cambridge: Polity, pp. 109–125.

Jenkins, H., Green, J. and Ford, S. (2013) *Spreadable Media*, New York: New York University Press.

John, N.A. (2013) 'Sharing and Web 2.0: The Emergence of a Keyword', *New Media & Society*, vol. 15, no. 2, pp. 167–182.

Jordan, J. (1998) 'The Art of Necessity: The Subversive Imagination of Anti-Road Protest and Reclaim the Streets' in G. McKay (ed.) *DiY Culture: Party & Protest in Nineties Britain*, London: Verso, pp. 129–151.

Joyce, D. (2005) 'An Unsuspected Future in Broadcasting: Negativland' in A. Chandler and N. Neumark (eds) *At a Distance: Precursors to Art and Activism on the Internet*, Cambridge, MA: MIT Press, pp. 176–189.

Kang, C. (2015) 'The Real Reasons Why Youtube's 5 Biggest Stars Became Millionaires', *Washington Post*, 23 July, <www.washingtonpost.com/blogs/the-switch/wp/2015/07/23/how-these-5-youtube-stars-became-millionaires-and-why-you-wont-be-joining-them-anytime-soon>, accessed 24 July 2015.

Kang, J.C. (2013) 'Should Reddit Be Blamed for the Spreading of a Smear?', *New York Times*, 25 July, <www.nytimes.com/2013/07/28/magazine/should-reddit-be-blamed-for-the-spreading-of-a-smear.html>, accessed 24 July 2015.

Katz, E. (1992) 'The End of Journalism? Notes on Watching the War', *Journal of Communication*, vol. 42, no. 3, pp. 5–13.

Kennedy, J. (2013) 'Rhetorics of Sharing: Data, Imagination, and Desire' in G. Lovink and M. Rasch (eds) *Unlike Us Reader: Social Media Monopolies and their Alternatives*, Amsterdam: Institute of Network Cultures, pp. 127–136.

Kirkpatrick, D. (2010) *The Facebook Effect*, New York: Simon & Schuster.

Kramer, A.D.I., Guillory, J.E. and Hancock, J.T. (2014) 'Experimental Evidence of Massive-Scale Emotional Contagion through Social Networks', *Proceedings of the National Academy of Sciences*, vol. 111, no. 24, pp. 8788–8790.

Kress, G. and Van Leeuwen, T. (2001) *Multimodal Discourse*, London: Arnold.

Krotoski, A. (2010) 'Meet the Cyber Radicals Using the Net to Change the World', *Observer*, 28 November, 'New Review' section, pp. 8–11.

Lambert, A. (2013) *Intimacy and Friendship on Facebook*, Basingstoke: Palgrave Macmillan.

Lanier, J. (2010) *You Are Not a Gadget*, New York: Vintage.

Lasn, K. (1999) *Culture Jam*, New York: Eagle Brook.

Latour, B. (1991) 'Technology Is Society Made Durable' in J. Law (ed.) *A Sociology of Monsters: Essays on Power, Technology and Domination*, London: Routledge, pp. 103–131.

Latour, B. (2005) *Reassembling the Social: An Introduction to Actor-Network-Theory*, Oxford: Oxford University Press.

Leadbeater, C. (2008) *We-Think*, London: Profile.
Leiner, B.M., Cerf, V.G., Clark, D.D., Kahn, R.E., Kleinrock, L., Lynch, D.C., Postel, J., Roberts, L.G. and Wolff, S. (2000) 'A Brief History of the Internet', Internet Society, <www.internetsociety.org/internet/what-internet/history-internet/brief-history-internet>, accessed 24 July 2015.
Lessig, L. (2006) '(Re)creativity: How Creativity Lives' in H. Porsdam (ed.) *Copyright And Other Fairy Tales: Hans Christian Andersen and the Commodification of Creativity*, Cheltenham: Edward Elgar Publishing, pp. 15–22.
Lessig, L. (2008) *Remix*, London: Bloomsbury Academic.
Lévy, P. (1997) *Collective Intelligence*, Cambridge, MA: Perseus Books.
Levy, S. (2013) 'Mark Zuckerberg on Facebook Home, Money, and the Future of Communication', *Wired*, 4 April, <www.wired.com/2013/04/Facebookqa>, accessed 24 July 2015.
Licklider, J.C.R. and Taylor, R.W. (1999) [1968] 'The Computer as a Communication Device' in P.A. Mayer (ed.) *Computer Media and Communication: A Reader*, Oxford: Oxford University Press, pp. 97–100.
Licoppe, C. (2004) '"Connected Presence": The Emergence of a New Repertoire for Managing Social Relationships in a Changing Communication Technoscape', *Environment and Planning D: Society and Space*, vol. 22, no. 1, pp. 135–156.
Lindsay, R. and Yung, R. (2013) 'Adding What You're Doing to Status Updates', 10 April, <http://newsroom.fb.com/news/2013/04/adding-what-youre-doing-to-status-updates>, accessed 24 July 2015.
Ling, R. and Donner, J. (2009) *Mobile Communication*, Cambridge: Polity.
Liu, A. (2012) 'What Happened to the Facebook Killer? It's Complicated', *Motherboard*, 2 October, <http://motherboard.vice.com/blog/what-happened-to-the-facebook-killer-it-s-complicated>, accessed 24 July 2015.
Livingstone, S. (2008) 'Taking Risky Opportunities in Youthful Content Creation: Teenagers' Use of Social Networking Sites for Intimacy, Privacy and Self-expression', *New Media & Society*, vol. 10, no. 3, pp. 393–411.
Livingstone, S., van Couvering, E. and Thumim, N. (2008) 'Converging Traditions of Research on Media and Information Literacies' in J. Coiro, M. Knobel, C. Lankshear and D.J. Leu (eds) *Handbook of Research on New Literacies*, New York: Lawrence Erlbaum Associates, pp. 103–132.
Lobato, R., Thomas, J. and Hunter, D. (2013) 'Histories of User-Generated Content: Between Formal and Informal Media Economies' in D. Hunter, R. Lobato, M. Richardson and J. Thomas (eds) *Amateur Media: Social, Cultural and Legal Perspectives*, New York: Routledge, pp. 3–17.
Lovink, G. (2002) *Dark Fiber: Tracking Critical Internet Culture*. Cambridge, MA: MIT Press.
Lovink, G. (2008) *Zero Comments*, London: Routledge.
Lovink, G. (2011) *Networks without a Cause*, Cambridge: Polity.
Lyon, D., Haggerty, K.D. and Ball, K. (2012) 'Introducing Surveillance Studies' in K. Ball, K.D. Haggerty and D. Lyon (eds) *The Routledge Handbook of Surveillance Studies*, London: Routledge, pp. 1–11.

Madrigal, A.C. (2013) '#BostonBombing: The Anatomy of a Misinformation Disaster', *The Atlantic*, 19 April, <www.theatlantic.com/technology/archive/2013/04/-bostonbombing-the-anatomy-of-a-misinformation-disaster/275155>, accessed 24 July 2015.

Mann, S. (2014) 'Maktivism: Authentic Making for Technology in the Service of Humanity' in M. Ratto and M. Boler (eds) *DIY Citizenship: Critical Making and Social Media*, Cambridge: MA: MIT Press, pp. 29–51.

Manovich, L. (2001) *The Language of New Media*, Cambridge, MA: MIT Press.

Manovich, L. (2009) 'The Practice of Everyday (Media) Life: From Mass Consumption to Mass Cultural Production?', *Critical Inquiry*, no. 35, pp. 319–331.

Manovich, L. (2013) *Software Takes Command*, New York: Bloomsbury.

Marcum, J.W. (2002) 'Rethinking Information Literacy', *Library Quarterly*, vol. 72, no. 1, pp. 1–26.

Marquis-Boire, M., Greenwald, G. and Lee, M. (2015) 'XKEYSCORE: NSA's Google for the World's Private Communications', *The Intercept*, 1 July, <https://firstlook.org/theintercept/2015/07/01/nsas-google-worlds-private-communications>, accessed 24 July 2015.

Marshall, P.D. (2014) 'Persona Studies: Mapping the Proliferation of the Public Self', *Journalism: Theory, Practice, Criticism*, vol. 15, no. 2, pp. 153–170.

Marshall, T.H. (1992) [1950] 'Citizenship and Social Class' in T.H. Marshall and T. Bottomore, *Citizenship and Social Class*, London: Pluto, pp. 3–51.

Marvin, C. (2013) 'Your Smart Phones Are Hot Pockets to Us: Context Collapse in a Mobilized Age', *Mobile Media & Communication*, vol. 1, no. 1, pp. 153–159.

Marwick, A.E. (2013a) *Status Update: Celebrity, Publicity & Branding in the Social Media Age*, New Haven, CT: Yale University Press.

Marwick, A.E. (2013b) 'Memes', *Contexts*, vol. 12, no. 4, pp. 12–13.

Marwick, A.E. and boyd, d. (2011) 'I Tweet Honestly, I Tweet Passionately: Twitter Users, Context Collapse, and the Imagined Audience', *New Media & Society*, vol. 13, no. 1, pp. 114–133.

Marwick, A.E. and boyd, d. (2014) 'Networked Privacy: How Teenagers Negotiate Context in Social Media', *New Media & Society*, vol. 16, no. 7, pp. 1051–1067.

Mauss, M. (1954) *The Gift*, New York: Routledge.

Maxwell, R. and Miller, T. (2012) *Greening the Media*, Oxford: Oxford University Press.

McKay, G. (ed.) (1998) *DiY Culture: Party & Protest in Nineties Britain*, London: Verso.

McNair, B. (2006) *Cultural Chaos: Journalism, News and Power in a Globalised World*, London: Routledge.

Meikle, G. (2002) *Future Active: Media Activism and the Internet*, New York: Routledge.

Meikle, G. (2007) 'Stop Signs: An Introduction to Culture Jamming' in K. Coyer, T. Dowmunt and A. Fountain (eds) *The Alternative Media Handbook*, London: Routledge, pp. 166–179.

Meikle, G. (2008) 'Electronic Civil Disobedience and Symbolic Power' in A. Karatzogianni (ed.) *Cyber-conflict and Global Politics*, London: Routledge, pp. 177–187.
Meikle, G. (2012) 'Continuity and Transformation in Convergent News – The Case of WikiLeaks', *Media International Australia*, no. 144, pp. 52–59.
Meikle, G. and Young, S. (2012) *Media Convergence: Networked Digital Media in Everyday Life*, Basingstoke: Palgrave Macmillan.
Melucci, A. (1996) *Challenging Codes: Collective Action in the Information Age*, Cambridge: Cambridge University Press.
Meyrowitz, J. (1985) *No Sense of Place*, New York: Oxford University Press.
Meyrowitz, J. (1995) 'Mediating Communication: What Happens?' in J. Downing, A. Mohammadi and A. Sreberny-Mohammadi (eds) *Questioning the Media*, Thousand Oaks, CA: Sage, pp. 39–53.
Miller, D. (2011) *Tales from Facebook*, Cambridge: Polity.
Miller, P.D. (2004) *Rhythm Science*, Cambridge, MA: MIT Press.
Miller, P.D. (ed.) (2008) *Sound Unbound: Sampling Digital Music and Culture*, Cambridge, MA: MIT Press.
Miller, T. (2002) 'Cultural Citizenship' in E.F. Isin and B.S. Turner (eds) *Handbook of Citizenship Studies*, London: Sage, pp. 231–243.
Miller, T. (2007) *Cultural Citizenship: Cosmopolitanism, Consumerism and Television in a Neoliberal Age*, Philadelphia, PA: Temple University Press.
Miller, T. (2009) 'Cybertarians of the World Unite: You Have Nothing to Lose but Your Tubes!' in P. Snickars and P. Vonderau (eds) *The YouTube Reader*, Stockholm: National Library of Sweden, pp. 424–440.
Miller, V. (2008) 'New Media, Networking and Phatic Culture', *Convergence*, vol. 14, no. 4, pp. 387–400.
Mina, A.X. (2014) 'Batman, Pandaman and the Blind Man: A Case Study in Social Change Memes and Internet Censorship in China', *Journal of Visual Culture*, vol. 13, no. 3, pp. 359–375.
Montaigne, M. de (1993) 'On the Inconstancy of Our Actions' in M.A. Screech (ed.) *The Essays: A Selection*, London: Penguin, pp. 124–131.
Montgomery, D., Horwitz, S. and Fisher, M. (2013) 'Police, Citizens and Technology Factor into Boston Bombing Probe', *Washington Post*, 21 April, <www.washingtonpost.com/world/national-security/inside-the-investigation-of-the-boston-marathon-bombing/2013/04/20/19d8c322-a8ff-11e2-b029-8fb7e977ef71_print.html>, accessed 24 July 2015.
Moore, A. (1983) 'Behind the Painted Smile' introductory essay for the 1990 collected edition of *V for Vendetta*, New York: DC Comics, pp. 267–276.
Murthy, D. (2013) *Twitter*, Cambridge: Polity.
Nakamoto, S. (2008) 'Bitcoin: A Peer-to-Peer Electronic Cash System', Bitcoin, <https://bitcoin.org/bitcoin.pdf>, accessed 24 July 2015.
Naughton, J. (2012) *From Gutenberg to Zuckerberg: What You Really Need to Know about the Internet*, London: Quercus.
Negroponte, N. (1995) *Being Digital*, London: Hodder and Stoughton.

Newman, N. with Levy, D.A. and Nielsen, R.K. (eds) (2015) *Reuters Institute Digital News Report 2015: Tracking the Future of News*, Oxford: Reuters Institute for the Study of Journalism.

Nissenbaum, H. (2011) 'A Contextual Approach to Privacy Online', *Daedalus*, vol. 140, no. 4, pp. 32–48.

Nussbaum, E. (2010) 'Defacebook', *New York*, 26 September, <http://nymag.com/news/features/establishments/68512>, accessed 24 July 2015.

OECD (Organization for Economic Co-operation and Development) (2007) 'Participative Web and User-Created Content: Web 2.0, Wikis and Social Networking', <www.oecd.org/sti/ieconomy/participativewebanduser-createdcontentweb20wikisandsocialnetworking.htm>, accessed 24 July 2015.

Ofcom (n.d.) 'Media Literacy', <http://stakeholders.ofcom.org.uk/market-data-research/other/media-literacy>, accessed 24 July 2015.

Ofcom (2014) *The Communications Market Report 2014*, August, <http://stakeholders.ofcom.org.uk/market-data-research/market-data/communications-market-reports/cmr14>, accessed 24 July 2015.

Ofcom (2015a) *The Communications Market Report 2015*, August, <http://stakeholders.ofcom.org.uk/market-data-research/market-data/communications-market-reports/cmr15>, accessed 26 September 2015.

Ofcom (2015b) *Adults' Media Use and Attitudes*, May, <http://stakeholders.ofcom.org.uk/market-data-research/other/research-publications/adults/media-lit-10years>, accessed 24 July 2015.

O'Reilly, T. (2005) 'What Is Web 2.0? Design Patterns and Business Models for the Next Generation of Software', O'Reilly Media, 30 September, <www.oreilly.com/pub/a//web2/archive/what-is-web-20.html>, accessed 24 July 2015.

O'Reilly, T. (2006) 'Web 2.0 Compact Definition: Trying Again', O'Reilly Media, 10 December <http://radar.oreilly.com/2006/12/web-20-compact-definition-tryi.html>, accessed 24 July 2015.

O'Reilly, T. and Battelle, J. (2009) 'Web Squared: Web 2.0 Five Years On', Web 2.0 Summit, <www.web2summit.com/web2009/public/schedule/detail/10194>, accessed 24 July 2015.

Packer, R. and Jordan, K. (eds) (2001) *Multimedia: From Wagner to Virtual Reality*, New York: W.W. Norton.

Papacharissi, Z. (2002) 'The Presentation of Self in Virtual Life: Characteristics of Personal Home Pages', *Journalism and Mass Communication Quarterly*, vol. 79, no. 3, pp. 643–660.

Papacharissi, Z. (2009) 'The Virtual Geographies of Social Networks: A Comparative Analysis of Facebook, LinkedIn and ASmallWorld', *New Media & Society*, vol. 11, nos. 1 and 2, pp. 199–220.

Papacharissi, Z. (2015) 'We Have Always Been Social', *Social Media and Society*, vol. 1, no. 1, pp. 1–2.

Pariser, E. (2011) *The Filter Bubble*, London: Viking.

Park, R.E. (1967) [1940] 'News as a Form of Knowledge' in his *On Social Control and Collective Behavior* (ed. R.H. Turner), Chicago, IL: University of Chicago Press, pp. 33–52.

Peretti, J. (2001) 'My Nike Media Adventure', *The Nation*, 9 April, <www.thenation.com/article/my-nike-media-adventure>, accessed 24 July 2015.

Peretti, J. (2007) 'Notes on Contagious Media' in J. Karaganis (ed.) *Structures of Participation in Digital Culture*, New York: Social Science Research Council, pp. 158–163.

Peters, J.D. (1999) *Speaking Into the Air: A History of the Idea of Communication*, Chicago, IL: University of Chicago Press.

Pew Research Center (2015) 'The Evolving Role of News on Twitter and Facebook', Pew Research Center, 14 July, <www.journalism.org/files/2015/07/Twitter-and-News-Survey-Report-FINAL2.pdf>, accessed 24 July 2015.

Phillips, W. (2015) *This Is Why We Can't Have Nice Things: Mapping the Relationship between Online Trolling and Mainstream Culture*, Cambridge, MA: MIT Press.

Poitras, L. (director) (2014) *Citizenfour* [documentary feature film], New York: Praxis films, in association with Participant Media and HBO Documentary Films.

Poole, C. 'm00t' (2010) 'The Case for Anonymity Online', TED, June, <www.ted.com/talks/christopher_m00t_poole_the_case_for_anonymity_online>, accessed 24 July 2015.

Postman, N. (1985) *Amusing Ourselves to Death*, London: Methuen.

Potter, J.W. (1998) *Media Literacy*, Thousand Oaks, CA: Sage.

Pöttker, H. (2003) 'News and Its Communicative Quality: The Inverted Pyramid – When and Why Did It Appear?' *Journalism Studies*, vol. 4, no. 4, pp. 501–511.

Propp, V. (1999) 'Folklore and Literature' in M. Tatar (ed.) *The Classic Fairy Tales*, New York: W.W. Norton, pp. 378–381.

Qiu, J.L. (2012) 'Network Labor: Beyond the Shadow of Foxconn' in L. Hjorth, J. Burgess and I. Richardson (eds) *Studying Mobile Media: Cultural Technologies, Mobile Communication, and the iPhone*, New York: Routledge, pp. 173–189.

Rainie, L. and Wellman, B. (2012) *Networked: The New Social Operating System*, Cambridge, MA: MIT Press.

Rainie, L., Hitlin, P., Jurkowitz, M., Dimock, M. and Neidorf, S. (2012) 'The Viral Kony 2012 Video', Pew Internet & American Life Project, 15 March, <www.pewinternet.org/2012/03/15/the-viral-kony-2012-video>, accessed 24 July 2015.

Rantic (2014) 'The Day Emma Watson Forever Changed Gender Equality', Rantic, <www.rantic.com/emmayouarenext-hoax>, accessed 24 July 2015.

Ratto, M. and Boler, M. (eds) (2014) *DIY Citizenship: Critical Making and Social Media*, Cambridge: MA: MIT Press.

Rawnsley, G.D. and Rawnsley, M.T. (eds) (2015) *The Routledge Handbook of Chinese Media*, New York: Routledge.

Rettberg, J.W. (2014a) *Blogging*, second edition, Cambridge: Polity.

Rettberg, J.W. (2014b) *Seeing Ourselves through Technology: How We Use Selfies, Blogs and Wearable Devices to See and Shape Ourselves*, Basingstoke: Palgrave Macmillan.

Rheingold, H. (1993) *The Virtual Community: Homesteading on the Electronic Frontier*, Reading, MA: Addison-Wesley.

Rheingold, H. (2012) *Net Smart*, Cambridge, MA: MIT Press.

Rodriguez, C. (2001) *Fissures in the Mediascape: An International Study of Citizens' Media*, Cresskill, NJ: Hampton Press.

Rogers, S. (2011) *Facts Are Sacred: The Power of Data*, London: *The Guardian* [e-book].

Ronson, J. (2015) *So You've Been Publicly Shamed*, New York: Riverhead Books.

Rosen, J. (2006) 'The People Formerly Known as the Audience', PressThink, 27 June, <http://archive.pressthink.org/2006/06/27/ppl_frmr_p.html>, accessed 24 July 2015.

Roshco, B. (1975) *Newsmaking*, Chicago: University of Chicago Press.

Ross, A. (2013) 'In Search of the Lost Paycheck' in T. Scholz (ed.) *Digital Labor: The Internet as Playground and Factory*, New York: Routledge, pp. 13–32.

Rousseau, J.-J. (1987) *The Basic Political Writings*, Indianapolis: Hackett.

Rowan, D. (2014) 'How Buzzfeed Mastered Social Sharing to Become a Media Giant for a New Era', *Wired*, 2 January, <www.wired.co.uk/magazine/archive/2014/02/features/buzzfeed>, accessed 24 July 2015.

Rushkoff, D. (1994) *Media Virus*, New York: Ballantine Books.

Saul, J.R. (1994) *The Doubter's Companion*, New York: The Free Press.

Scannell, P. (2000) 'For-Anyone-As-Someone Structures', *Media, Culture & Society*, vol. 22, no. 1, pp. 5–24.

Scannell, P. and Cardiff, D. (1991) *A Social History of British Broadcasting: Volume 1 1922–1939 Serving the Nation*, Oxford: Basil Blackwell.

Schlesinger, P. (1987) [1978] *Putting 'Reality' Together: BBC News* (second edition), London: Methuen.

Scholz, T. (ed.) (2013) *Digital Labor: The Internet as Playground and Factory*, New York: Routledge.

Schudson, M. (1995) *The Power of News*, Cambridge, MA: Harvard University Press.

Schultz, J. (1998) *Reviving the Fourth Estate*, Cambridge: Cambridge University Press.

Seemann, M. (2015) *Digital Tailspin: Ten Rules for the Internet after Snowden*, Amsterdam: Institute of Network Cultures.

Share Lab (2015) 'Invisible Infrastructures: Mobile Permissions', 2 March, <http://labs.rs/en/invisible-infrastructures-mobile-permissions>, accessed 26 September 2015.

Shawcross, W. (1992) *Rupert Murdoch: Ringmaster of the Information Circus*, Sydney: Random House.

Shelton, M., Rainie, L. and Madden, M. (2015) 'Americans' Privacy Strategies Post-Snowden', Pew Research Center, 15 March, <www.pewinternet.org/2015/03/16/Americans-Privacy-Strategies-Post-Snowden>, accessed 24 July 2015.

Shifman, L. (2012) 'An Anatomy of a YouTube Meme', *New Media & Society*, vol. 14, no. 2, pp. 187–203.

Shifman, L. (2014) *Memes in Digital Culture*, Cambridge, MA: MIT Press.
Shirky, C. (2010) *Cognitive Surplus*, London: Allen Lane.
Shoemaker, P.J. (1991) *Gatekeeping*, Newbury Park: Sage.
Singel, R. (2010) 'Mark Zuckerberg: I Donated to Open Source, Facebook Competitor', *Wired*, 28 May, <www.wired.com/2010/05/zuckerberg-interview>, accessed 24 July 2015.
Smaill, B. (2004) 'Online Personals and Narratives of the Self: Australia's RSVP', *Convergence*, vol. 10, no. 1, pp. 93–107.
Smith, A. (2014) '6 New Facts about Facebook', Pew Research Center, 3 February, <www.pewresearch.org/fact-tank/2014/02/03/6-new-facts-about-facebook>, accessed 24 July 2015.
Smith, R.M. (2002) 'Modern Citizenship' in E.F. Isin and B.S. Turner (eds) *Handbook of Citizenship Studies*, London: Sage, pp. 105–115.
Smythe, D.W. (2006) [1981] 'On the Audience Commodity and its Work' in D. Kellner and M.G. Durham (eds) *Media and Cultural Studies: Key Works* (revised edition), Malden, MA: Blackwell, pp. 230–256.
Solove, D.J. (2007) *The Future of Reputation: Gossip, Rumor, and Privacy on the Internet*, New Haven, CT: Yale University Press.
Stallman, R. (2003) [1985] 'The GNU Manifesto' in N. Wardrip-Fruin and N. Montfort (eds) *The New Media Reader*, Cambridge, MA: MIT Press, pp. 545–550.
Stam, R. (2000) *Film Theory: An Introduction*, Oxford: Blackwell.
Stein, G. (1990) *Selected Writings of Gertrude Stein*, New York: Vintage.
Stuart, K. (2014) 'Zoe Quinn: "All Gamergate Has Done Is Ruin People's Lives"', *The Guardian*, 3 December, <www.theguardian.com/technology/2014/dec/03/zoe-quinn-gamergate-interview>, accessed 24 July 2015.
Sutton-Smith, B. (1997) *The Ambiguity of Play*, Cambridge, MA: Harvard University Press.
Swartz, A. (2008) 'Guerilla Open Access Manifesto', The Internet Archive, <https://archive.org/details/GuerillaOpenAccessManifesto>, accessed 24 July 2015.
Terranova, T. (2000) 'Free Labor: Producing Culture for the Digital Economy', *Social Text 63*, vol. 18, no. 2, pp. 33–58.
Terranova, T. and Fumagalli, A. (2015) 'Financial Capital and the Money of the Common: The Case of Commoncoin' in G. Lovink, N. Tkacz and P. de Vries (eds) *MoneyLab Reader: An Intervention in Digital Economy*, Amsterdam: Institute of Network Cultures, pp. 151–157.
Thompson, J.B. (1995) *The Media and Modernity*, Polity: Cambridge.
Thompson, J.B. (2005) 'The New Visibility', *Theory, Culture & Society*, vol. 22, no. 6, pp. 31–51.
Thorsen, E. and Allan, S. (eds) (2014) *Citizen Journalism: Global Perspectives, volume 2*, New York: Peter Lang.
Thurman, N. and Newman, N. (2014) 'The Future of Breaking News Online?', *Journalism Studies*, vol. 15, no. 5, pp. 655–667.
Thurman, N. and Walters, A. (2013) 'Live Blogging – Digital Journalism's Pivotal Platform?', *Digital Journalism*, vol. 1, no. 1, pp. 82–101.

Timberg, C. (2014) 'U.S. Threatened Massive Fine to Force Yahoo to Release Data', *Washington Post*, 11 September, <www.washingtonpost.com/business/technology/us-threatened-massive-fine-to-force-yahoo-to-release-data/2014/09/11/38a7f69e-39e8-11e4-9c9f-ebb47272e40e_story.html>, accessed 24 July 2015.
Tomlinson, J. (2007) *The Culture of Speed*, London: Sage.
Trottier, D. and Lyon, D. (2012) 'Key Features of Social Media Surveillance' in C. Fuchs, K. Boersma, A. Albrechtslund and M. Sandoval (eds) *Internet and Surveillance: The Challenges of Web 2.0 and Social Media*, London: Routledge, pp. 89–105.
Turkle, S. (2011) *Alone Together*, New York: Basic Books.
Turner, G. (2010) *Ordinary People and the Media*, London: Sage.
Urry, J. (2007) *Mobilities*, Cambridge: Polity.
van Dijck, J. (2013) *The Culture of Connectivity: A Critical History of Social Media*, New York: Oxford University Press.
van Dijck, J. (2015) 'After Connectivity: The Era of Connectication', *Social Media + Society*, vol. 1, nos. 1–2.
Vaneigem, R. (1983) [1967] *The Revolution of Everyday Life*, London: Rebel Press and Left Bank Books.
Vincent, J. and Fortunati, L. (2014) 'The Emotional Identity of the Mobile Phone' in G. Goggin and L. Hjorth (eds) *The Routledge Companion to Mobile Media*, New York: Routledge, pp. 312–319.
Wardrip-Fruin, N. and Montfort, N. (eds) (2003) *The New Media Reader*, Cambridge, MA: MIT Press.
Wark, M. (1994) *Virtual Geography*, Bloomington: Indiana University Press.
Wark, M. (1997) 'Infohype' in A. Crawford and R. Edgar (eds) *Transit Lounge*, Sydney: Craftsman House, pp. 144–149.
Wark, M. (2004) *A Hacker Manifesto*, Cambridge, MA: Harvard University Press.
Wark, M. (2012) *Telesthesia*, Cambridge: Polity.
Watson, E. (2014) 'Emma Watson: Gender Equality Is Your Issue Too', UN Women, 20 September, <www.unwomen.org/en/news/stories/2014/9/emma-watson-gender-equality-is-your-issue-too>, accessed 24 July 2015.
Wesch, M. (2009) 'YouTube and You: Experiences of Self-awareness in the Context Collapse of the Recording Webcam', *Explorations in Media Ecology*, vol. 8, no. 2, pp. 19–34.
Whitman, W. (1973) *Leaves of Grass*, New York: W.W. Norton.
Williams, R. (1983) *Keywords: A Vocabulary of Culture and Society* (revised edition), London: Fontana.
Winner, L. (1986) *The Whale and the Reactor: A Search for Limits in an Age of High Technology*, Chicago: University of Chicago Press.
Witt, S. (2015) *How Music Got Free*, New York: Viking.
Wodak, R. (2008) 'Introduction: Discourse Studies – Important Concepts and Terms' in R. Wodak and M. Krzyzanowski (eds) *Qualitative Discourse Analysis in the Social Sciences*, Basingstoke: Palgrave Macmillan, pp. 1–29.
Wolff, M. (2010) *The Man Who Owns The News*, New York: Vintage.

Wray, S. (1998) 'On Electronic Civil Disobedience', Thing.Net, <www.thing.net/~rdom/ecd/oecd.html>, accessed 24 July 2015.

Zhang, L. and Fung, A. (2014) 'Working as Playing? Consumer Labor, Guild and the Secondary Industry of Online Gaming in China', *New Media & Society*, vol. 16, no. 1, pp. 38–54.

Zittrain, J. (2008) *The Future of the Internet: And How to Stop It*, London: Allen Lane.

Zuckerman, E. (2014) 'The Internet's Original Sin', *The Atlantic*, 14 August, <www.theatlantic.com/technology/archive/2014/08/advertising-is-the-internets-original-sin/376041>, accessed 24 July 2015.

索 引[*]

4chan 55, 56, 84–5, 89–90, 141; and Anonymous 64–6; and Fappening 102–3

Adbusters: and culture jamming 53–4; and Occupy Wall Street 126–9, 143
Aeneid, The 59–61
Allen, M. 17
Andrejevic, M. 113
Anonymous 64–8, 102
apps viii, 6, 11, 21–2, 78, 95

Barlow, J.P. 134
BBC 72–4, 101, 144
Bentham, J. 110
Berners-Lee, T. 9, 120, 125, 138; see also intercreativity
Bitcoin xvi, 132–5, 138, 139
Blackmore, S. 52
Bogost, I. 71
boyd, d. 10, 34, 45, 100, 103–4
Baym, N. 17, 55
BitTorrent 16, 24, 26
Black Mirror viii
Boston Marathon bombing 82–91; see also /r/findbostonbombers (Reddit subreddit)
Boundless Informant (surveillance programme) 108
Bourdieu, P. 1, 35, 75
Braun, J. 88–9
Brautigan, R. 9
Bruns, A. xii, 76, 77
Burgess, J. 15, 47, 76
Burns, A. 105
BuzzFeed 69, 73, 78

Carey, J. xi, 35, 74, 94, 119
Carr, N. 117–18
Castells, M. 15, 25, 120, 126
Catfish (film) viii
cats 12, 13, 14, 95, 96
Charlie Hebdo massacre 76, 111
citizen journalism: and ethics 90–2; limitations of 84–90; and liveness 79–84;
see also news; Reddit; Twitter
Citizenfour (film) 112, 114, 115
citizenship xvi, 64, 86, 117–39, 143; see also distributed citizenship; Hartley, J.; Marshall, T.H.
context collapse 11, 45, 99, 100, 102
convergence:
of content, computing and communications xv, 21, 69–74, 94–6, 146–7;
of public and personal communication x–xiii, 18–23, 94–100, 140–1;
see also literacy; news; selfies
Crawford, K. 22, 89, 117
creative industries 32, 147
Critical Discourse Analysis (CDA) 33–7
cryptocurrencies 132–5
culture jamming 53–4, 126

database xiv–xv, 2–3, 7, 12–18, 70
data journalism 70–1
Dawkins, R. 52–4
détournement 49, 54
diaspora* 135–9
digital labour xiii, 30–3, 141
digital natives, uselessness of term 146

---

[*] 索引中的页码为英文原著页码，即本书边码。

distributed citizenship:
  defined 123–5;
  and intercreativity 125–6;
  examples of 126–38;
  see also citizenship
doge memes 55–6, 64, 67, 133
Douglas, N. 56
Durand, C. 34

Eggers, D. viii–ix
Egotistical Giraffe (surveillance programme) 109
electronic civil disobedience 65
Ello 136
environmental costs of social media xiii, 31–2
Esteves, V. 55
ethics 20, 90–2, 97–8

Facebook:
  apps viii, 22;
  business model 2–3, 28–9;
  history 29–30;
  'mission statement' 37–45;
  users as product xiii, 33, 117–18;
  use of word *friend* 34;
  use of word *like* 34;
  use of word *share* 27–30, 37–46;
  experimenting on users' emotions 117–19;
  enforcing one identity for each user 44–5, 99
Fairclough, N. 35, 36, 40
Fappening, The (also #Fappening) xi, 102–4
Feifer, J. 97–8
file-sharing 24, 25
filter bubbles 77–8
Flickr 14, 16, 23, 95, 96, 106
Ford, S. 51
Fortunati, L. 21–2
Foucault, M. 1, 110, 124
Fourth Estate 80, 90, 111, 112, 142
Foxconn xiii, 31–2
#freehappyiranians 49
Free Software 135
Fuchs, C. 4, 31, 126
Fucking magnets, how do they work? 61
Fumagalli, A. 134–5

#GamerGate xi, 105
Gans, H. 72–3
Gauntlett, D. 15, 32, 144
#GE2015 77–8
Gibson, W. ix, 6, 65
Gillespie, T. 18, 88–9
Godwin, M. 53
Godwin's Law 53
Goffman, E. 45, 96, 98
Golumbia, D. 134
Google:
  and Right To Be Forgotten 113;
  and search histories 101, 104;
  and surveillance 106–8;
  and YouTube viii, 14;
  see also diaspora*; YouTube
Green, J. 25–6, 47, 51
Greenwald, G. 107–114
Grindr 11
Guardian, The 74, 79–82 107–112
Guy Fawkes mask 65–7

'Happy' music video remixes 47–50
Hartley, J. 50, 74, 121–2
hashtags 48, 75–8, 127, 129
Hermida, A. 77
Hjorth, L. 21

Iliad, The 58–9
Instagram viii, 39–40, 50, 95, 106, 137
intercreativity:
  defined 125;
  and networks 135–8;
  and strategies 132–5;
  and tactics 129–32;
  and texts 126–9
internet memes:
  defined 55;
  see also Dawkins, R.; doge memes; Esteves, V.; Guy Fawkes mask; 'Happy' music video remixes; Lt. Pike memes; remix
Invisible Children: see *Kony 2012* campaign
involuntary porn xi, xvi, 105, 113
iPhone viii, 21, 31, 94–5

Jenkins, H. 15, 25–6, 51, 63
#jesuischarlie x, 76
John, N. 25, 27

Katz, E. 81, 83
Kennedy, J. 29, 41
Kirkpatrick, D. 10, 45
Kony 2012 campaign 129–32, 138–9

Lanier, J. 33, 58
Lasn, K. 54
Latour, B. 9, 133
Lawrence, J. 93, 102–4
Leadbeater, C. 25
#LeakforJLaw 103
Levy, P. 84
Licklider, J.C.R. 8–9
Licoppe, C. 23
LinkedIn xiv, 11–12, 39
lip dubs 48
listicles xv, 73–4, 113
literacy 143–7
live blogs 30, 81–2
Livingstone, S. 99, 143
lolcats 55, 65, 67
Lovink, G. xiii, 14, 15, 64
Lt. Pike memes 56–7

MacAskill, E. 107, 109, 111
Manovich, L. 57, 61, 63, 70, 72
Marshall, P.D. 11
Marshall, T.H. 120–1, 125
Marvin, C. 100
Marwick, A. 45, 100, 141
Maxwell, R. xiii, 31
Melucci, A. 35
memes *see* internet memes
Metamorphoses, The (Ovid) 59
Meyrowitz, J. 98–9
mining industry xiii, 31
Microsoft 31, 106–9
Miller, D. 20
Miller, T. xiii, 31, 32, 119, 121
Montaigne, M. 45
Moore, A. 66
Murdoch, R. vii, 13–14, 92
MySpace vii, 23, 33

Nakamoto, S. 133
National Security Agency, US (NSA) 106–115
Naughton, J. 52

networks: 7–12; *see also* distributed citizenship
news:
    and accountability 79, 90 142;
    and algorithms 72, 78–9;
    and narratives 70–3;
    and speed 74–5, 80–2, 83
    see also citizen journalism; newsgames
newsgames xv, 69, 71–3
Nissenbaum, H. 100–2
#nomakeupselfie 115

#occupy: *see* Occupy Wall Street
Occupy Wall Street xvi, 53, 56, 66, 97;
    and citizenship 126–9, 133, 138, 143
Odysseus 58–60, 67
Odyssey, The 58–60, 62
Ofcom xiv, 21, 114, 144, 145, 146
open source software 135–8
Optic Nerve (surveillance programme) 109
O'Reilly, T. 2, 16

Panopticon 110
Pariser, E. 34, 77
Park, R. 89
performance of identity xii, 10–11, 95–100, 115–116, 141;
    see also context collapse; Goffman, E.
Pike, Lt. J. 56–7
platforms ix–x, 12–18
Poitras, L. 107, 109, 111–112
Poole, C. [m00t] 64–5
Potter, J. 145
precarious labour 32
PRISM (surveillance programme) 106–111
privacy 29, 90–6, 100–1, 110, 136–7

Rainie, L. 3, 9–10, 130
Reddit 82–92, 103–5
remix:
    and cultural practice 57–64;
    and culture jamming 53–6;
    and internet memes 50–7;
    and music videos 47–50; and play 67–8;
    see also Guy Fawkes mask

Rettberg, J.W. 81, 95
revenge porn *see* involuntary porn
/r/creepshots (Reddit subreddit) 104–5
/r/findbostonbombers (Reddit subreddit) 82–92
/r/TheFappening (Reddit subreddit) 103–4
Right To Be Forgotten, The 113
Ronson, J. xi, 105
Rosen, J. 51, 80
Rousseau, J-J. 1–3, 18–19
Rule 34 48
Rushkoff, D. 52

Schudson, M. 142
selfies xv, 22, 93–8, 102–6, 115, 129
Selfies at Funerals (Tumblr) 97
Selfies with Homeless People (Tumblr) 97
sharing:
  as business model 27–30;
  and corporate 'mission statements' 37–41;
  different meanings discussed 24–7;
  see also convergence; visibility
sharing economy 6, 25
SixDegrees 10
Skype 106, 108
smartphone viii, xiv, 6–7, 20–3, 94–5;
  see also iPhone; selfies
Smythe, D. 32–3
Snapcat 95
Snapchat 141
Snowden, E. viii, xvi, 41, 70–1, 106–115
social media: defined x, 4–7
Spotify 22, 24, 26, 29, 43, 95, 141
spreadable media 51
Stam, R. 36
Stein, G. x–xi
surveillance 106–115
Sutton-Smith, B. 67
Swartz, A. 26
symbolic power 33–41, 69, 80
Syrian Journey (BBC newsgame) 72

Taylor, R. 8–9
Tempora (surveillance programme) 109
Terranova, T. xiii, 134–5
Thompson, J. 4, 19, 35, 91

Thousand and One Nights, The 60
Thurman, N. 81–2
Tinder 11, 12, 23
#Tracked (website) 70–1
Tumblr 96–8, 106, 128–9
Turkle, S. 100
Turner, G. xii, 122
Twitter vii, 39–40, 75–9

Uber 6
Ulysses (Joyce) 60, 62
user-generated content (also UGC) 14–18, 97;
  see also citizen journalism; internet memes; remix

Van Dijck, J. 15, 27, 28, 29, 30
Vimeo 48
Vincent, J. 21–2
Violentacrez 104–5
virus (as metaphor) 50–3
visibility viii–xi, 4, 20, 29, 102–6, 106–115;
  see also ethics; Kony 2012 campaign; selfies

Walters, A. 81–2
Wark, M. 14, 32, 81, 94, 127, 131
Watson, E. 102–3, 106
Wayback Machine 5, 10, 85, 103, 104
We Are The 99% (Tumblr) 97, 128–9
Web 2.0 14–18
Wellman, B. 3, 9–10
Wesch, M. 11, 45, 99
Whitman, W. 44
WikiLeaks 65, 112
Wikipedia 5–6, 16, 101
Williams, P. 48
Williams, R. 24
Winner, L. 133

XKEYSCORE (surveillance programme) 109, 115

Yahoo 96, 106–8, 146
YouTube 12–18, 39–40, 47–9, 99, 106

Zuckerberg, M. 1, 27, 29, 41–5, 99, 136
Zuckerman, E. 113

图书在版编目(CIP)数据

社交媒体：传播交流、分享及可见性／（英）格雷厄姆·梅克尔（Graham Meikle）著；李书藏，杨凌译.--北京：社会科学文献出版社，2023.12
（中国社会科学院大学文库．数字媒体前沿译丛）
书名原文：Social Media：Communication, Sharing, and Visibility
ISBN 978-7-5228-2602-8

Ⅰ.①社… Ⅱ.①格… ②李… ③杨… Ⅲ.①互联网络-传播媒介-研究 Ⅳ.①G206.2

中国国家版本馆CIP数据核字（2023）第193278号

中国社会科学院大学文库·数字媒体前沿译丛
社交媒体：传播交流、分享及可见性

著　者／[英]格雷厄姆·梅克尔（Graham Meikle）
译　者／李书藏　杨　凌

出 版 人／冀祥德
责任编辑／张　萍　王晓卿
责任印制／王京美

出　　版／社会科学文献出版社·文化传媒分社（010）59367004
　　　　　地址：北京市北三环中路甲29号院华龙大厦　邮编：100029
　　　　　网址：www.ssap.com.cn
发　　行／社会科学文献出版社（010）59367028
印　　装／三河市龙林印务有限公司

规　　格／开　本：787mm×1092mm　1/16
　　　　　印　张：13.5　字　数：202千字
版　　次／2023年12月第1版　2023年12月第1次印刷
书　　号／ISBN 978-7-5228-2602-8
著作权合同
登 记 号／图字01-2023-4292号
定　　价／88.00元

读者服务电话：4008918866

版权所有 翻印必究